Pour le bonheur des Miens,
Mes choisis

JÉSUS

Léandre LACHANCE

Pour le bonheur des Miens, Mes choisis
JÉSUS

ENTRETIENS SPIRITUELS

ÉDITIONS SAINT-RAPHAËL

Imprimé au Canada

Maquette de la couverture et mise en pages:
Claire Lalande Couture
Typographie: *Ateliers de typographie Collette Inc.*
Impression: *Imprimerie H.L.N. Inc.*

© Tous droits réservés en toute langue pour tous pays:
ÉDITIONS SAINT-RAPHAËL
C.P. 492
Sherbrooke (Québec) Canada J1H 5K2

© Image de couverture: Éditions Médiaspaul, Paris
Béatitudes, gouache, Anne-Marie Hennequin

ISBN 2-89096-018-8

Dépôt légal: 1er trimestre 1999
Librairie nationale du Canada (Ottawa)
Bibliothèque nationale du Québec (Montréal)

2e édition corrigée et augmentée d'une table des matières et d'un index alphabétique.

Note de l'Éditeur:
Dans ce livre le genre masculin est utilisé sans discrimination et dans le seul but d'alléger le texte.

Distribution

Éditions Saint-Raphaël C.P. 492, Sherbrooke (Québec) Canada J1H 5K2	La Fondation des choisis de Jésus C.P. 22019, Sherbrooke (Québec) Canada J1E 4B4
Tél.: **(819) 822-3979** Sans frais: **866 399-2233** Téléc.: (819) 823-0322 Courriel: raphael@abacom.com	Tél.: **(819) 565-9621** Téléc.: (819) 565-0608 Courriel: choisisdejesus@leandrelachance.com **www.leandrelachance.com**

Ajouter au prix du livre les frais de poste, s'il y a lieu, (min. 4 $), plus taxes applicables.
N.B. Les prix sont sujets à changement sans préavis.

En témoignage de respect et d'obéissance envers le décret du Souverain Pontife Urbain VIII, nous déclarons n'attribuer aux faits narrés dans ce livre que la foi méritée par tout témoignage humain. Nous déclarons également que les jugements exprimés n'entendent pas anticiper celui de notre sainte Mère l'Église à qui l'auteur se soumet dévotement.

Reconnaissance

Je désire exprimer ma reconnaissance envers les personnes qui m'ont aidé dans la réalisation de ce volume, spécialement mon épouse Elisabeth, pour son support dans les moments de doute, le Père David, que le Seigneur a mis sur ma route comme accompagnateur spirituel, et Marthe Roberge, pour la typographie des manuscrits et la correction des textes.

L. L.

Prologue

« Ce que Je fais en toi et à travers toi en ce moment, Je le ferai en toute personne, et à travers celle qui lira ces lignes et me donnera son consentement. J'en fais la promesse : elle recevra le même Amour que Je déverse en toi en ce moment. » (p. 80)

Préface

L'homme moderne souffre dans son cœur. Plusieurs ont détourné leurs yeux de leur Créateur. Depuis ce temps, ils se cherchent et errent un peu partout. Cette crise est tellement profonde qu'on parle du « *mal de l'âme* ».

Rien de surprenant de constater un foisonnement de sectes et de cours de croissance personnelle. Il faut y ajouter les milliers de personnes de tous âges qui ont recours à des médiums, des astrologues ou des soi-disant voyants pour connaître leur avenir ou retourner dans leurs supposées vies antérieures…

Après avoir lu *Pour le bonheur des Miens, Mes choisis JÉSUS*, je dois avouer que ces entretiens spirituels m'ont impressionné. L'auteur n'est pas un illuminé. Homme d'affaires averti, impliqué socialement, père de famille, Léandre accorde un temps privilégié à la prière depuis plusieurs années. Son cheminement spirituel l'a amené à repenser sans cesse sa vie et son agir à la lumière de l'Évangile. L'Eucharistie et la méditation de la Parole de Dieu sont au cœur de son engagement chrétien.

Dieu ne se laisse jamais vaincre en générosité. Léandre a donné du temps à Dieu et Dieu le comble. Léandre Lui ouvre son cœur et Dieu le remplit de ses grâces les plus précieuses.

En lisant ce volume et, mieux encore, en le méditant, vous découvrirez la tendresse du Père et son désir de nous conduire sur la route du bonheur dans le Christ, par l'Esprit. Dans ces écrits, nous pouvons suivre le cheminement de l'auteur. Il entend l'appel, il désire ardemment y répondre avec fidélité, mais il s'aperçoit combien la nature humaine est faible et il constate que l'abandon total à Dieu ne se fait pas du jour au lendemain. Par contre, reconnaissant ses limites, il demande à Dieu de compenser. N'est-ce pas le lot de chacun et de chacune de nous. Nous pouvons facilement nous reconnaître dans ce combat de l'auteur.

Léandre est un homme d'affaires qui sait planifier en vue d'atteindre des objectifs précis. Dans sa vie spirituelle, il apprend à se faire petit, à se laisser conduire par l'Esprit dans des sentiers inconnus. Ce n'est pas seulement sa vie spirituelle qui sera transformée mais sa vie professionnelle en sera grandement influencée. Dieu s'occupe de toute notre vie et c'est toute notre personne qui vit sa foi, son espérance et son amour.

Ce volume transpire l'abandon total à la volonté de Dieu. En recherchant cette attitude dans nos vies, nous goûterons le bonheur que Dieu promet à ses fidèles serviteurs et servantes.

L'auteur cite un attribut de Dieu avec lequel j'ai souvent éprouvé des difficultés : « *Je suis un Dieu jaloux* » (Ex 34,14). La jalousie humaine répugne. Elle écrase, brise, enferme, fait mourir... La jalousie de Dieu libère, transforme, fait vivre, fait fleurir. La jalousie de Dieu promet que personne au monde n'aimera plus que Lui. Quel amour ! Ainsi, en contemplant l'Amour, on devient des êtres d'Amour. Que l'Esprit Saint accomplisse en vous le Rêve de Dieu. À l'exemple de l'auteur, laissons-nous transformer par Lui. Le Bonheur est assuré.

Guy Giroux, ptre

Avant-propos

Le titre de cet ouvrage indique déjà ses destinataires : les choisis de Jésus-Christ. À ne point entendre avec un sentiment éclectique d'un groupe fermé qui profiterait à lui seul du bienfait de l'Amour du Seigneur. Il s'agit de tous ceux et celles qui cherchent à vivre leur foi chrétienne en faisant la volonté de Dieu. Je dirais même, tous ceux-là que le Christ peut appeler « amis » : *Vous êtes mes amis si vous faites ce que Je vous commande* (Jn 15,14).

Ce livre est avant tout un témoignage de foi plutôt qu'une révélation, une vision, des paroles intérieures ou même des messages apocalyptiques. J'ai accompagné Léandre dès le début de ces entretiens spirituels. Il sait qu'il n'a rien recherché et qu'il est surpris par ces faveurs inexplicables. En outre, il convient de souligner qu'il n'a jamais eu une quelconque vision ni entendu des paroles intérieures ; l'état extatique lui est inconnu. Pendant ses heures de prières, il ressent une force qui l'incite à écrire sans savoir d'avance les mots et les phrases à venir ; et puis il a pris l'habitude de présenter son vécu et ses multiples préoccupations au Seigneur. Ce livre est le résultat de tout cela. Aujourd'hui, aussi bien au Québec qu'ailleurs, les échos des apparitions, des visions, des paroles intérieures et même des messages relatifs à la parousie, n'ont cessé de circuler. Je ne pense pas que ce texte s'ajoute à la liste de tous ces phénomènes para-mystiques et peut-être mystiques qui donnent à se questionner sur leur authenticité. Peut-être, est-il un prélude à des grâces particulières ? Seul l'avenir nous le dira.

Ce qui est certain, c'est que Léandre a accueilli dans la simplicité de la foi, ce texte qui reflète son combat continuel, son désir de s'abandonner à la volonté de Dieu et sa découverte de l'Amour infini de Dieu. Conscient que Dieu s'occupe de nous, même dans les plus petits détails de notre vie, il lui soumet – les sceptiques rigoleront – tous les secteurs de sa vie, y compris celui des affaires.

La paix et la joie abondent dans son cœur à la rédaction tout comme à la relecture de ces textes. Il a senti la nécessité de partager ce texte avec un plus grand nombre, non pas pour une quelconque gloriole, mais bien avec la conviction que, comme témoignage, il pourra être utile à ceux qui voudront bien faire de la volonté de Dieu leur priorité.

C'est un témoignage bien simple mais exigeant, tout entier traversé par l'amour évangélique. La miséricorde et l'Amour de Dieu y rencontrent la petitesse de l'homme. Certains qui ont lu ce texte avant sa publication, ont été touchés par la profondeur du témoignage. J'ose croire qu'il en sera ainsi pour les lecteurs et lectrices.

Comme accompagnateur, je n'ai pas rencontré dans ce texte d'erreur théologique ou doctrinale. Par ailleurs il ne s'agit pas d'un texte théologique, mais il relève plutôt de la spiritualité. Quelques mots, quelques idées peut-être, peuvent paraître à certains comme farfelus mais une lecture attentive aidera, j'en suis sûr, à goûter combien le Seigneur est bon au cœur même du matérialisme sécularisant.

Père Ngondo D. David, cicm
docteur en théologie

Deux témoignages

1. Ce livre est présenté sous forme de dialogues intérieurs entre JÉSUS et son serviteur Léandre. Essentiellement, Jésus dicte et enseigne comment s'y prendre pour s'engager sur la route de l'intimité avec Lui afin d'acquérir le BONHEUR. L'appel "les Miens, Mes choisis", s'adresse à tous, particulièrement à ceux qui en font la lecture avec un esprit de foi, d'humilité et de prière. À cet effet, le comportement du messager est exemplaire et édifiant. Seuls font exception, ceux qui s'excluent eux-mêmes par leur autosuffisance ou leur doute absolu.

En ce qui me concerne, la lecture répétée et approfondie du contenu s'est avérée une école extraordinaire d'apprentissage, me permettant progressivement de :
- me fixer sur l'essentiel : apprendre à donner priorité à ma véritable raison d'être : devenir beau de l'Amour qui m'habite ;
- découvrir que Dieu est accessible en moi : trouver le chemin d'accès à sa présence proche et agréable dans les profondeurs de mon coeur ;
- apprécier la tendresse du Père céleste : par des instants d'intimité, ressentir le regard du Père qui m'aime infiniment et de façon unique en tant qu'enfant de Son Coeur ;
- retrouver mon coeur d'enfant : renoncer au "vieil

Pour le bonheur des Miens, Mes Choisis JÉSUS

homme", quémander Ses grâces d'accueil face à mon impuissance; disparaître afin que l'Amour apparaisse; lui donner la liberté d'agir;
- me laisser guérir: lui remettre mes "non" à l'Amour, mes blessures, pauvretés, souffrances, angoisses... Expérimenter que seul l'Amour purifie et comble mes faims et soifs d'enfant de Dieu.
- devenir canal de Son Amour: Le laisser passer dans les moindres détails de ma vie et être de plus en plus témoin que Lui s'active en moi, à travers moi et autour de moi.

Bref, la mise en œuvre des leçons inspirées de ce bouquin nous aide à réaliser notre mission centrale: effectuer le passage visant à devenir des êtres d'Amour; soit Lui rendre grâce, L'aimer, m'aimer et aimer les autres du même amour que Son Coeur.

Bon cheminement,

Marcel Laflamme,
professeur à l'Université de Sherbrooke

2. On dit que les grands feux de forêt se communiquent plus rapidement par les racines que par les branches... C'est vraiment ce qui s'est passé pour moi à la lecture de ces écrits. Je n'en connais pas l'auteur, mais une amie m'a prêté les cahiers de Léandre L. Dès les premières pages j'ai senti l'Amour embraser les racines de mon être. Ces échanges spirituels entre Jésus et Léandre, comme par osmose, ont ravivé en mon cœur mon besoin d'intimité avec Jésus qui ne cesse de redire combien tendrement et même follement Il nous aime...

Puis, petit à petit, j'ai compris que Jésus m'interpellait par ces écrits à me mettre à l'école de Son Amour.

Ces enseignements me concernent, je le sens, et je suis merveilleusement étonnée de la grande paix qui m'habite depuis que je m'en nourris. Je suis recentrée sur l'essentiel, comme le dit Jésus : "Une seule chose est réellement importante : c'est le moment présent, c'est l'Amour qui est déversé dans ton cœur, et l'intimité que nous avons ensemble, toi en Moi et Moi en toi."

Oui, vraiment, "parce que l'Amour m'aime, je deviens l'Amour". Cette grâce est possible à tous ceux et celles qui liront ces pages, c'est-à-dire, la grâce de l'embrasement par l'Amour pour une Église Nouvelle, où les tout-petits ont le privilège d'être "choisis" pour enflammer notre monde d'aujourd'hui qui a tant besoin d'un tel Amour.

Mon "oui" à une telle expérience me procure un profond bonheur, et je pense qu'il se communiquera également aux lecteurs de ce livre.

Diane Gagnon
Inf. l., Sherbrooke

1996

7 novembre, à Sherbrooke, Québec

1. – **Inspiré de prendre un papier et un crayon et d'écrire**
   – **Tu as à avancer dans la foi pure, sans voir ni comprendre où Je te dirige**

Il est environ 5 h 00. Je suis en prière et je suis inspiré de prendre un papier et un crayon, et d'écrire ce qui me sera inspiré. Les seuls mots que j'ai à l'esprit sont : "Mon enfant bien-aimé".

Comme je me veux docile à l'Esprit, je commence à écrire ces mots et voici ce qui m'a été donné.

« Mon enfant bien-aimé. Ce que Je te demande, c'est de demeurer à Mon écoute. Fais-Moi confiance. Je guiderai chacun de tes pas. Je ferai tomber chacune des barrières. Je sais que toi, tu es trop petit pour bien comprendre ce que Je te demande présentement. Tu as à avancer dans la foi pure, sans voir ni comprendre où Je te dirige. Tu n'as qu'à te laisser guider. C'est peu ce que Je te demande. Pourquoi trouves-tu cela difficile? C'est toujours ta tête, ta raison qui veut tout savoir et comprendre. Mais Moi, Je suis au niveau de ton cœur.

À ce niveau, tu es comme un petit enfant qui commence à marcher. Tu es à faire tes premiers pas dans la foi. Je vois bien que tu es chancelant, mais l'important c'est que tu acceptes de te tenir debout et d'avancer sans comprendre, sans discuter, sans raisonner et, petit à petit, tu deviendras plus solide dans ta foi ; tu te laisseras guider davantage.

Pour le bonheur des Miens, Mes Choisis JÉSUS

Je serai ton Maître et toi, tu seras Mon tout-petit que J'aime, que Je berce, que Je nourris, que Je protège et qu'à l'occasion Je corrige. Tu sais, Moi qui suis parfait, Je veux te rendre parfait, et toi qui n'y peux rien, tu n'as qu'à Me laisser agir et Me répéter tes "oui". Toujours des "oui" sans voir ni comprendre. Ce n'est que par après qu'il te sera permis de voir et de comprendre ce que J'aurai accompli en toi.

Je voudrais que tu gardes un cahier à ta portée pour continuer à écrire ce que Je veux t'enseigner dans le futur car J'ai besoin de toi. Je veux faire de toi un pilier dans Mon Église. Mon Amour pour toi est sans limite. Tu te dois de descendre dans tes profondeurs ; c'est là où Je suis.

Veux-tu être toujours en Ma Présence ? Tu le peux maintenant, car tu sais où Je suis et Je suis toujours avec toi, tu n'as pas à Me chercher ailleurs. Je suis là bien en toi dans tes profondeurs. Comme Je t'aime. J'ai la même fierté qu'une mère qui voit son tout-petit faire ses premiers pas. Demain, nous reprendrons un autre petit exercice ensemble.

Je t'aime. »

Merci Seigneur Jésus pour cette belle expérience de foi que Tu me fais vivre présentement. Je sais que, sur ce plan, j'ai tout à apprendre. Je Te redis mon "oui total", sans condition. Je veux être ce tout-petit qui se laisse aimer, transformer, corriger. Comme j'aimerais devenir un saint ! Je sais que par moi-même, je suis impuissant. Mais Toi, tu le peux et je t'en supplie fortement. Je sais également que Tu ne peux me refuser une telle demande. Merci d'entendre celle-ci.

Je T'aime Jésus et je demande à Maman Marie de me guider vers Toi.

1996

8 novembre, 22 h 20

2. – Remets-Moi ton fardeau, tes préoccupations, afin que tu puisses être tout à Moi

Après une soirée difficile à Waterloo, Qc, je demande à Dieu ce qu'Il veut m'enseigner par cette soirée ardue.

« Mon enfant bien-aimé, remets-Moi ton fardeau, tes préoccupations, afin que tu puisses être tout à Moi. »

Je Te remets tout, je m'abandonne totalement à Toi.

« Va te reposer maintenant, tu n'as plus aucun souci. Je t'aime. »

Chemin faisant vers la messe de 8 h, je comprends que l'agressivité, ressentie la veille à Waterloo, passe par les hommes, mais provient des mauvais esprits, d'après saint Paul. Au cours de la Sainte Messe, je comprends comme jamais l'importance des enseignements de Maman Marie, à savoir qu'il faut entrer dans notre chambre intérieure pour y retrouver la paix, la joie et l'Amour. Autrement, l'agressivité des gens blessés ou soumis à l'influence des mauvais esprits et des tribulations de toutes sortes risque de nous entraîner dans un tourbillon.

11 novembre, 5 h 15

3. – Acceptes-tu de renoncer à ton bien-être, à ton image, à ta réputation, surtout à tes pensées ?

Seigneur Jésus, ce matin je sens le besoin, en Te priant, d'écrire mes demandes. Je veux Te prier pour toute la famille C. que nous avons rencontrée hier. Je sens le besoin de Te prier d'une façon spéciale pour D. qui semble avoir des difficultés avec sa mémoire, sa fille, son fils. Permets que leurs souffrances ne soient pas inutiles, mais que, associées à Tes propres souffrances, déposées dans tes Saintes Plaies, elles soient transformées, (par un miracle de Ta Grâce), en grâces et bénédictions pour le salut de leurs âmes et le salut des personnes qui leur sont proches. Je Te bénis pour ce miracle de Ta Grâce. Je Te remercie d'entendre et d'exaucer ma prière.

Je veux Te confier les renseignements que j'ai oublié de transmettre au Père F. dans le dossier de l'hôpital H. Concernant ce projet de construction d'une chapelle, veuille m'inspirer ce que je dois faire.

Comme tout T'intéresse, je veux Te confier trois dossiers que j'aurai à travailler cette semaine : deux ventes que Tu connais et un règlement de zonage.

Tu vois ma limite, mon impuissance. Toi qui peux tout, veuille prendre la direction de ces dossiers. Traite-les comme Tu le veux. Je veux être Ton tout petit serviteur. Fais que je sois un instrument docile entre Tes mains.

Maintenant, à l'avance, je Te remercie, je Te loue, je Te bénis et je Te rends grâce de ce que Tu vas accomplir. Je T'aime, Jésus, et au fond de mon cœur, je n'ai qu'un seul désir : celui d'être totalement entre Tes mains pour Te prier, Te louer, Te servir et être à Ton écoute afin que Tu puisses transformer mon cœur comme Tu voudrais qu'il soit. Merci.

« Mon enfant d'Amour, Je suis toujours avec toi. Je ne t'abandonne jamais. Tu es précieux pour Moi. Je te prends en charge. Je prends aussi tes affaires. J'ai pris depuis longtemps ceux et celles que tu portes dans ton cœur et que tu m'as confiés. L'Amour que J'ai pour toi est sans limite. Je t'ai dit que Je voulais faire de toi un pilier dans mon Église. Demeure à Mon écoute. Je conduirai chacun de tes pas. J'ouvrirai chacun des chemins qui doivent être ouverts. Je fermerai tous les chemins qui doivent être fermés. Je suis le Tout-Puissant et Je m'occupe des moindres détails. Ce que tu vis présentement, c'est ce qu'il y a de mieux pour toi aujourd'hui, demain ce sera autre chose. Léandre, J'ai une grande demande à te faire. Acceptes-tu d'être pour Moi celui qui ne vit que pour Moi ? Qui renonce à son bien-être, à son image, à sa réputation, surtout à ses pensées ! Réponds-Moi. »

Sans aucune hésitation, ma réponse est un grand "oui", avec autant de force que je le peux et de tout mon être. Tu connais mon impuissance. Toi, agis en moi, afin que mon "oui" soit comme Tu le veux et pour Ta plus grande gloire à Toi.

« Je suis fier de toi. J'aime ton "oui". Je le ferai grandir. Je te confie à ma Sainte Mère pour qu'Elle continue à t'enseigner ce que tu dois savoir. Elle t'aime beaucoup et Elle te protège. Sois sans crainte de continuer à avancer dans la foi. Tu as tout à découvrir. Prends le temps d'intégrer en toi ce que Je viens de te donner.

Mon tout-petit, Je t'aime. »

12 novembre, 3 h 25

4. – *J'aime te voir docile*

Tu me vois, Seigneur Jésus, devant Toi. Je veux d'abord Te présenter les deux personnes avec lesquelles j'ai travaillé, il y a environ 35 ans, et que Tu m'as permis de voir très clairement en rêve.

Veuille les combler de Ton Amour et, s'il demeurait des pardons non accordés, je Te demande d'agir avec puissance dans leurs cœurs afin qu'elles soient totalement pardonnées sans condition aucune, pour le mal qu'elles m'ont fait consciemment ou non. Qu'elles soient comblées de Tes grâces et bénédictions. Je Te demande pardon pour tout le mal que j'ai pu leur faire consciemment ou non. Je m'accepte tel que je suis et je Te demande de me combler de Tes grâces et bénédictions.

Seigneur Jésus, donne-moi cette grâce de pouvoir aller Te retrouver là où Tu es dans les profondeurs de mon être afin que je puisse me mettre à Ton écoute et obéir à ce que Tu attends de moi. Ainsi pourrai-je, un jour, devenir comme Tu veux que je sois. Tu comprends mon désir peut-être mal exprimé. Par moi-même, je suis impuissant ; Toi Tu peux tout, daigne agir en moi. Je T'aime et je me sens tellement bien avec Toi.

« Viens dans Mes bras, Mon tout-petit. Je veux te serrer davantage contre Mon Cœur afin que Mon Cœur puisse venir dans le tien. Tu seras Mon berger pour Mes brebis qui se sont éloignées de Moi et qui désirent entrer dans Ma bergerie. J'utiliserai ton cœur pour qu'elles se sentent aimées et comprises. Comme tu le vois, c'est réellement dans les profondeurs de ton être que nos cœurs peuvent se rencontrer. Ayant la liberté d'agir, lorsque ton cœur est en présence du Mien, il se fait brûler au Feu de Mon Amour. Comme l'or a besoin d'être purifié par le feu du creuset, de même ton cœur a besoin d'être purifié par le Feu de Mon Amour. J'aime te voir docile comme c'est le cas présentement.

Cette docilité t'évite beaucoup de souffrances et Me permet d'agir plus rapidement, sans combats inutiles. Demande à Ma Sainte Mère de t'envelopper dans Son Grand Manteau pour te garder dans cette docilité et te protéger contre les attaques du malin. Je sens sa colère qui monte contre toi, mais tu n'as rien à craindre : Ma Sainte Mère, ta Mère, te protège. Laisse pénétrer en toi ce que Je viens de te dire, mais surtout Mes flots d'Amour qui coulent en toi, car, très bientôt, tu pourras dire comme saint Paul : "Ce n'est plus moi qui vis, mais le Christ qui vit en moi". L'Amour que J'ai pour toi est sans limite, ne l'oublie jamais. Je t'aime. »

Merci Jésus. Jamais je ne pourrai assez vous remercier pour ces moments privilégiés où je suis en Votre Présence, Votre Amour et surtout Votre grande Miséricorde pour le pauvre pécheur que je suis.

Je Vous aime et je veux surtout me laisser aimer par Vous et par votre Très Sainte Mère. Quelle grande faveur Vous faites au tout-petit que je suis, avec tous mes défauts et fautes. Je sais que ce n'est par aucun de mes mérites, mais bien et uniquement par grâce et par un trop plein de Votre Amour. J'accepte de me laisser combler. Je Vous aime. Merci.

13 novembre, 3 h 05

5. – *Le blocage à Mon Amour c'est lorsque tu ne t'acceptes pas toi-même*

Seigneur Jésus, hier, je voulais vous parler de mes préoccupations d'affaires, afin que Vous m'enseigniez ce que j'ai à apprendre ou à corriger dans mon comportement. Y a-t-il quelque chose qui bloque chez moi, qui empêche les ventes de se

1996

conclure rapidement et facilement ; ceci afin d'être plus à Vous comme je le désire depuis longtemps. Comme c'est moi qui anime la journée de prière, Vos intérêts doivent passer avant les miens. Enseignez-moi d'abord ce que doit être le sujet de la réflexion communautaire pour le bien de chacun de Vos enfants que Vous aimez d'une façon spéciale et que Vous avez choisis pour participer à cette journée de prière. Je n'ai qu'un désir : être Votre tout petit instrument comme Vous le désirez... selon Votre Cœur.

« Mon tout-petit, j'ai entendu ta demande et, après que tu auras écrit ce que J'ai à te dire, tu en obtiendras la confirmation en prenant une phrase de l'Évangile écrite sur des feuillets.

Ces journées de prière se dirigent selon Mon Cœur. J'aime voir votre générosité et votre assiduité à y participer. C'est un baume pour Mon Cœur blessé.

Aujourd'hui, votre réflexion portera sur l'amour que vous devez avoir les uns pour les autres. C'est toujours l'amour qui est la solution à tous vos problèmes.

Le blocage à Mon Amour, tu le sais, c'est lorsque tu ne t'acceptes pas toi-même. Veux-tu dire à mes choisis du mercredi que Moi je les aime tels qu'ils sont et que c'est une insulte qu'ils Me font à Moi-même lorsqu'ils ne s'acceptent pas tels que Je les ai créés. Pourquoi toujours vouloir se comparer ; Moi J'ai voulu qu'ils soient différents. C'est comme cela que Je les aime. Eux[1], pourquoi voudraient-ils être comme quelqu'un d'autre. Moi, Je ne les veux pas comme celui-ci ou celle-là. Je les veux comme ils sont. Ce n'est qu'en s'acceptant tels qu'ils sont, qu'ils peuvent bénéficier des grâces, des nombreuses grâces dont Je dispose pour eux.

Dis-leur que Mon Cœur est brûlant d'Amour pour eux, que Je veux faire éclater Mon Amour pour chacun et surtout entre tous les participants à ces journées de prière. J'ai enseigné qu'il n'y a pas de plus grand amour que de donner sa vie pour ceux qu'on aime. Avant de pouvoir

---

1. *Note de l'Éditeur : Dans ce texte, le genre masculin comprend le genre féminin.*

donner sa vie, il faut apprendre à en donner des parcelles. Vous avez la générosité de donner votre journée pour la prière. Je vous demande de donner l'heure de réflexion communautaire pour les autres, en oubliant ce que vous êtes, vos pensées, votre façon de voir, d'agir, surtout de juger ou de blâmer, pour ne penser qu'au bonheur des autres.

Vous n'avez pas le goût de parler, toutefois, à l'intérieur de vous, vous constatez que pour le bonheur des autres, vous devez parler : eh bien, acceptez de parler. Vous avez le goût de parler, mais vous savez que pour le bonheur des autres, il est temps de vous taire : acceptez d'attendre et, lorsque vous écoutez quelqu'un qui parle, ayez pour lui des sentiments pleins d'amour.

Vous êtes à l'école de l'Amour. Je vous ai choisis ; J'ai besoin de chacun de vous. Ce n'est pas ce que vous faites ou dites qui est important, mais bien l'amour qui habite chacun de vos cœurs.

L'Ennemi cherche à détruire ces journées de prière. Il serait très heureux d'y arriver si vous vous laissiez aller à la critique, au jugement, ou même à des pensées négatives envers l'un ou l'autre.

Je vous confie à Ma Sainte Mère. Placez-vous sous Son Manteau et l'Ennemi n'y pourra rien. Je vous aime. »

14 novembre, 4 h 20

6. – *Une seule chose importe : Me faire plus confiance, Me laisser agir davantage*

Seigneur Jésus, je veux Te remercier, Te louer, Te bénir et Te rendre grâce pour ce que Tu nous a permis de vivre à la journée de prière. J'ai senti Ta Présence. L'Amour était au rendez-vous et j'ai la conviction qu'il va continuer de croître à l'intérieur du groupe. Je Te prie d'envoyer des grâces pour notre petite rencontre du jeudi matin concernant une autre de Vos œuvres. Tu vois ma limite et mon impuissance dans tous les autres dossiers dans lesquels je suis impliqué. Je les remets entre Tes mains. Prends-les, fais-en ce que Tu voudras. Contrôle surtout mes

1996

pensées, mes paroles et mes actions afin qu'elles soient en accord avec ce que Tu veux, Toi. Ta Volonté et non la mienne; cependant, je serais très heureux si Tu voulais me dire ce que j'ai à découvrir, à changer, à corriger pour devenir cet instrument docile et valable entre Tes mains: ce tout petit instrument. Merci de me guider. Je T'aime.

« Mon tout-petit. J'ai beaucoup d'Amour pour toi. Je suis ton Berger; tu n'as rien, rien, rien à craindre. Je suis toujours avec toi, où que tu sois et quoi que tu fasses. Tu n'as pas à savoir ce que Je ferai, ni quand, ni comment. Une seule chose est importante, c'est que Je suis toujours à tes côtés. Tu te demandes ce que tu dois amender; une seule chose importe: Me faire plus confiance, Me laisser agir davantage, Me faire plus confiance dans les moindres détails. Que ta foi est petite et faible! Pour t'aider, regarde en arrière, comment Je t'ai conduit, toi, pour te rendre où tu es présentement. Regarde ce que J'ai fait de ton couple, et la douceur qui existe entre vous deux. Regarde ce que J'ai fait de chacun de tes enfants et comment je les conduis eux et leurs conjoints, les petits-enfants et l'amour que Je te donne à travers eux; comment Je t'ai guidé depuis toujours. Pense seulement comment Je me suis pris pour t'attirer aux journées de prière et comment Je t'ai fait sortir de ton bureau d'assurance. Tu as tout, tout pour comprendre que tu es Mon choisi, que Je te porte sur Mes épaules, que Je te protège, que Je t'aime et te guide.

Tu n'as pas à savoir où Je te conduis. Si Je ne veux pas que tu le saches, c'est pour que tu éprouves plus de joie, de paix et de bonheur en découvrant jour après jour ce que Je te réserve de beau et de grand, comme ta mère qui mettait une autre nappe sur les plats de bonbons au jour de l'An afin que ta joie soit plus grande en les découvrant. Tu es Mon tout-petit. J'aime te réserver des surprises, et nous avons assez de vécu ensemble pour que tu puisses Me faire confiance. Même si parfois Je te conduis avec un bandeau sur les yeux, ce n'est pas pour te jeter dans une fosse, c'est uniquement pour augmenter ta joie lorsque tu découvres là où Je t'ai conduit. Je suis ton Dieu. Toi, tu es Mon tout-petit que J'aime et que Je veux heureux. Continue à Me laisser agir. Je prends soin de toi, sois sans crainte. Je t'aime. »

Merci, Merci, Merci. Vous êtes ce Dieu d'Amour et je veux me laisser baigner dans l'Océan de Votre Amour. Je Vous fais entièrement confiance ; je n'ai pas besoin de savoir puisque Vous êtes toujours là. Votre Présence me suffit. Je ne demande rien de plus.
P.S. Ma joie a été tellement grande que j'ai pleuré en écrivant ce que Jésus mettait dans mon cœur.

15 novembre, 4 h 50

7. – Toi, par toi-même, tu n'es rien, rien, rien. Moi, Je suis tout, tout, tout !

Seigneur Jésus, dans un premier temps, je veux Te demander pardon pour toutes mes distractions et Te présenter ma misère que j'ai ce matin à entrer dans ma chambre intérieure, étant toujours à penser à ma transaction en marche. D'autre part, je veux Te remercier pour les inspirations que Tu m'as données hier quant aux solutions possibles de cette transaction. Tout est à Toi, tout vient de Toi et tout doit retourner à Toi. Je t'abandonne cette transaction et les pensées qui m'empêchent d'être à Toi comme je le voudrais ce matin. À l'avance, je Te remercie, je Te rends grâce et je Te loue dans ma faiblesse, mes limites et mes distractions. Je T'aime.
P.S. J'étais rempli de distractions, continuant à penser à cette transaction et aux solutions possibles.

« Mon tout-petit. Ce que tu vis ce matin est pour Moi, qui suis le Tout-Puissant, la preuve inévitable de ta faiblesse. Ce que J'aime, c'est que tu acceptes de la reconnaître. C'est en ce moment et en ce moment seulement que Je peux agir en toi ; donne-Moi toujours ta faiblesse ; c'est alors seulement que Je peux agir en plénitude en toi et à travers toi. Ce que tu vis ce matin, c'est aussi la preuve que sans Moi, tu ne peux rien, même pas prier, pas lire, pas adorer, pas manger, encore bien moins imaginer ou faire des transactions. Toi, par toi-même, tu n'es rien, rien, rien. Moi, Je suis tout, tout, tout ! Reconnais ce que tu es et reconnais ce que Je Suis. Ainsi, Je pourrai accomplir des merveilles en toi, par toi et à travers toi. C'est à travers ta grande faiblesse que Moi, Je suis fort. Mais il faut toujours que tu la reconnaisses, que tu l'acceptes, que tu Me l'abandonnes et que tu ne comptes que sur Moi. Comme tu le vois, mes chemins ne sont pas compliqués ; c'est très simple, tout est grâce. Toi, tu te dois d'être capable de l'accueillir.

Je suis fier de toi car maintenant tu commences à l'accueillir. Tu ne fais que commencer et tu n'accueilles qu'une petite partie des grâces que Je mets à ta disposition, rien que pour toi, pour toi seul. J'en ai des réserves comme cela pour tous Mes enfants de la terre. Prie-Moi pour que leurs cœurs s'ouvrent car Je brûle d'Amour de leur donner. Comme Je brûle d'Amour de t'en donner davantage, mais Je dois attendre que ton cœur soit plus ouvert, surtout que tu deviennes plus humble. Laisse pénétrer en profondeur ces paroles, c'est important. Je t'aime Mon tout-petit, Mon rien, ne l'oublie pas.

Je t'aime. »

Merci mon Dieu. Mon cœur a retrouvé la paix. Je me sens rempli d'Amour. Comme je désire demeurer baigné dans l'Océan de Votre Amour. Gardez-moi, Vous Père, Fils et Esprit ; seul, je ne puis rien, j'en suis convaincu. J'ai aussi besoin de l'Amour et de l'intercession de Maman Marie, des saints et saintes du Paradis, et de la protection de vos saints Anges, surtout de mon Ange Gardien qui m'est toujours fidèle. Je me sens comblé et je vous aime tous.

17 novembre, 5 h 45

8. – *Acceptes-tu d'être Mon instrument ?*

Seigneur Jésus, je désire Vous remercier pour cette belle journée d'hier et les enseignements extraordinaires que nous avons reçus. Je n'ai qu'un désir ce matin, celui de grandir dans la foi, être de plus en plus uni à Votre Cœur et à Celui de Maman Marie. Je n'y puis rien ; je compte sur Vos Deux Cœurs pour me conduire là où je dois aller. Merci d'entendre ma prière. Je Vous aime.

« Mon tout-petit, comme Je t'aime. Je te sens de plus en plus docile et cela réjouit Mon Cœur. Si tu savais comme J'ai besoin présentement de cœurs dociles pour ces derniers temps que nous vivons. Mon Cœur saigne abondamment de voir Mes tout-petits comme toi qui se croient grands, qui sont toujours préoccupés par une seule chose, leur propre gloire, ou bien leurs plaisirs, comme s'ils étaient créés pour ne vivre que sur la terre, comme si leur vie terrestre était une fin en soi, alors que ce n'est qu'un début, qu'une préparation pour la vie éternelle. Mon tout-petit, tu peux M'aider, non pas en faisant, mais bien en étant. Il faut que tu deviennes éblouissant de sainteté et, lorsque des gens seront en ta présence, ils seront transformés non pas par ce que tu vas leur dire, mais uniquement par ce que tu es. Acceptes-tu d'être cet instrument, c'est-à-dire cette flèche qui transperce les cœurs, même les plus endurcis, uniquement par ta présence ? Le temps presse ; si tu acceptes, J'agirai rapidement, plus vite que tu peux l'imaginer. Réponds-Moi car J'ai toujours besoin de ton consentement avant de faire un pas. Je veux respecter entièrement ta liberté. Tu es un être libre, et libre tu le seras toujours. Je t'aime tellement ! Pour Moi t'aimer c'est d'abord te laisser libre. C'est pour cela que Je vais te demander beaucoup de consentements afin que jamais ta liberté ne soit brimée. Tu comprends que si tu veux être mon instrument, tu devras respecter la même liberté chez ceux ou celles que Je mettrai sur ta route.

Je t'aime. »

Merci Jésus. Mon cœur est plein d'amour pour Vous ! Comme j'aime votre délicatesse, votre tendresse. J'ai tout à apprendre. Ma réponse à votre demande pour être cette flèche, c'est un "oui", un gros "OUI" total sans condition, comme Vous le voulez et quand Vous le voulez. Vous pouvez agir aussi rapidement que Vous le voulez. Tendrement, je Vous aime.

18 novembre, 4 h 55
9. – *Tu dois toujours te laisser enflammer de Mon Amour avant de pouvoir le donner aux autres. (L'exemple du bois et de la flamme)*

Seigneur Jésus, je veux Vous remercier, Vous louer, Vous bénir et Vous rendre grâce de Votre Présence dans mon cœur ; Vous que je ne vois pas mais que je ressens par l'Amour que Vous y déversez. Je Vous redis mon "oui" pour que Vous le transformiez selon Votre Cœur, Vous qui êtes tout, faites de moi qui ne suis rien, ce que Vous voulez. Je voudrais que mon abandon pour cette journée et cette semaine qui commencent soit total et sans condition. Je Vous dis à l'avance tous les "oui" que Vous voudrez bien me demander.

Connaissant ma faiblesse, je compte uniquement sur Vos grâces et sur la communion des Saints, principalement sur Maman Marie qui a un cœur de Mère, qui sait mieux que nous nos besoins. Enfin, je compte sur la protection de Vos saints Anges, principalement de mon Ange Gardien. Je Vous aime.

« Mon tout-petit, ma joie est grande d'accueillir ta prière. Je suis ton Dieu. Je t'aime depuis toujours. Tu n'as rien, rien à craindre car Je suis toujours près de toi. Je ne t'abandonne jamais.

Aujourd'hui, je veux te faire grandir dans ta foi. Je veux te prendre dans Mes bras, te serrer contre Mon Cœur, que tu ressentes Mon Amour, que tu deviennes cette flèche dont Je t'ai parlé. Ton cœur deviendra brûlant d'Amour. C'est le feu de ton cœur qui allumera un autre feu dans les autres cœurs que tu rencontreras. Prends le temps de te laisser aimer par Moi, de bien accueillir Mon Amour, comme tu laisses au bois le temps de s'enflammer avant de goûter à sa chaleur. De même, tu dois toujours te laisser enflammer de Mon Amour avant de pouvoir le donner aux autres. Il faut que tu deviennes "un" avec Moi comme Je suis "un" avec Mon Père pour que les feux s'allument dans les cœurs. Les cœurs sont Mon seul et unique chemin pour transformer le monde.

Il y a longtemps que tu le comprends, mais à partir de maintenant, Je te choisis pour faire partie de Mon Armée qui va à la conquête d'autres cœurs. Tu M'es utile dans la mesure où tu prends le temps de recevoir, de goûter, de te laisser transformer par Mon Amour. Toi, tu n'es pas le feu, tu n'es que le bois. Le bois ne peut réchauffer personne s'il n'est pas en contact avec le feu. De même toi, tu ne peux convertir personne si ce n'est que par le Feu d'Amour que J'allume en toi. Plus la flamme est puissante, plus ceux ou celles qui s'en approchent seront non seulement réchauffés mais enflammés pour enflammer d'autres cœurs par la suite, et ainsi J'enflammerai de nouveau Mon Église. Tu vois l'importance de te laisser enflammer au Feu de Mon Amour.

Je t'aime. »

Merci Jésus, Tes enseignements sont tellement clairs et simples que je me demande pourquoi le monde prend tant de temps à les comprendre ?

« C'est l'obscurité occasionnée par le péché qui empêche de voir, l'orgueil prenant le dessus. Beaucoup de Mes bonnes gens s'y laissent prendre, même chez Mes consacrés, en voulant être la flamme et le bois. Ils n'y arrivent pas car en plus d'accepter de n'être que le bois, ils doivent prendre le temps de se laisser enflammer, et ça c'est un travail de chaque jour, Je dirais de chaque instant ; sinon la flamme n'est pas assez puissante pour allumer le cœur des autres.

Le temps passé en Ma Présence et dans la profondeur de ton être, c'est le temps le plus précieux, car c'est là et uniquement là que tu bénéficies de Ma Flamme à Moi en direct. En contact avec les autres, tu peux recevoir Ma Flamme qui passe à travers ceux et celles qui sont enflammés, mais jamais plus qu'ils ne sont enflammés eux-mêmes ;

le plus vient toujours de Moi, jamais d'eux-mêmes. Laisse-toi enflammer par Moi, par Mon Amour. Je t'aime. »

19 novembre, 6 h 15

10. – **Il faut que tu acceptes de disparaître pour que Je prenne toute la place en toi**

Seigneur Jésus. Je suis Votre tout-petit qui vient à Votre écoute. Je veux me laisser aimer par Vous. Je Vous aime.

« Mon fils, écoute bien ce que je vais te dire. Garde ton cœur bien ouvert et accueillant à Ma parole. Tu as tout à apprendre. Je t'enseignerai ce que tu dois savoir pour être Mon apôtre. J'ai besoin d'apôtres selon Mon Cœur qui se laissent instruire, transformer, guider et aimer par Moi. C'est uniquement et toujours par l'Amour que Je peux conquérir des cœurs.

Acceptes-tu de devenir ce cœur qui aime à la folie comme Moi J'ai aimé, J'aime et J'aimerai avec tout ce que cela comporte de souffrances, de joies, de paix et d'amour que tu peux non seulement donner mais aussi recevoir ?

J'attends ta réponse. Je t'aime. »

Ma réponse est très facile. C'est un "oui" sans équivoque et je voudrais que ce "oui" puisse être associé au Vôtre, au Jardin des Oliviers, et à celui de Maman Marie à l'Ange Gabriel, afin qu'il ne défaille pas dans les moments difficiles, car je me sens si faible. Je compte uniquement sur Vos grâces. Autant je suis fier et sincère de Vous dire mon "oui", autant, sans Vos grâces, je pourrais être ce Pierre qui Vous a renié trois fois, ou comme les autres Apôtres qui se sont cachés. Venez suppléer à ma faiblesse, je Vous en prie.

Merci d'entendre cette demande. Je Vous aime.

« Sois sans crainte, Je connais ta faiblesse. Je connais aussi ton désir de M'être fidèle. Ma grâce te soutiendra toujours. Je serai toujours à tes côtés, même si tu ne Me vois pas ou ne Me sens pas. Je serai toujours là. C'est l'Amour que J'ai pour toi qui te soutiendra. Plus tu vas te faire petit, plus Mon Amour passera chez les autres. Il faut que tu acceptes de disparaître pour que Je prenne toute la place en toi. Reconnais continuellement dans ton cœur ton impuissance, même si parfois J'accomplis des merveilles à travers toi. Toi, tu y es pour une seule chose, celle de M'avoir donné ton "oui". La balance, c'est Moi et Moi seul qui agis. Comment pourrais-tu t'enorgueillir ; le marteau peut-il s'enorgueillir de la puissance du bras qui l'a utilisé ? Le marteau seul n'enfonce aucun clou. Toi, tu es comme lui, si Je ne t'utilise pas, tu n'y peux rien. Si Je veux t'utiliser, c'est à cause de mon trop plein d'Amour que J'ai pour toi et pour tous Mes enfants de la terre. Je t'aime follement et Je veux te combler. Je t'aime. »

Église Immaculée-Conception, nuit de prière,
20 novembre, 1 h 30

11. – Si tu aimes l'Église, tu contribues à lui faire une beauté ; si tu critiques, si tu juges, si tu condamnes qui que ce soit, tu contribues à l'enlaidir

Seigneur Jésus, Toi qui es réellement présent dans cette Hostie et Toi Maman Marie qui nous visites d'une façon spéciale à Sherbrooke, je veux Vous prier d'une façon particulière pour notre Église diocésaine, notre archevêque, les prêtres, les religieux, les religieuses et l'ensemble des baptisés, afin que tous soient enflammés de Votre Esprit de lumière, de discernement, de sagesse, de foi, de vérité, de charité, de liberté et d'Amour. Il n'y a que Vos Deux Cœurs pour rebâtir votre Église, pour lui donner un souffle nouveau, capable de la rendre toute belle, toute pure, sans ride ni rien de pareil.

Voyez votre peuple qui souffre, qui se meurt par son égarement, ses blessures occasionnées par ses fautes et son manque d'amour. Vous les Deux Saints Cœurs qui êtes toujours alimentés par la Source même de l'Amour du Père, enflammés par le Feu de l'Esprit Saint, venez allumer une multitude de feux dans les cœurs, afin que nous soyons nombreux à désirer le retour de Jésus, et capables de l'accueillir avec des cœurs purifiés par le

Feu d'Amour de Vos Deux Saints Cœurs. Je Vous redis mon "oui" pour allumer ce Feu dans mon cœur, pour le purifier, le changer, le rendre semblable aux Vôtres.

Merci d'entendre ma prière. Votre tout-petit, je Vous aime.

« Léandre, mon tout-petit, viens dans mes bras de Mère. Je veux te serrer contre mon Cœur, afin que tu ressentes l'Amour que J'ai pour toi. Je reçois ta prière. Avec Jésus, Je la présente au Père. Continue de prier pour l'Église. J'enveloppe de Mon Saint Manteau toute l'Église. Comme Mon Fils Jésus, Je la veux toute belle et toute pure. Dans la tribulation qu'elle vit présentement, elle est à se refaire une beauté. Toi qui es témoin de la construction de cette Nouvelle Église, avec Moi, rends gloire au Père du flot de grâces qu'Il déverse présentement sur l'ensemble de Son Église. Continue de Le prier pour que les cœurs s'ouvrent à pleine capacité pour accueillir l'Amour. Il n'y a pas d'autre chemin pour lui refaire une beauté que l'Amour.

Cette nouvelle beauté de notre Église commence dans ton cœur à toi. Tu peux y contribuer seulement si ton cœur est plein d'Amour. Aime-la notre Église, aime les prêtres, aime les gens que tu rencontres. Si tu aimes, tu contribues à lui faire une beauté ; si tu critiques, si tu juges, si tu condamnes qui que ce soit, tu contribues à l'enlaidir. Vérifie toujours le sentiment qui t'anime, peu importe où tu es, et tu sauras si tu es un plus ou un moins pour l'Église de Mon Fils Jésus. Tu sauras également si tu es un baume pour Nos Deux Saints Cœurs ou si tu contribues à augmenter nos souffrances. Fais-toi mendiant de l'Amour du Père. Contemple l'Amour de mon Fils Jésus. Ton cœur deviendra brûlant d'Amour et tu seras un bâtisseur de cette Église Nouvelle. Non pas par ton action, mais uniquement par l'Amour de ton cœur. Tu vois comme c'est simple lorsque l'on accepte de se faire petit. Mon tout-petit, tendrement Je t'aime, follement Je t'aime. »

Merci Maman Marie d'Amour.

Ne sachant comment Vous remercier, je récite un chapelet avant de retourner à mon lit. Je Vous aime. Votre tout-petit.

23 novembre, 4 h 40

12. – *Apprends à Me laisser agir dans les moindres détails*

Seigneur Jésus, je me veux tout petit devant Toi. Je me veux entièrement à Ton écoute. Viens me guider. Sans Toi, je ne suis rien. Je veux que ce soit Toi qui aimes deux de mes petits-enfants qui sont ici. Je veux aussi que ce soit Toi qui accueilles ma fille et ses deux enfants, ainsi que tout autre personne que nous accueillerons ou que nous rencontrerons en fin de semaine. Comme j'aimerais qu'ils se sentent aimés. Toi qui es l'Amour, viens aimer en moi et à travers moi. Merci d'entendre ma prière. Je Vous aime, Père, Fils et Saint-Esprit. Je demande aussi à Maman Marie de venir Elle-même accueillir et aimer ses enfants à travers nous. Viens suppléer à ma et à notre faiblesse. Je vous aime. Votre tout-petit.

« L'Amour, toujours l'Amour. C'est uniquement par l'Amour que Je peux tout guérir ce qui est blessé, transformer ce qui est trop humain et que Je veux diviniser. Vous êtes Mes choisis, toi et les tiens, tu n'as rien à craindre. Je suis le Tout-Puissant. Apprends à Me laisser agir dans les moindres détails ; toi, tu seras mon témoin. Tu Me contempleras, tu Me loueras, tu Me béniras, tu seras dans l'émerveillement de ce que J'accomplirai sous tes yeux. Tes yeux commencent à s'ouvrir à Mon action, à ma Toute-Puissance et surtout à Mon Amour. Regarde seulement ce que J'accomplis en toi présentement. Il y a un mois seulement, tu n'aurais pas cru que c'était possible. Tu n'aurais jamais imaginé que Je parlerais comme ça à travers ce que tu écris présentement ; pourtant c'est bien réel, tu ne rêves pas, ce n'est ni de l'imagination ni de l'illusion. C'est bien Moi, Jésus qui t'inspire en ce moment. Tu n'as qu'à croire et te faire de plus en plus petit afin que Moi, je puisse agir en toi et à travers toi. Tous les deux, nous ne sommes qu'au tout début d'une très belle aventure. Tu n'as encore rien vu, ni entendu de ce que Je te réserve. Je dirais que je suis à t'apprivoiser ; tu es un peu comme cet animal sauvage qui découvre que l'homme n'est pas méchant et découvre en même temps la bonne nourriture qu'il peut recevoir de lui. Toi, tu découvres petit à petit que Je suis un Dieu d'Amour ; que tout ce que Je te donne est non seulement bon, mais délicieux, excellent, merveilleux, splendide, extraordinaire. Tu n'as qu'à Me laisser agir et c'est sur ce point que tu as tout à apprendre.

Et Je veux me servir de toi pour l'enseigner à plusieurs de Mes enfants de la terre qui souffrent présentement, qui s'enlisent dans leurs fardeaux parce qu'ils se croient capables par eux-mêmes de bâtir leur propre bonheur. Non, cela n'est pas vrai. Ils sont trop petits, trop faibles par eux-mêmes. Ils se dirigent dans des chemins de souffrances, de fatigues, de difficultés. Mais ce n'est pas cela la vie. Ce n'est pas ce que Je veux pour eux. Je veux qu'ils soient heureux, qu'ils se sentent bien dans leur peau, mais il faut qu'ils acceptent de se laisser aimer ; Je dirais de se laisser apprivoiser. Je ne leur veux pas du mal, Je veux les prendre dans Mes bras, panser leurs blessures, les cajoler, les nettoyer si nécessaire. Je les veux tout propres, beaux, attirants. Je veux leur faire goûter Mon Amour. Avec Moi, prie le Père pour qu'ils découvrent Qui Je Suis et ils viendront en courant se jeter dans Mes bras et, à chaque fois, ce sera la fête, la très grande fête pour Moi et pour eux.

Toi, tu seras dans l'émerveillement, dans la louange ; Je dirais même dans la gloire. Voilà une bien petite partie des beautés que nous aurons à vivre ensemble, si toi tu demeures Mon tout-petit, Mon rien. Comme Je t'aime. Laisse-toi aimer, laisse-toi apprivoiser à Mon Amour. Tu es créé pour cela ; c'est ça la conversion : revenir à ta création originelle.

Mon tout-petit, Je t'aime. »

24 novembre, 5 h 00

13. – **Très bientôt, éclatera mon Royaume sur cette terre**

Aujourd'hui c'est Votre fête, celle du Christ-Roi. Vous êtes le vrai Roi du Ciel et de la terre. J'ai hâte que Votre Royauté éclate sur cette terre. Je sais qu'elle débute dans les cœurs. Je veux qu'elle soit entière dans le mien, même si j'en suis totalement indigne. Je compte uniquement sur votre grande miséricorde. Je Vous redonne mon grand "OUI" avec tous les petits "oui" pour les moindres détails. Je Vous prie pour qu'aujourd'hui même éclate une multitude de "oui" dans les cœurs, afin que Vous puissiez y établir Votre Royauté à jamais. Je Vous aime. Votre tout-petit.

« Mon tout-petit, J'accueille ta demande et Je la fais Mienne afin qu'elle devienne puissante sur le Cœur de Notre Père. Très bientôt éclatera mon Royaume sur cette terre ; l'heure appartient à Mon Père. Ce grand événement se prépare par la purification des cœurs. Mes choisis, Je les veux complètement purs, ce qui est impossible par vous-mêmes. Avec votre consentement, Je purifie. C'est Mon œuvre et non la vôtre.

Vous, regardez-Moi agir. Demeurez dans votre chambre intérieure, comme vous le demande Ma très Sainte Mère ; devenez des êtres de prière, de louange, d'actions de grâces et surtout d'Amour. C'est aussi simple que cela ce que Je vous demande ce matin. Je dis vous, car je pense à tous les tiens et à ceux auprès de qui Je t'enverrai. Pour le moment, accueille ce que Je te permets de vivre pour ta purification à toi, mais J'agis rapidement. Prépare-toi, c'est pour très bientôt. J'attends juste que tu sois prêt dans tout ton être.

Mon tout-petit, Je t'aime. »

Merci, Merci, Merci. Faites de moi ce que Vous voudrez, quand Vous le voudrez, comme Vous le voudrez. Donnez-moi la grâce de connaître ou de découvrir Votre Volonté, d'être soutenu par Votre grâce pour être et demeurer cet instrument docile et valable entre Vos mains. Je Vous aime.

1996

26 novembre, 1 h 30

14. – ***Aujourd'hui, il faut que tu acceptes qu'il s'agit de Mon plan et que Je vois à sa réalisation***

Seigneur Jésus, je veux Vous présenter les difficultés que j'éprouve à faire avancer un dossier. Je Vous présente mon impuissance. Sans Vous, je n'y peux rien. Moi, je veux, mais je ne peux pas. Vous, Vous pouvez ; je Vous demande d'agir afin que cette transaction se réalise. Agissez d'abord en moi afin que je découvre ce que Vous voulez m'enseigner. Inspirez chacune de mes pensées afin d'éviter que je ne pose aucun geste contraire à ce que Vous désirez de moi. Que je ne sois pas un obstacle à Votre plan bien à Vous et pour le bien de ma famille dans ce dossier. Merci d'entendre et d'exaucer ma prière, sans doute bien égoïste.

Je me sens égoïste de revenir sur mes petites préoccupations, alors qu'il y a une multitude d'âmes en voie de perdition, et que toutes mes demandes devraient être pour le salut des âmes et Votre Gloire à Vous, ainsi que Votre Retour. Merci de Votre grande miséricorde pour le pauvre pécheur que je suis. C'est Vous qui savez ce que j'ai besoin d'apprendre cette nuit. Je Vous donne la liberté de ne pas répondre autant à mes préoccupations, si Vous le jugez ainsi. Vous êtes le Maître, je suis le tout-petit qui veut s'amender pour être celui que Vous désirez. Je Vous donne toute ma confiance et j'accepte mon impuissance et les croix que Vous voudrez bien me laisser. C'est Votre Présence que je désire plus que tout. Je me tais pour Vous écouter. Je Vous aime.

« Mon enfant, mon tout-petit, si tu savais l'importance de ce que tu vis présentement, tu ne Me demanderais rien d'autre. Moi qui connais tout, Je sais exactement ce dont tu as besoin aujourd'hui ; demain, ce sera autre chose. Pour que Je puisse agir librement en toi, autour de toi et à travers toi, ta docilité est nécessaire pour que tu demeures malléable, que tu sois dans l'action de grâce, aussi bien dans les peines, les épreuves et les difficultés, que dans les joies, les succès et les moments de gloire. Ce que Je désire, c'est que tu sois tout entier à Moi.

Pour le bonheur des Miens, Mes Choisis JÉSUS

Comme la fleur doit demeurer à sa branche ou à sa tige pour continuer à s'épanouir, toi, tu dois demeurer collé à Moi, ton Dieu, pour ton épanouissement et la réalisation de ce que tu es. Pour la fleur, qu'il y ait eu du vent, de la pluie ou du soleil, l'essentiel c'est qu'elle demeure bien branchée sur sa tige. Toi, tu es cette fleur qui vit des moments de joie, de peine, de difficulté; l'essentiel c'est que tu demeures bien uni à Moi qui suis la Source de tout ce dont tu as besoin pour accueillir la mission que Je te confie. Contemple ce que J'ai eu à vivre lorsque Je me suis retrouvé sur le chemin du Calvaire, l'essentiel c'était de demeurer branché sur Mon Père pour bien accomplir Ma mission comme Il le voulait Lui, branché sur Sa Volonté et non sur La Mienne.

Dans ce que tu vis présentement, continue à Me redire ce "oui" pour que se réalise Ma Volonté et non la tienne. Ta souffrance vient du fait que tu aimes faire tes plans et voir à la réalisation. Aujourd'hui, il faut que tu acceptes qu'il s'agit de Mon plan et que Je vois à sa réalisation. Lorsque tu auras compris et accepté que c'est Mon plan et que je vois à sa réalisation, toutes tes actions seront guidées comme Je te guide pour écrire ce que tu écris présentement. Retiens ce que nous venons de vivre. Moi, Je voulais te donner une très belle explication à partir de la fleur; toi, ne sachant pas où Je te conduirais, tu étais réticent à écrire : "comme la fleur". Pour toi, ces mots n'avaient pas d'affaire là et tu croyais que si tu écrivais ces mots, la dictée se terminerait là; alors que ce n'était que le début d'un enseignement que Je voulais te donner. Si tu n'avais pas été docile en Me faisant confiance, tu n'aurais pas eu cet enseignement en direct de Moi. C'est la même chose sur tous les plans de ta vie. Fais-Moi confiance, sans voir ni savoir où Je te conduis. Tu as tellement de preuves que Je t'aime, que Je veux ton bien. Tu es Mon choisi, Je suis ton guide; sois sans crainte, n'aie pas peur. Je suis là. Je t'aime et te protège. Qu'est-ce que tu veux de plus? Réponds-Moi. »

Mon Seigneur et mon Dieu. Comme je suis lent à comprendre et surtout à vivre ce que Vous m'enseignez si bien. Je ne veux rien de plus que Votre Présence, Votre Amour et surtout Vos grâces pour vivre ce que Vous m'enseignez ; car seul, je suis trop petit et trop faible, je n'y arriverai pas. En demeurant bien uni à Vous de l'intérieur, peu importe ce que j'aurai à vivre de l'extérieur, tout contribue à mon bien. Je sais que tout est grâce. Ne me laissez pas tomber, car par moi-même, je suis trop faible pour demeurer dans Votre Amour. C'est Vous qui avez fait la connection et c'est Vous qui devez la maintenir. J'ai confiance en Vous. Moi, je me sens faible, fragile et vulnérable. Je ne compte que sur Vous et je Vous aime.

28 novembre, 4 h 20

15. – *Cette Nouvelle Église, Je suis à la construire présentement à partir des cœurs*

Seigneur Jésus, ce matin, je veux Vous remercier, Vous rendre grâce d'avoir été témoin de Votre agir. J'ai eu l'impression, hier, de vivre une nouvelle profondeur dans ma foi. C'est comme si je commençais une vie nouvelle sous Votre direction ou Votre agir ; et moi, je ne suis que le témoin impuissant, mais émerveillé, comblé et gratifié de ce que Vous accomplissez, Vous le Tout-Puissant, dans les moindres détails.

Mon cœur est en joie, je ne sais comment Vous remercier. Je Vous demande la grâce de Vous laisser toute la place ; que je sois ce tout-petit qui ne Vous bloque pas la route, mais qui s'efface aussi souvent que nécessaire pour Vous regarder agir et s'émerveiller de ce que Vous accomplissez. Vous avez toute ma confiance. Je Vous aime.

« Mon fils, mon tout-petit, comme J'aime te combler ! Il y a longtemps que Je voulais te combler ainsi, mais comme Je respecte entièrement ta liberté, J'attendais que tu me laisses la liberté d'agir. Je suis toujours là, bien en toi, prêt à agir en toutes circonstances et dans tous les événements, et ce dans les moindres détails.

Pour le bonheur des Miens, Mes Choisis   JÉSUS

Avec ta liberté, Je veux surtout te purifier, Je te ferai découvrir, dans les moindres détails, toutes tes imperfections. Je veux que ton âme devienne blanche comme neige, sans aucune souillure, tes pensées ajustées aux Miennes, toujours et partout.

Tous les deux, nous entrons dans un Monde Nouveau, dans une Église Nouvelle, et cette Nouvelle Église Je la veux toute belle, toute pure, sans ride ni rien de pareil.

Cette Nouvelle Église, Je suis à la construire présentement à partir des cœurs. Pour que cette Église soit pure, il Me faut avoir des cœurs purs, car elle ne peut être plus belle et plus pure que les cœurs qui la composent.

C'est urgent, J'ai besoin d'une multitude de cœurs purs. C'est uniquement ce dont J'ai besoin, rien d'autre. N'oublie pas que c'est Mon œuvre et non la vôtre.

Ce que Je demande à Mes choisis, ce ne sont que des "oui", encore des "oui", toujours des "oui", et ainsi, Moi, Je peux agir. Présentement, J'agis très rapidement car le temps presse.

Autant le temps presse, autant J'agis rapidement. Toi, tu te dois de ralentir, et même d'arrêter, pour te laisser purifier et combler de Mes grâces afin qu'elles pénètrent bien en toi.

Il faut prendre le temps de bien tisser le lien qui nous unit, c'est ce lien qui est la tige qui porte la fleur et lui permet de résister aux vents et aux tempêtes accompagnés de pluies très fortes.

Mon tout-petit, prends du temps, laisse-toi combler. La tige deviendra puissante et résistante, c'est-à-dire capable de résister aux pires tempêtes.

C'est peu ce que Je te demande, mais c'est essentiel. Laisse-toi aimer, goûte Mon Amour, ne crains pas.

Je t'aime, Mon tout-petit. »

Merci, Merci, Merci. Je me laisse aimer. Je veux goûter Votre Amour.

1996

29 novembre, 5 h 30

16. – *La vraie richesse elle est en toi, pas ailleurs*
   – *C'est par le Feu de Mon Amour que Je te façonne*

« Mon fils, sois sans crainte, tu as trouvé grâce à Mes yeux. Je suis toujours avec toi. Veux-tu M'être de plus en plus agréable ? Sois de plus en plus petit, descends dans tes profondeurs, c'est là où Je suis. C'est là aussi où tu découvres ton impuissance, tes limites. C'est également là où habite l'humilité et toutes les vertus que j'ai déposées en toi lors de ton Baptême.

Ce sont ces vertus qui doivent guider toutes tes actions, ta façon de penser, d'être et finalement d'agir.

Moi, Je suis toujours disposé à agir en toi et à travers toi. Tu te dois de Me laisser agir ; pour cela, il faut que tu diminues. Je veux te donner un exemple : si toi, tu étais branché continuellement sur Moi, ce serait toujours Moi qui passerais en toi et à travers toi. C'est ce lien que Je veux de plus en plus fort avec toi.

Pense continuellement à l'Amour que J'ai pour toi, cela contribue à augmenter le lien qui nous unit.

Répète-Moi tes "oui", aussi bien lorsque tu es heureux que malheureux. C'est par ces "oui" que Je peux te garder heureux et en paix, peu importe ce qu'il y a autour de toi.

La vraie richesse elle est en toi, pas ailleurs. Ce n'est qu'en laissant éclater cette vraie richesse que les autres vont perdre de la valeur à tes yeux, que tu deviendras ce tout-petit que Je peux utiliser. Mais avant de pouvoir bien t'utiliser, Je dois finir de te façonner.

Le marteau ou l'or doivent passer par le feu pour être façonnés, toi, c'est par le Feu de Mon Amour que Je te façonne, et c'est ce que Je fais en ce moment. En me redisant tes "oui", tu te laisses façonner.

Comme Je t'aime, Je te brûle au Feu de Mon Amour, et Je brûle en même temps tous les tiens et déjà Je vais rejoindre ceux et celles que Je te confie. Commences-tu à comprendre comment s'exerce Mon œuvre en toi et à travers toi ?

Pour le bonheur des Miens, Mes Choisis JÉSUS

Toi qui t'es orienté vers l'action avec beaucoup d'efforts, tu as tendance à te dire : je rêve, c'est trop facile pour être vrai ; eh bien oui, elle est là la vérité pour toi en ce moment et pour ceux ou celles qui liront ces lignes. C'est Mon œuvre.

Comme Je t'aime, mon tout-petit.»

30 novembre, 6 h 20

17. – *Comme ma joie est grande de voir ces petites cellules de partage communautaire*

Seigneur Jésus, c'est dans les profondeurs de mon être que je veux aller Vous rejoindre et Vous prier d'une façon spéciale pour la rencontre de ce soir. Je Vous demande d'envoyer Vos grâces en abondance et de combler Vos choisis de Votre Esprit d'Amour afin que chaque personne puisse ressentir dans son cœur qu'elle est aimée de Vous.

En demandant Votre Amour, je crois avoir tout demandé, c'est-à-dire ce qu'il y a de mieux et de primordial pour chaque personne qui sera là ce soir.

Je les aime, et je veux qu'on se laisse aimer ce soir plus que jamais. Je Vous aime.

«Mon tout-petit, J'aime te voir mendiant de Mon Amour. C'est une demande que Je ne peux refuser, car Mon Cœur déborde d'Amour pour tous mes enfants de la terre. Comme ma joie est grande de voir ces petites cellules, ces cellules de partage communautaire, Mes choisis qui acceptent d'être ces tout-petits qui se font mendiants de Mon Amour, qui acceptent de retourner sur les bancs de l'école. Mais cette fois, c'est à Mon école bien à Moi pour apprendre l'Amour, apprendre à se laisser aimer par Moi, à goûter Mon Amour, apprendre à se laisser aimer par les autres ; apprendre à aimer les autres tels qu'ils sont, sans les juger, les critiquer, les blâmer ; apprendre surtout à s'aimer eux-mêmes tels qu'ils le sont par Mon Père, et par leur Père, créés tels qu'Il les voulait.

Et Nous, Père, Fils et Esprit Saint, Nous les aimons tels qu'ils sont. Si eux ou elles ne s'aiment pas ou ne s'acceptent pas, ce n'est pas parce qu'il y eut erreur de la création, mais bien à cause de la création non terminée. C'est uniquement par l'Amour que l'être que vous êtes peut se parachever. Le Père vous aime tellement qu'Il demande votre "oui" pour l'accomplissement total de Son œuvre à Lui.

Votre présence aux cellules de partage communautaire c'est un "oui". Il vous faut dire "oui" à vous laisser purifier par le Feu de Mon Amour, dans vos paroles ou vos gestes, mais surtout dans vos pensées ; car c'est là où commence à se construire l'Amour, n'ayant que de bonnes pensées vis-à-vis vous-mêmes et vis-à-vis les autres.

Laissez-vous prendre en charge par l'Amour et remettez à la Miséricorde du Père tout ce que vous n'aimez pas, que ce soit de vous ou des autres.

Vous êtes trop petits pour pouvoir vous changer, encore moins les autres. Mais l'Amour veut tout changer, tout purifier.

Laissez-vous aimer, laissez-vous combler, le temps presse ; plus c'est urgent, plus vous devez vous laisser combler de Mon Amour.

Ce qui est urgent, c'est que vous, vous soyez transformés par l'Amour. À ce moment seulement, vous pouvez commencer à accomplir la mission que Je vous confie.

Comment un menuisier pourrait-il travailler avec un marteau ou une scie qui ne soient parfaitement fabriqués ?

Laissez-vous façonner au Feu de Mon Amour. C'est urgent, J'ai besoin de vous, vous êtes mes piliers.

Laissez-vous aimer ; abandonnez vos grandeurs, soyez mes tout-petits. Soyez assez petits pour accueillir, au fond de votre cœur, ce que Je veux vous dire en terminant.

Je vous aime. Infiniment Je vous aime, follement Je vous aime.

Je vous apporte l'Amour du Père, de l'Esprit et de Maman Marie. »

Pour le bonheur des Miens, Mes Choisis JÉSUS

2 décembre, 3 h 40

18. – *Beaucoup sont tombés dans les trappes de l'Adversaire*

Seigneur Jésus, je me présente à Vous, sachant que je suis tout petit et impuissant devant la grande souffrance de notre peuple.

Vous, Vous êtes le Tout-Puissant ! Vous savez tout ! Vous connaissez tout ! Vous pouvez tout changer !

Je veux Vous présenter la souffrance que vivent présentement P. et sa famille. J'accepte d'être votre petit instrument pour aller à leur secours, si Vous le désirez. Vous devez tout préparer et mettre sur ma route vos instruments de lumière et de libération.

Je me fais suppliant de Votre Amour pour eux.

Votre Volonté et non la mienne. Je Vous aime.

« Mon tout-petit, J'ai entendu ta prière. Je la fais mienne et j'implore Mon Père, votre Père, d'agir auprès de P. pour qu'elle découvre sa liberté de fille de Dieu.

Les enfants de Dieu ont été créés libres, et Nous les voulons ainsi. Malheureusement, présentement, beaucoup sont enchaînés, beaucoup sont tombés dans les trappes de l'Adversaire, et ses trappes sont nombreuses, présentement en ces temps qui sont les derniers. Il est temps que vous commenciez à relever la tête car, très bientôt, il n'aura plus aucun pouvoir.

Continue de prier pour P. À la suite de vos prières d'hier soir, J'ai commencé à défaire les nœuds de la corde qui l'enchaîne. Prie et accepte de jeûner pour elle. Je t'inspirerai, au moment voulu, ce que tu dois faire ; fais-Moi confiance, Je suis ton Dieu. Je ne révèle pas Mon plan, J'agis lorsque le temps est venu. Je sais que toi, tu aimerais que Je te dise à l'avance ce que Je ferai ; Moi, Je suis le Dieu du présent, du passé et du futur. Une chose importante à laquelle tu te dois de croire c'est que J'ai entendu ta demande et qu'au temps voulu, J'agirai. Avec puissance, Je ferai la lumière. Je ferai disparaître cet esprit de confusion qui règne présentement.

J'ai besoin de cœurs qui M'aiment, qui Me prient, qui Me font confiance. Je souffre plus que toi de voir souffrir Mes enfants que J'aime. Je désire plus que toi qu'ils découvrent la vraie liberté des enfants de Dieu. L'heure n'est pas encore arrivée.

Présentement, J'appelle les cœurs un à un, comme J'appelle le cœur de P. et de ceux et celles qui sont autour d'elle, par la souffrance qu'elle vit présentement. Ne crains rien. En son nom, donne-Moi des "oui", enveloppe-la du Manteau de Ma Sainte Mère; loue le Père de Son action en elle et autour d'elle. Très bientôt, vous comprendrez; vous serez témoins de Mon agir.

Merci d'accueillir ce que Je t'enseigne, de reconnaître ton impuissance et de me laisser agir, en confiance et sans savoir ce qui arrivera aujourd'hui ou demain.

N'oublie jamais que Ma grâce est toujours là au bon moment et avec le degré de vos besoins.

Vous êtes Mes choisis. Je vous aime et Je vous comble de grâces et de bienfaits. Faites-Moi confiance; Je suis Votre Dieu plein d'Amour.

Je vous aime. Je t'aime. »

3 décembre, 5 h 45

19. – *Ma grande souffrance vient du fait que très peu de personnes acceptent de se laisser aimer par Moi*

« Mon tout-petit, écoute bien ce que Je veux te dire, ce matin. Je veux vous crier Mon Amour. Acceptez que Je vous aime. Vous ne connaissez pas la grandeur, la hauteur, la largeur et la profondeur de Mon Amour. L'Amour que J'ai pour chacun de Mes enfants de la terre est sans limite. Je poursuis chacun d'eux pour leur exprimer, leur faire goûter Mon Amour.

Ma grande souffrance vient du fait que très peu de personnes acceptent de se laisser aimer par Moi, encore moins de se laisser maîtriser par Mon Amour.

Si les gens savaient que leur bonheur n'est pas ailleurs.

Sans Moi, vous ne pouvez rien faire. Je suis la Source de la Paix, de la Joie et de l'Amour.

L'essentiel de ta vie, en ce moment, c'est de te laisser aimer. Prends le temps de goûter Mon Amour, de te laisser transformer par l'Amour.

J'ai besoin de toi, J'ai besoin de Me reposer en toi, d'y faire mon véritable chez-Moi.

Demeure en Ma Présence pour bien accueillir les flots d'Amour que Je déverse en toi, et en même temps chez tous les tiens.

Prends le temps pour l'essentiel; le reste, c'est secondaire.

Laisse-toi aimer. Je t'aime. »

5 décembre, 3 h 15

20. – *Je vous attends pour la grande Jubilation. La Fête est commencée, dépêchez-vous*

Seigneur Jésus, je suis votre tout-petit qui veut se laisser guider par Vous. Faites de moi ce que Vous voulez, comme Vous le voulez, quand Vous le voulez. Je Vous aime.

« Mon tout-petit, J'aime te voir petit pour te prendre dans Mes bras, te serrer contre Mon Cœur. Lorsque ton cœur est contre le Mien, Je peux le brûler au Feu de Mon Amour. Je peux l'enflammer de Mon Amour, le maîtriser par Mon Amour.

Mon Amour est si grand pour toi que Je ne peux rien te refuser. Avant même que tu M'adresses une demande, J'ai entendu le désir de ton cœur. Je le fais mien et Je le présente au Père, à ton Père, à Notre Père, et Lui l'accueille à bras ouverts dans Son Amour.

Je veux être avec toi, comme Je suis avec Mon Père, afin que tu puisses t'alimenter continuellement à Notre Amour.

Regarde bien ce que cela signifie : c'est comme si toi, tu disparaissais pour que Nous, Nous puissions vivre en toi, par toi et à travers toi.

C'est Notre Amour qui va rejoindre le cœur de ceux et celles qui sont sur ta route. Toi, tu n'es que témoin de

Notre agir ; ce n'est plus toi qui vis, mais c'est Nous qui vivons en toi. C'est Nous qui guidons tes pensées, c'est Nous qui guidons chacune de tes actions, c'est Nous qui parlons. Mais c'est surtout Nous qui aimons à travers toi, c'est toujours l'Amour qui transforme.

Toi, tu demeures et tu demeureras dans l'émerveillement ; tu seras de plus en plus dans la louange, et plus tu seras dans la louange, plus tu seras témoin de Notre agir et Notre Amour. Ce qui suscitera chez toi d'autres louanges, d'autres motifs d'émerveillement de plus en plus beaux. Ainsi, tu entres immédiatement de ton vivant dans le bonheur éternel. Tu peux vivre ce bonheur éternel, peu importe ce qui se passe à l'extérieur de toi.

Commences-tu à comprendre pourquoi Ma Sainte Mère se fait tant insistante pour que mes ou nos choisis entrent dans leur chambre intérieure ?

Vivez dès maintenant la Jubilation, c'est là la véritable source capable de vous alimenter, vous donner la force de vivre sereinement la tribulation qui est déjà commencée.

Mon Amour est plus puissant que tout ce que vous pouvez vivre de traumatisant. Dépêchez-vous d'y entrer entièrement. Mon Cœur est pleinement ouvert pour vous accueillir tous. Je n'attends que des "oui" de votre part.

Laissez-vous combler ;
Laissez-vous aimer ;
Laissez-vous gratifier ;
Laissez-vous choyer ;
Laissez-vous brûler au Feu de Mon Amour.

Je vous aime tellement ; Mon Amour n'a aucune limite. Venez, venez toujours plus près de Mon Cœur, c'est là où Je vous attends pour la grande Jubilation. La Fête est commencée, dépêchez-vous. Ne dites que des "oui" à ce que Je vous demande, c'est le chemin le plus direct. Ne perdez pas de temps à chercher ailleurs.

Finies les grandes complications ; nous entrons dans la grande simplicité, c'est là où Je suis et Mon Cœur déborde d'Amour.

Je vous aime. Venez goûter Mon Amour. »

6 décembre, 4 h 40

21. – *Si tu ne Me préfères à tous, tu n'es pas digne de Moi*

Seigneur Jésus, je veux Vous remercier, Vous louer, Vous bénir pour ce que Vous m'avez permis de vivre depuis un mois, en me permettant de m'unir davantage à Vous, et également pour tout l'Amour que Vous m'avez manifesté à travers ces réflexions inspirées. Merci enfin pour l'enseignement reçu.

Aujourd'hui, je ne veux vivre que par Vous, pour Vous et à travers Vous. Je Vous redis mon "oui" total et sans condition. Je me veux ce tout petit instrument entre Vos mains, mais bien docile. Je Vous aime.

« Mon tout-petit, ma Joie est grande de te voir docile, de constater que tu vis de plus en plus sous la maîtrise de Mon Amour.

C'est le seul et unique chemin de bonheur pour toi. Ce que tu vis présentement, ce n'est qu'un tout début. Je dirais que nous sommes au tout début de nos fréquentations. Tu sais qu'après le début, il y a les vraies fréquentations. Il y a les fiançailles et enfin le mariage où les deux amoureux se donnent l'un à l'autre.

Mon désir est de te conduire toujours plus loin dans l'Amour. Je désire t'unir davantage à Moi, te faire bénéficier davantage des flots d'Amour que J'ai en réserve pour toi, tous les tiens et tous ceux que Je veux rejoindre à travers toi. Je pense d'une façon spéciale à ceux qui liront ces écrits.

Toi, tu es entièrement libre d'arrêter ou de continuer. Tu peux arrêter définitivement ce qui est commencé entre nous; tu peux l'arrêter temporairement; tu peux le retarder ou le suspendre.

Je vois ton grand désir de continuer. Je vois aussi tes grandes craintes: surtout s'il fallait que ça sorte au grand public, qu'est-ce que l'on dirait de toi Léandre Lachance? Qu'elles seraient les réactions des gens envers toi et ta famille? Et comment ta famille vivrait-elle une telle aventure?

C'est là où s'exercent tes choix, c'est également là où ton amour est mis à l'épreuve.

Satisfaire ton image ou ta réputation ?
Satisfaire ta famille ou les tiens ?
Me satisfaire ainsi que les Miens ?

Tu connais Mes enseignements... si tu ne Me préfères à tous les tiens, tu n'es pas digne de Moi.

Mais tu es entièrement libre de choisir. De mon côté, jamais Je ne te retirerai l'Amour que J'ai pour toi ; par contre, toi tu peux l'accepter en entier, le refuser ou l'accepter partiellement.

J'aimerais que tu Me répondes. Je te pose la même question que j'ai posée à Pierre : Léandre, M'aimes-tu ?

Moi, Mon Cœur déborde d'Amour pour toi. Je t'aime. »

Ma réponse demeure un "oui" total, sans condition. Je sens pourtant ce "oui" faible, fragile et peureux.

Je compte uniquement sur Votre grâce pour qu'il résiste et qu'il devienne fort et puissant. J'implore le "oui" de Maman Marie, Votre "oui" à l'Agonie.

Je me place sous le grand Manteau de Maman Marie afin d'être protégé des attaques du Malin.

Je demeure Votre tout-petit. J'ai besoin de Votre puissante protection. Je Vous aime.

10 décembre, 5 h 45

22. – *Je veux faire de toi un pilier dans Mon Église*

Je veux Vous remercier, Vous louer de nous avoir donné Marie, comme Mère et Médiatrice. Vous remercier pour toutes les grâces que nous avons reçues au cours de cette fin de semaine. Oui, je sais que l'Amour m'aime et j'accepte de devenir l'Amour.

Je suis Votre tout-petit, impuissant sans Vous. Je me place à Votre écoute. Je Vous aime.

« Mon tout-petit, comme J'aime te voir tout petit et à Mon écoute. C'est à ce moment que Je peux te combler de Mes grâces et bénédictions.

C'est le temps favorable pour toi afin que puisse s'exercer la transformation de ton cœur, le temps où tu deviens l'Amour, où le Christ vit en toi et permet que tu deviennes un pilier pour Mon Église.

Écoute bien ce que Je vais te dire : en devenant l'Amour, c'est l'Amour qui a la maîtrise de ton être, et c'est là que tu commences à accomplir ta véritable mission d'enfant de Dieu. C'est là que tu deviens berger pour une multitude de Mes brebis, que tu deviens ce canal d'Amour, c'est-à-dire que l'Amour passe par toi pour aller rejoindre, dans l'invisible, des âmes en perdition.

Continue à Me redire tes "oui" dans les moindres détails de ta vie. Reconnais que, par toi-même, tu n'y peux rien. C'est l'Amour qui peut tout, c'est l'Amour qui t'a pris où tu étais ; un peu comme David derrière son troupeau, pour en faire un roi. Moi, Je veux faire de toi un pilier dans Mon Église.

Rends grâce à l'Amour, car l'Amour t'aime et tu deviens l'Amour.

Laisse-toi combler ; c'est en ce moment que tu M'es le plus utile. N'essaye pas de comprendre, crois, crois seulement et laisse-toi aimer.

Tendrement, Je t'aime. »

14 décembre, 3 h 35

23. – *Le Père brûle du désir de Se manifester davantage en toi et dans le cœur de tous Ses enfants de la terre. J'attends des "oui", toujours des "oui"*

Seigneur Jésus, je veux Te remercier pour ce que Tu as opéré dans la santé de P. Je veux aussi Te remercier pour l'évolution que Tu m'as permis de réaliser cette semaine concernant certains dossiers.

Je me sens bien petit, mais, entre Vos mains, Père, Fils et Esprit Saint, je me remets totalement et je me place à Votre écoute.

« Mon enfant bien-aimé, Je suis ton Père. L'Amour que J'ai pour toi est sans limite. J'aime te rencontrer dans tes profondeurs. Les profondeurs de ton être c'est l'endroit que J'ai choisi pour te rencontrer, pour te parler, pour t'enseigner, mais surtout pour t'aimer.

C'est uniquement par Mon Amour que tu peux être purifié. Je connais toutes tes difficultés, tes pauvretés, tes souffrances ; donne-les Moi dès que tu les reconnais, dès que tu les ressens. C'est la condition de base pour que Je puisse agir en toi, à travers toi. C'est Moi seul, ton Dieu, ton Père, ton Créateur qui peux faire éclater la beauté, la richesse de l'Amour que J'ai mis en toi.

Je brûle du désir de Me manifester davantage en toi et dans le cœur de tous Mes enfants de la terre. J'attends qu'on Me donne la liberté d'agir. Des "oui", toujours des "oui".

Mon Fils Jésus vous a montré le chemin en ne cherchant que Ma Volonté.

Je veux te voir uni à Lui comme Lui est uni à Moi ; et c'est Mon Amour qui circule en toi. Plus Mon Amour circule en toi, plus tes pensées deviennent Mes pensées, c'est-à-dire qu'elles sont entièrement inspirées par Moi.

Comme tes pensées orientent tes actions et ta volonté, c'est donc Moi qui agis en toi, par toi et à travers toi.

Sans Moi, tu ne peux rien faire, mais avec Moi, tu peux accomplir de grandes choses.

Vois-tu toute l'importance de l'union de ton cœur avec Celui de Mon Fils, Jésus. Je presse ton cœur contre le Mien qui est en même temps pressé contre Celui de Jésus et de Marie, redonnant ainsi une nouvelle effusion de Mon Amour.

Laisse-toi aimer ; laisse-toi brûler au Feu de Mon Amour, "oui" au Feu de Mon Amour, Feu.

Demeure dans cette union. Comme je t'aime, mon tout-petit.

Ton Père. »

16 décembre, 7 h 10

24. – *Vous serez de plus en plus témoins de l'union transformante*

Seigneur Jésus, je me veux tout petit à Votre écoute.

« Mon tout-petit, plus tu acceptes d'être petit, plus l'Amour peut passer en toi.

L'Amour peut tout changer, tout transformer. L'Amour c'est la plus grande puissance au monde. Malheureusement, peu de gens acceptent de se laisser maîtriser par l'Amour.

C'est en acceptant de se laisser maîtriser que l'Amour peut agir et permettre à cette personne de devenir l'Amour.

Il est très beau de voir ces gens qui deviennent l'Amour ; c'est réellement le Christ qui vit en eux. Le Christ veut prendre la place qui Lui revient à travers ces petites personnes qui acceptent de disparaître pour Lui laisser l'espace.

L'Amour t'aime et tu deviens l'Amour : c'est ça l'union transformante qui change tout. Très bientôt, vous serez de plus en plus témoins de cette union transformante.

La transformation c'est Mon œuvre et non la tienne. Toi, tu n'as qu'à me répéter tes "oui", toujours des "oui" ; reconnaître ton impuissance et surtout, faire confiance en Ma Toute-puissance dans les moindres détails.

Je veux te conduire tout près de Mon Cœur pour te combler davantage de Mon Amour.

Laisse-toi aimer. Tendrement, Je t'aime. »

18 décembre, 5 h 10

25. – *Comme Je t'aime, Je t'enlève le poids de tes préoccupations*

Seigneur Jésus, je veux Te présenter tout ce qui m'empêche d'entrer dans les profondeurs de mon être. Mon esprit est demeuré accroché au dossier dans lequel j'ai travaillé hier soir ; j'y cherche encore des solutions.

Je sais bien, Seigneur, que seul je suis impuissant ; mais viens agir en moi d'abord afin que je sois tout à Toi. Je sais que c'est l'essentiel. Je Te redis mon "oui" ; j'ai besoin de Ton aide. Lorsque je suis laissé à moi-même, c'est le grand Léandre qui refait surface et qui veut tout planifier, solutionner et organiser.

Je T'abandonne ce poids de vouloir être grand. Tout petit devant Toi, je veux me retrouver afin d'être entièrement guidé par Toi. Merci d'entendre et d'exaucer ma prière.

« Mon fils, mon tout-petit, Je cours vers toi pour venir à ton aide. Je te prends dans Mes bras ; laisse-toi reposer contre Mon Cœur. Redis-Moi ton amour. Ton besoin est avant tout de te sentir aimé. Je suis la Source de l'Amour.

Comme Je t'aime, Je t'enlève le poids de tes préoccupations. Tu as fait ce qui était en ton pouvoir ; laisse-Moi agir à travers les autres ; fais-Moi confiance, oublie ce dossier.

Je t'inspirerai en temps voulu si réellement tu dois agir de nouveau. Tu es en vacances avec ce dossier pour le moment, profites-en pour te laisser unir à Moi.

Tendrement, Je t'aime. »

20 décembre, 4 h 40

26. – *Petit à petit, nous tissons notre union qui devient de plus en plus belle et solide*

Seigneur Jésus, je veux Te demander pardon pour le peu de temps que j'ai pensé à Toi hier ; pardon de me laisser ainsi accaparer par le travail. Je T'offre mon impuissance ; ne permets pas que je m'éloigne de Toi. Je T'aime, je ne voudrais vivre que pour Toi. Il n'y a que Toi pour me garder près de Toi. Daigne agir dans mon cœur ; maîtrise-moi. Je sais que Tu m'aimes et que je suis créé pour devenir l'Amour.

Comme je me sens loin de ce que je devais être. Je compte uniquement sur Toi, je te redis mon "oui" total, sans condition ; mon "oui" même dans l'acceptation de ce que je suis présentement, si c'est ça ton désir ou Ta Volonté.

Je m'abandonne et je T'abandonne tous les dossiers sur lesquels je travaille présentement. Je t'aime.

« Mon tout-petit, viens te blottir dans Mes bras ; c'est là et uniquement là où tu peux retrouver la paix, Ma Paix. Parce que tu la connais ou tu commences à la connaître, il arrive que lorsque tu entres dans tes activités d'affaires, tu ressens moins Ma Présence et c'est là ta souffrance. Mais Moi, Je suis toujours là bien en toi dans tes profondeurs.

Ne crains pas, peu importe tes activités, Je ne te laisserai pas tomber. Tes "oui", ta souffrance, principalement celle de te sentir éloigné de Moi, me font courir vers toi et notre joie n'est que plus grande de nous retrouver. Ainsi, petit à petit, nous tissons notre union qui devient de plus en plus belle et solide.

Je guide chacun de tes pas. Je t'inspire. Je te protège. Ma Sainte Mère intercède continuellement pour toi ; sois sans crainte, fais-toi petit. C'est à ce moment que tu découvres la Paix et la Joie que tu désires. »

23 décembre, 1 h 15

27. – *J'aimerais que tu passes plus de temps en Ma Présence*

Seigneur Jésus, à l'approche de Noël, je veux Vous présenter mon cœur et celui de tous les êtres et enfants de la terre, afin qu'une grâce spéciale soit déversée dans chacun des cœurs.

Vous seuls, Père, Fils et Esprit Saint, pouvez changer les cœurs et ainsi changer la face de la terre.

Je Vous demande cette grâce d'une façon spéciale pour les cœurs les plus souffrants, les cœurs les plus ouverts à Vous accueillir également.

Merci d'entendre et d'exaucer cette prière. Je Vous aime.

« Mon tout-petit, J'ai entendu ta prière. Je la fais Mienne auprès du Père. Tu es témoin que J'agis très rapidement, car le temps presse. Très bientôt, vous serez témoins de plus grandes choses encore. Fais-toi petit, demande cette grâce de la petitesse. Les petits sont très près de Mon Cœur.

Je les comble. Je les serre sur Mon Cœur. Au contact de Mon Cœur, leurs cœurs sont transformés.

J'aimerais que tu passes plus de temps en Ma Présence ; que tu te laisses pénétrer davantage de Moi, que tu goûtes davantage Mon Amour. Laisse-toi aimer.

Je t'aime. »

25 décembre, 6 h 25

28. – *En acceptant de naître, J'acceptais aussi de mourir sur la Croix pour racheter les péchés du monde*

« Mon tout-petit, en ce Jour qui te rappelle Ma Naissance, Je veux te dire combien Mon Amour est grand pour les hommes et les femmes de la terre. En acceptant de naître, J'acceptais aussi de mourir sur la Croix pour racheter les péchés du monde.

Je souffre que l'Amour ne soit pas aimé, que l'Amour que J'ai apporté sur cette terre ne soit pas accueilli.

Reste près de Moi, accepte Mon Amour, remets-Moi tes joies et tes peines, J'en fais mon affaire.

Je suis ton Dieu. Je t'aime. »

28 décembre, 5 h 25

29. – *Ce n'est pas le "faire" mais bien l'"être" qui importe*

Seigneur Jésus, je veux Te remercier pour ces belles journées que Tu me permets de vivre, pour la santé que Tu me donnes et surtout pour Ta Présence et celle des Saints Anges qui sont toujours avec moi.

Je T'offre cette journée qui commence ; je la veux selon Ton désir à Toi. Rends-moi docile à Ta Volonté. Je T'aime.

« Mon tout-petit, laisse-toi aimer. Prends le temps de goûter Mon Amour. Je suis toujours là bien en toi. C'est là qu'est ta joie, pas ailleurs. J'aime lorsque tu t'arrêtes pour Me louer, Me bénir, Me rendre grâce. J'aime ton cœur de louange, en même temps que c'est un baume pour Mon Cœur blessé ; c'est aussi le tien qui se transforme, qui devient de plus en plus Amour.

Je t'aime, je t'aime, je t'aime. Ce sont ces mots qui doivent se graver dans ton âme, ton cœur et ton esprit, c'est-à-dire dans tout ton être ; accepte d'être aimé par Moi, ton Dieu.

Plus tu acceptes d'être aimé, plus Mon Amour s'installe en toi, plus tu es habité par l'Amour et plus tu deviens Amour.

Tu t'interroges souvent sur ce que tu devrais faire pour M'être plus agréable. Ce n'est pas le "faire" mais bien l'"être" qui importe. Ce dont J'ai besoin, ce sont des gens qui deviennent Amour. En devenant Amour, tu deviens un vrai témoin, un pilier pour Mon Église Nouvelle.

La Jubilation c'est de devenir des êtres d'Amour et des témoins de ce qu'accomplit l'Amour en toi, à travers toi et autour de toi.

Cette Jubilation précède les grandes tribulations afin de vous permettre de vivre d'une façon bien différente les événements qui s'en viennent, et qu'en même temps vous soyez des phares pour ceux et celles qui vont chercher la lumière.

Plus tu deviens Amour, plus ton phare est puissant. En d'autres mots, pour être ce phare puissant, tu dois être un être d'Amour ; et pour devenir cet être d'Amour, tu dois te laisser aimer.

Il ne s'agit pas de ton œuvre, mais bien de la Mienne ; ayant toujours besoin cependant de ton consentement pour descendre davantage dans les profondeurs de ton être afin de te convertir ou te ramener à ta version originelle, celle d'un être totalement d'Amour.

Le temps presse, Je t'ai choisi et J'ai besoin que tu deviennes Amour pour cette multitude que Je te confie dans l'invisible, mais aussi dans le visible.

Demeure Amour,
Regarde l'Amour,
Contemple l'Amour,
Prie l'Amour,

Loue l'Amour,
Remercie l'Amour,
Sois toujours et partout Amour.

Entrons ensemble dans la grande Jubilation car Je suis l'Amour, tu es l'Amour, nous sommes l'Amour. Voilà Ma mission, ta mission, Notre mission. Pour la gloire de Notre Père, nous devenons un dans l'Amour.

Tu as tout Mon Amour. »

31 décembre, 4 h 40

30. – *Nous entrons tous ensemble dans une Terre Nouvelle, une Église Nouvelle*

En cette fin d'année, je veux Vous remercier Père, Fils et Esprit Saint, pour toutes les grâces reçues en 1996, pour la santé que Vous m'avez donnée et pour l'Amour que vous m'avez apporté par les gens autour de moi, et principalement par Maman Marie et ses précieux enseignements.

Sachant que je suis indigne de tous ces bienfaits, sachant également que tout est grâce, je ne pourrai jamais assez Vous remercier, Vous louer, Vous rendre grâce.

Je Vous redis mon "oui" pour tout ce que Vous m'avez permis de vivre au cours de l'année qui se termine. Je Vous redis un grand "oui" sans condition pour l'année qui commencera demain. Je veux que chaque jour, chaque heure et chaque instant soient un pas de plus pour me rapprocher de Vous.

Je consens à être ce tout-petit, aimé de l'Amour et devenant l'Amour.

« Mon tout-petit, viens te blottir dans Mes bras ; que Mon Cœur soit contre ton cœur, afin que ton cœur batte au rythme du Mien, qu'il apprenne à aimer du même amour que Mon Cœur aime.

En même temps que Je pénètre ton cœur, Je pénètre dans le cœur de chacun des tiens. Les tiens, ils sont Miens, ne l'oublie pas et J'ai beaucoup de grâces pour chacun d'eux. Je les déverserai d'une façon toute particulière au cours de la nouvelle année.

Pour le bonheur des Miens, Mes Choisis JÉSUS

Tu n'as pas à t'inquiéter de rien, J'ai tout préparé et Je m'occupe de tout ; demeure dans l'action de grâce et la Jubilation en Me voyant agir.

Nous entrons tous ensemble dans une Terre Nouvelle, une Église Nouvelle, avec des gens nouveaux aux cœurs nouveaux, renouvelés continuellement par l'Amour.

Ton cœur et le cœur des tiens sont plus capables d'aimer aujourd'hui qu'hier ; et demain, ils seront encore plus capables d'aimer qu'aujourd'hui parce que c'est Moi qui les renouvelle constamment, instant après instant.

Tu ne peux pas te baser sur ce qu'ils étaient hier pour savoir ce qu'ils seront demain, car aujourd'hui Je leur donne un cœur nouveau. Ils deviennent de nouvelles personnes à chaque jour. Tu n'as qu'à t'émerveiller de ce que J'accomplis en toi et en Elisabeth, ta chère épouse, précieuse pour Moi.

Vous êtes Mes choisis, ne l'oubliez pas. Vous serez donc les premiers à vivre cette Église Nouvelle et cette Terre Nouvelle.

Répétez-Moi vos "oui" toujours et partout, soyez sans crainte. Je vous ai pris en charge.

Comme Je vous aime, toi et les tiens. Vous devenez l'Amour. »

Merci Seigneur Jésus. Comme Tu es un Dieu d'Amour ! Comment Te rendre grâce pour tant de bienfaits. Est-ce que ces dernières pages sont uniquement pour moi et Elisabeth, ou si elles doivent être partagées avec une partie ou toute la famille ?

« Je vous fais un cadeau bien spécial, cette année, en mettant à votre disposition l'un de Mes fils de prédilection. C'est lui que J'ai choisi pour vous guider pour entrer dans cette nouvelle année qui est très importante. Fais ce qu'il te dira de faire ; sois en confiance ; partage avec lui ce que tu vis avec Moi. Sois sans crainte, lui aussi est l'un de Mes choisis.

Partage tout avec ce Père David, un prêtre selon Mon Cœur. Ce n'est pas un hasard qu'il soit sur ta route maintenant.

1996

Dis-lui que Je l'aime et que J'ai besoin de lui. Il est très, très, très important pour Moi. Fais-lui confiance.
Je l'aime, Je t'aime, et Je suis avec vous. »

1997

1ᵉʳ janvier, 10 h 30

31. – *Je vous aime tels que vous êtes. Êtes-vous capables d'en dire autant de vous-mêmes ?*

Seigneur Jésus, je viens Te remercier, Te bénir pour cette paix que Tu mets dans mon cœur en ce moment. Je m'abandonne totalement à Toi et je T'abandonne tous ceux et celles que je porte dans mon cœur, en même temps que je T'abandonne la nouvelle année qui commence.

Je Te demande d'envoyer Ton Esprit en abondance sur notre rencontre familiale.

Je Te demande de bien vouloir bénir chacune des personnes et, d'une façon spéciale, le Père David que Tu nous a envoyé comme un cadeau directement du Ciel.

Merci et Gloire à Toi, Seigneur Jésus. Je T'aime.

« Mon tout-petit, aujourd'hui nous débutons une année très importante pour toi et les tiens. Elle est importante, non pas à cause de ce qui va se passer à l'extérieur, même si parfois ça peut paraître important, mais en raison de ce qui va se vivre à l'intérieur de chacun de vous.

Dans ces temps qui sont les derniers, J'ai un urgent besoin de cœurs qui acceptent de Me dire un "oui" total et sans condition ; de Me répéter ce "oui" afin que Moi Je puisse agir, et J'agirai rapidement, car le temps presse.

J'ai besoin de cœurs qui acceptent de se laisser aimer par Moi, et lorsque Mon Amour pénètre un cœur, il devient transformé, il devient brûlant de Mon Amour car il est branché sur Mon Cœur, lequel est continuellement branché sur le Cœur du Père qui est la Source même de l'Amour.

Heureux êtes-vous, toi, Elisabeth et les vôtres, d'être choisis pour cette belle mission qui est celle de répandre Mon Amour à travers le monde, tant dans l'invisible que dans le visible, bien que davantage dans l'invisible.

Je veux que cet Amour vous le viviez pleinement entre vous, et ce sera un témoignage pour ceux et celles qui vous verront vivre.

Je vous rappelle que c'est Mon œuvre et non la vôtre.

Je vous demande une seule et unique chose : c'est votre "oui" total et toujours dans les moindres détails, aussi bien dans vos joies que dans vos peines, aussi bien dans vos échecs que dans vos succès.

Apprenez à Me faire confiance, à vous laisser aimer. Moi, Je vous aime tels que vous êtes. Êtes-vous capables d'en dire autant de vous-mêmes ?

Voilà la grande transformation que Je veux faire en vous au cours de l'année 1997. D'une part que vous vous sentiez aimés de Moi, et d'autre part que vous vous aimiez davantage tels que vous êtes.

Voilà Mon cadeau pour chacun de vous.

Mon Cœur déborde d'Amour pour vous tous.

Comme Je vous aime ! »

3 janvier, 2 h 40

32. – *J'ai besoin de vous pour sauver des multitudes d'âmes en voie de perdition*

Merci Seigneur Jésus pour les grâces déversées sur l'ensemble de notre famille, à l'occasion du Premier Jour de l'An. Continue de la bénir et de la garder sous ta constante protection.

« Mon tout-petit, Mon Cœur est toujours débordant d'Amour pour l'ensemble des personnes de la terre. Ce dont J'ai besoin pour que Mon Amour éclate dans chacun des cœurs c'est la permission d'agir.

1997

Les "oui" que tu me donnes et tes prières d'intercession, surtout lorsqu'elles passent par Ma Très Sainte Mère, ont beaucoup plus d'importance que tu le crois.

Si ta foi était plus grande, au moment où tu Me pries, Je pourrais accomplir davantage. Dans ces temps qui sont les derniers, J'ai un urgent besoin de gens qui acceptent de renoncer à eux-mêmes, à leurs propres désirs, à leur bien-être, à leur confort et même à leurs propres besoins, pour associer leurs prières à la Mienne, à celle de Ma Très Sainte Mère, des Saints et Saintes, et des Saints Anges pour le grand combat qui se livre présentement.

Tu sais que Ma Très Sainte Mère écrasera la tête du serpent, donc nous sommes du côté du gagnant. Sur ce point, il n'y a aucun doute. Mais Moi, Je ne voudrais perdre aucun des enfants de la terre et c'est sur ce point que J'ai besoin de priants et priantes, d'âmes qui se donnent totalement à Moi, et que Je peux utiliser à Ma guise selon les besoins, dans l'invisible, pour sauver des multitudes d'âmes en voie de perdition. Si tu savais comme les besoins se font urgents et ce que J'accomplis par un simple "oui"... tu voudrais me dire des "oui" jour et nuit pour toi et, par procuration, pour toutes les âmes en perdition.

Comprends-tu pourquoi Ma Mère et moi, Nous ne cessons de demander des "oui". Le "oui" est le chemin le plus rapide qui ouvre la porte à une multitude de grâces qui sont déversées dans les cœurs, même les plus endurcis.

Tu es précieux à Mes yeux, J'ai besoin de toi. Fais-toi tout petit, accepte même de disparaître afin que Je puisse agir en plénitude en toi, à travers toi et autour de toi.

C'est toujours Mon œuvre. J'ai besoin de toi pour Mon œuvre et, lorsque toi tu veux M'utiliser pour ton œuvre, ça ne fait que ralentir ou retarder ce qui est urgent d'accomplir maintenant, et surtout dans l'invisible.

Ne cherche pas les chemins compliqués ; prends celui de la simplicité, c'est là où Je suis. Apprends à ne pas juger sur ce qui se passe à l'extérieur, car l'extérieur a peu d'importance. Ce qui est important, c'est ce qui se passe à l'intérieur. C'est là où se livre le vrai combat présentement et c'est par là que Je vais reconstruire ce que l'Ennemi a détruit, ou pense avoir détruit.

Prends le temps de bien intégrer en toi cet enseignement : il est, pour toi et pour tous ceux ou celles qui le liront, une source de grâces incroyables.

Sois sans crainte, Je suis toujours avec toi et Je guide chacun de tes pas. Continue de Me laisser agir. Je suis le Tout-Puissant, tu as trouvé grâce à Mes yeux. Je t'aime. »

Merci, Merci, Merci Seigneur Jésus. Dispose mon cœur de façon que je puisse vivre totalement et avec mon cœur d'enfant ces précieux enseignements.

Je redis mon "oui" et je m'abandonne à Vous Père, Fils et Esprit Saint, par les mains de Maman Marie. Votre tout-petit.
P S : J'ai dans le cœur un vif besoin de partager cet enseignement avec le Père David.

5 janvier, 14 h 15

33. – *Ce soir, Je serai avec vous à votre cellule de partage communautaire*

« Mon tout-petit, demeure à Mon écoute, c'est le temps le plus précieux pour toi en ce moment. J'ai beaucoup de choses à t'enseigner, même si souvent Je te répète des choses que tu sais déjà. Je veux cristalliser dans ta pensée ces connaissances afin que ce soit bien imprégné dans tout ton être.

Ce que Je veux surtout, c'est que tu saches que Je suis toujours là près de toi ; que Je t'inspire et te guide continuellement. Tu n'as pas à t'inquiéter de rien si ce n'est de ton désir de vouloir prendre les commandes.

Demande constamment Ma Grâce pour demeurer petit et te laisser guider.

En même temps que Je te guide, Je guide également ton épouse bien-aimée Elisabeth, vos enfants, leurs conjoints, vos petits-enfants et tous les vôtres, c'est-à-dire ceux que vous aimez, en plus de ceux qui sont greffés à vos cœurs dans l'invisible et qui sont rejoints par vos "oui" et votre docilité.

Ce soir, Je serai avec vous à votre cellule de partage communautaire. J'aimerais que chacun accepte au plus profond de son cœur qu'il est aimé de Moi personnellement ; qu'il est choisi de Moi pour une mission particulière et que J'ai un grand besoin de lui.

Pour qu'il me soit utile, il doit se sentir aimé de Moi. Il doit s'accepter et s'aimer tel que créé par Mon Père. Il doit me donner son "oui" sans condition. Il doit devenir tout petit. Il doit vouloir se laisser guider par Moi sans discuter, ni raisonner et souvent sans comprendre. Il doit se mettre à Mon écoute.

Dis-leur que Je parle autant à eux ou elles qu'à toi, en ce moment. Ils n'ont qu'à découvrir le moyen que Je veux utiliser, lequel peut être différent ou non de celui que J'utilise pour toi.

Dis-leur qu'ils sont profondément aimés de Moi ; qu'en acceptant Mon Amour, ils vont s'aimer tels qu'ils sont, sans vouloir se changer.

Finalement, ils vont devenir Amour, sans proférer de plaintes ou de critiques, capables d'aimer les blessés de la vie que Je placerai sur leur route.

En devenant Amour, ils guériront les blessures des gens qu'ils rencontreront, uniquement par le regard, sans même ne rien dire.

Vous êtes dans l'Église Nouvelle. Devenez Amour. C'est urgent, une multitude en dépend.

C'est Mon œuvre et non la vôtre. J'ai besoin de vos "oui" aussi bien dans vos souffrances que dans vos joies.

Je suis Amour, Je vous ai choisis pour que vous soyez les premiers à devenir Amour dans ma Nouvelle Église. Par vous, devenus Amour, J'attirerai une multitude qui attend avec un cœur préparé à accueillir l'Amour, tout comme celui que Je vous donne continuellement, mais encore plus ce soir.

Soyez sans crainte. Comme Je vous aime ! »

6 janvier, 5 h 50

34. – *Quinze consignes de discernement pour bien agir*

Seigneur Jésus, aujourd'hui le travail recommence, comme Tu le sais. Il y a plusieurs dossiers sur lesquels je crois devoir travailler. Comme je crains de vouloir reprendre les commandes, au lieu de Te laisser agir, Toi, mon Seigneur et mon Dieu !

D'autre part, je veux bien accomplir ma part, c'est-à-dire celle qui me revient lorsque Tu m'inspires.

Ça fait deux mois que Tu m'enseignes à être à Ton écoute à travers les pages complétant ce présent cahier. Voudrais-Tu, ce matin, m'enseigner comment discerner ce qui vient de Toi et ce qui vient de moi concernant le travail.

J'aimerais tellement être certain que j'accomplis Ton œuvre et non la mienne, que mes actions ne sont pas contraires à Ta Volonté. Je me sens si faible sur ce point, particulièrement en reprenant le travail. J'ai besoin de Ton aide ; viens à mon secours. Je crie vers Toi, réponds-moi. Merci d'entendre ma prière. Je T'aime.

« Mon tout-petit, comment ne pas entendre celui que J'aime lorsqu'il crie vers Moi ?

Je t'ai dit et Je te redis : tu n'as à t'inquiéter de rien. Je suis toujours avec toi et Je m'occupe des moindres détails ; c'est aussi vrai sur le plan du travail que sur les autres plans.

Avant de prendre une décision, adresse-toi à Moi. Demande-Moi de t'inspirer et Je le ferai. Après, agis selon ce que tu reçois dans ton cœur. Tu as à Me faire confiance comme tu le fais présentement en écrivant. Le chemin que J'ai choisi pour toi, tu le connais maintenant : c'est celui de ton cœur. Tu n'as qu'à agir avec confiance en Me répétant tes demandes chaque fois qu'il se présente sur ta route une voie nouvelle. Je t'inspirerai laquelle prendre. Une fois que tu t'y es engagé, les obstacles ou les courbes qui se présentent ne signifient pas que tu ne sois pas sur la bonne voie.

Continue de croire que Je te guide et t'accompagne. C'est à travers les difficultés rencontrées sur ta route que Je fais éclater Ma Toute-puissance pour ton émerveillement et ton union à Moi, ton Dieu.

Retiens donc ceci :
1. Commence toujours par M'adresser ta demande ;
2. Que ton cœur soit toujours prêt à accueillir la réponse, peu importe la direction que Je t'inspirerai ;
3. Accepte les obstacles ou les difficultés, sachant que Je suis là pour t'aider à les résoudre ;
4. Répète ta demande à chaque voie nouvelle ;
5. Fais-Moi confiance dans les moindres détails ;
6. Agis en étant certain que Je suis avec toi ;
7. Reconnais ton impuissance ;
8. Rends-Moi grâce pour tous les succès et aussi pour les échecs apparents ;
9. Espère envers et contre tout ;
10. N'oublie jamais que Je suis le Dieu de l'impossible ;
11. Agis avec amour, compréhension, justice et bonté auprès des gens impliqués dans le dossier ;
12. Sois toujours prudent afin de bien vérifier s'il ne s'agit pas d'un piège de l'Ennemi lorsqu'on te fait une proposition. Demande Mes lumières et elles te seront accordées ;
13. N'oublie pas qu'en étant branché sur Moi, tu es du côté du gagnant, peu importe les apparences ;
14. Demeure dans la grande humilité ; ne sois jamais arrogant ;
15. Relis ce que Je viens de t'enseigner et demeure à Mon écoute, le reste te sera enseigné en temps voulu. Sois sans crainte, n'aie pas peur, fais-Moi confiance. Je suis là bien en toi dans tes profondeurs, peu importe où tu es et quoi que tu fasses. Sois certain de Mon alliance. Je n'abandonne jamais Mes amis.

Je t'aime. »

7 janvier, 4 h 20

35. – Très bientôt, il n'y aura sur cette terre que des cœurs purs
– Tout va être reconstruit par la puissance de Mon Corps et de Mon Sang

« Mon tout-petit, l'Amour que J'ai pour toi est sans limite ; il dépasse tout ce que tu peux imaginer et concevoir. Si Je déversais en toi l'immensité de Mon Amour, tu ne pourrais ni l'accueillir, ni le contenir : ton cœur éclaterait.

Je veux que tu saches qu'il y a pour toi et pour chacun de Mes enfants de la terre des réserves d'Amour qui sont comme une multitude de beaux cadeaux que vous n'aurez jamais fini de déballer. Vous serez continuellement dans l'émerveillement de plus en plus grand. Ce sera la Jubilation et encore la Jubilation et une Jubilation de plus en plus grande.

L'Amour du Père est tellement grand qu'Il désire que cet Amour qui était réservé au Ciel puisse s'étendre sur la terre, et c'est pour très bientôt, c'est-à-dire que c'est déjà commencé pour les choisis dont tu es.

Cet Amour est tellement grand et pur qu'il ne peut cohabiter avec le mal. Il a choisi de se loger dans les cœurs purs et droits qui acceptent de l'accueillir.

Chaque personne doit y donner son consentement. À chaque fois que tu répètes ton "oui", c'est une parcelle de ton cœur qui est purifiée et donc plus apte à accueillir l'Amour.

Très bientôt, il n'y aura sur cette terre que des cœurs purs. Ils le seront par leurs "oui", aidés du "oui" des autres, ou par les grandes tribulations qui viendront purifier cette terre.

Vois-tu l'importance du "oui" de la prière, des ministères dans l'invisible et des mortifications ; de l'adoration, des sacrements et sacramentaux, et surtout de l'Eucharistie car c'est Mon Corps qui se donne (il n'y a rien de plus puissant au monde pour transformer des cœurs). Tout va être reconstruit par la puissance de Mon Corps et de Mon Sang.

Toi qui as aimé travailler avec des objectifs, l'objectif du Père tu le connais, c'est d'avoir sur cette terre des cœurs purs, capables d'accueillir l'Amour qu'Il veut déverser en plénitude. Notre Père réalise Ses objectifs.

Mon Sang n'a pas été versé inutilement, ni celui de tant de martyrs depuis deux mille ans. L'objectif de Notre Père va se réaliser et très bientôt. Les moyens utilisés sont nombreux :
- Le plus important, c'est Ma Venue sur cette terre il y a deux mille ans pour enseigner l'Évangile et fonder l'Église.
- Le rôle essentiel de Ma Très Sainte Mère.
- Le rôle de la communion des Saints et Saintes du Paradis avec lesquels vous êtes appelés comme choisis du Père pour cette mission des derniers temps.

Pour ceux et celles qui résistent, les grandes tribulations viendront terminer cette purification des cœurs qui est en marche depuis deux mille ans.

Heureux êtes-vous d'être ces choisis des derniers temps. Grâce à vous, beaucoup de souffrances peuvent être épargnées.

Demandez à Ma Sainte Mère de vous garder dans la grande docilité du Père, protégés par Son Grand Manteau capable d'envelopper la terre entière et faire fuir à jamais l'Ennemi qui occasionne tant de souffrances.

Demeure à Mon écoute ; ces enseignements te sont donnés pour toi et pour beaucoup d'autres que Je rejoindrai à travers ces écrits en temps voulu.

Fais-toi petit, c'est ainsi que tu M'es le plus utile et le plus apte à accueillir l'Amour.

Je t'aime. »

8 janvier, 5 h 45

36. – *Vous aurez à vivre les tribulations pour entrer de plein pied sur cette Terre Nouvelle*

« Mon tout-petit, continue de prendre du temps pour être à Mon écoute. J'ai beaucoup de choses à t'enseigner.

Pour le bonheur des Miens, Mes Choisis JÉSUS

Ces temps, qui sont les derniers, apporteront une grande transformation de la terre, c'est déjà commencé.

Peu de gens, même parmi les élus, sont suffisamment préparés dans leurs cœurs pour vivre ce qui s'en vient.

J'ai besoin de personnes comme toi que Je choisis, que J'aime, que Je protège et que J'instruis pour qu'à leur tour ils aillent instruire et préparer les cœurs, annoncer la Bonne Nouvelle, car c'est une très Bonne Nouvelle, même si vous aurez à traverser les tribulations avant de pouvoir la vivre.

Comme Mon peuple choisi a eu à vivre au désert pour entrer dans la terre promise, vous aurez à vivre les tribulations pour entrer de plein pied sur cette Nouvelle Terre où l'Amour régnera en plénitude, c'est-à-dire une terre où le mal sera exclu.

Soyez sans crainte car à chaque jour, à chaque heure, même à chaque instant, vous serez soutenus par Ma Grâce. Vous serez attristés, mais jamais démolis. Vous serez peinés, mais non terrassés. Vous serez dérangés, mais non détruits. Même si certains de mes élus devaient y laisser leur vie, ils seront accompagnés de grâces très puissantes et seront heureux de mourir et d'entrer plus rapidement dans l'Amour.

Cet Amour que Je vous annonce, ils le vivront en plénitude au Ciel, mais la très grande majorité y goûtera sur cette terre.

Offre-Moi aujourd'hui ta journée entière de prière et de jeûne pour la multitude que J'appelle, afin que les cœurs arrivent à entendre Mon cri, qu'ils ouvrent la porte de leurs cœurs, car Je brûle du désir d'y entrer, d'y faire Ma demeure. Je les aime, Je voudrais les sauver tous, mais J'ai besoin de leur consentement.

Redis-moi ton amour tout au long de ce jour : c'est un baume pour Mon Cœur qui souffre de voir Mon Amour refusé, de voir ceux et celles que J'aime faire la sourde oreille à Mes appels répétés.

Ce sont les derniers cris de Mon cœur qui vont les unir à Moi ; sinon, ils seront emportés par les grandes tribulations, comme vous avez vu les maisons emportées par les inondations.

1997

Comme Je te le disais hier, Le Père va réaliser Son objectif. Son Amour va circuler sur la terre comme au Ciel.

Les moyens dépendent ou de l'ouverture ou de l'endurcissement des cœurs.

Aujourd'hui, mercredi, beaucoup de cœurs s'ouvriront à cause de cette journée qui M'est consacrée par plusieurs de Mes choisis.

Remercie Le Père de bien vouloir donner tant d'Amour à Ses enfants de la terre.

Heureux es-tu! Comme Je t'aime! »

10 janvier, 4 h 10

37. – **Ou bien la sagesse réussit à purifier les cœurs, ou bien c'est la souffrance sous toutes ses formes qui s'en charge**

Merci, Seigneur Jésus, pour le flot d'Amour que j'ai ressenti hier et que je ressens encore cette nuit. Je sens qu'il y a une véritable transformation en moi. J'ai l'impression d'entrer déjà sur cette Terre Nouvelle dont parle Isaïe, dans "l'Office des Lectures" de ce matin.

Je sais, Seigneur, que je suis aimé de Toi; que l'Amour m'aime et que je deviens l'Amour.

Il me semble que je passerais mes jours et mes nuits en prière et en adoration... me laissant simplement aimer par l'Amour qui veut se répandre sur la terre.

Comme je me sens privilégié; je voudrais, à chaque instant, répéter mon "oui" afin de ne pas perdre le flot de grâces et d'Amour qui se déversent dans mon cœur!

Merci pour tant d'Amour. Comme je Vous aime!

« Mon tout-petit, viens te blottir dans Mes bras. Continue à te laisser aimer; c'est ce qu'il y a de mieux pour toi en ce moment. Tu as choisi la meilleure part.

Aujourd'hui, Je voudrais te parler cœur-à-cœur, car ton cœur devient de plus en plus Mon Cœur qui est en même temps le Cœur de Ma Sainte Mère.

L'Amour que tu ressens, c'est l'Amour du Père qui circule librement dans Mon Cœur, de Celui de Ma Sainte

Mère et de tous les cœurs qui se sont laissés greffer. Il y a de l'espace pour y greffer tous les cœurs de la terre.

Beaucoup trop dans Mon Église ont cru que cette circulation d'Amour était réservée à quelques privilégiés. Cela est faux ; comme J'aimerais sonner de la trompette, la faire résonner aux quatre coins de la terre et dire à tous individuellement et collectivement, jour et nuit, que dans Mon Cœur et Celui du Père il y a de la place pour tous sans exception.

Venez ! Venez ! Venez ! Laissez-vous aimer ! Le temps presse de vous laisser purifier au Feu de Mon Amour, sinon vous serez purifiés à travers le feu des tribulations.

Je vous aime ; J'ai donné Ma Vie pour vous ; Je ne veux pas vous voir souffrir ; Je vous veux tous heureux.

Moi, Je porte en Moi le trop plein de l'Amour du Père et Sa décision est irrévocable : Son Amour va circuler sur terre comme au Ciel.

Depuis deux mille ans, J'ai enseigné à Mes Apôtres ce que les croyants répètent au Père : "Que Ta Volonté soit faite, que Ton Règne vienne sur la terre comme au Ciel." L'heure est arrivée ! Heureux êtes-vous, enfants de la terre, d'entrer dans cette Terre Nouvelle en ce moment.

Comprenez que rien d'impur ne peut y demeurer. La purification est commencée et elle va se parachever : ou bien elle s'opère par l'Amour qui passe à travers les cœurs qui donnent leur "oui" ; ou bien elle va se faire à travers des souffrances de toutes sortes.

Je t'ai déjà interpellé très fort par le biais d'un tout petit qui te faisait cette réflexion : "Ce que la sagesse ne réussit pas à m'enseigner, la souffrance s'en charge."

Ce qui a toujours été une réalité au niveau de l'individu, devient une réalité au niveau de la planète. Ou bien la sagesse réussit à purifier les cœurs, ou bien c'est la souffrance sous toutes ses formes qui s'en charge. Cependant, il ne reste que très peu de temps ; demain, il sera trop tard.

Voilà le grand message que Je veux voir diffuser et pour lequel Je te prépare. Continue à être à Mon écoute, à Me répéter tes "oui".

C'est Mon œuvre et non la tienne. Tu es l'un des instruments que Je veux utiliser pour livrer ce message.

Je te dirai où, quand et à qui. Entre temps, goûte Mon Amour, c'est là où tu M'es le plus utile, car Je veux Mes flèches façonnées à la perfection, afin qu'elles ne manquent pas la cible et qu'elles puissent pénétrer les cœurs les plus endurcis par les folies du monde et enténébrés par l'Ennemi.

Demeure dans Mon Amour, Mon tout-petit, Je t'aime. »

Je sens très fort dans mon cœur que je dois partager le plus tôt possible ces messages avec le Père David et, très bientôt, avec d'autres prêtres.

14 janvier, 5 h 10

38. – *Ta seule et unique sécurité est en Moi. Les biens matériels sont des fausses sécurités*

Merci Seigneur Jésus pour cette belle fin de semaine que nous venons de vivre dans la foi.

Prends-moi par la main et guide-moi. Je redis mon "oui" sans condition. Je sais que l'Amour m'aime et que je deviens l'Amour.

« Mon tout-petit, toi qui deviens l'Amour, tu n'as rien à craindre, ta sécurité est en Moi, sous la protection de Ma Sainte Mère ; tous unis au Cœur du Père, dans l'Esprit Saint.

Voilà ta seule et unique sécurité, c'est là le grand passage pour toi qui as accumulé des biens, qui as vendu de la protection matérielle par le truchement des assurances et des plans de retraite.

Tout cela qui était bien fondé dans le passé sera sans valeur très bientôt. Tu as donc à mettre toute ta confiance, ton espérance et ta sécurité en Moi qui suis toujours avec toi, bien en toi dans tes profondeurs.

Le temps presse. Plus vite tu auras fait le passage, c'est-à-dire que tu auras abandonné tes sécurités venant du monde pour ne prendre que celles que Je t'offre, plus vite tu entreras dans la Jubilation et seras l'Amour.

Je ne te dis pas de cesser de gérer et d'accomplir le travail qui s'impose ; ce sont les attaches qui doivent être complètement coupées. Je veux que tu saches et que tu gères en sachant que ces sécurités et ces biens matériels n'ont aucune valeur, que ce sont de fausses sécurités, qu'il n'y en a qu'une seule qui soit vraie : celle que Je t'offre.

Remets tout entre Mes mains pour Me l'offrir, afin d'en être complètement dégagé, délié, afin que tu puisses regarder ces biens et ces sécurités en leur accordant leur véritable valeur, c'est-à-dire aucune.

La seule véritable valeur pour toi en ce moment c'est que l'Amour t'aime et que tu deviens l'Amour.

Répète sans cesse cette phrase ; répète-la pour ceux et celles que tu aimes, répète-la pour ceux et celles que tu rencontres ou que tu aimes moins ; répète-la pour les prêtres et évêques et le monde entier. Pour le Saint Père Jean-Paul II, tu peux dire sans hésiter : l'Amour t'aime, tu es devenu l'Amour.

Voilà ta vraie sécurité, le contrat d'assurance sans aucune exclusion que Je t'offre et que Je te demande d'offrir au monde entier.

Je t'aime et tu deviens l'Amour. »

15 janvier, 6 h 10

39. – *Viens puiser à Mon Amour qui t'apporte paix et joie ; c'est cela la vraie sécurité*

Seigneur Jésus, ce matin je veux Te présenter la misère que j'éprouve à me détacher de ma sécurité matérielle. J'ai travaillé toute ma vie pour me bâtir une sécurité matérielle, pour Elisabeth et moi, en espérant qu'il en resterait pour donner une sécurité à nos enfants. Et voilà qu'une prophétie nous dit que tout peut nous être ravi, même le coffre-fort et les coffrets de sûreté.

Je sais que cet aspect est sans valeur comparativement aux valeurs du Ciel, mais à la simple pensée que je pourrais me retrouver sans abri, sans vêtement ou sans nourriture, je suis pris de panique. Cela provoque également chez moi un désir de m'attacher davantage à ce minimum vital.

1997

Je Te présente mon impuissance à couper ces attaches. Je Te dis "oui" à le réaliser pour moi. Je Te donne aussi mes peurs. Je dis au Père Ta prière : "Si possible que ce calice passe loin de Moi, mais non pas ma volonté, mais La Tienne."

Seigneur, entends ma prière. Merci à l'avance de me transformer ; Toi, Tu le peux, moi, je le veux, mais je ne le peux pas. Alors Toi, daigne agir en moi ; j'aimerais tellement être comme Tu veux que je sois.

Je sais que l'Amour m'aime et j'espère devenir l'Amour. Je T'aime.

« Mon pauvre petit, viens te blottir dans Mes bras. Je veux te serrer contre Mon Cœur. Je veux déverser un flot d'Amour en toi ; c'est uniquement par l'Amour que Je puis faire fondre tes peurs et couper tes attaches. À chaque fois que tu es habité par ces peurs, entre davantage à l'intérieur de toi, va davantage dans tes profondeurs pour Me rencontrer.

Par ces rencontres, tu viens puiser à Mon Amour qui t'apporte paix et joie ; c'est cela la vraie sécurité. Tu as cru toute ta vie que les biens extérieurs pouvaient te donner une sécurité, une paix et une joie intérieures, car c'est cela que tu recherches. Mais Moi Je te dis que cela est faux ; tu n'as qu'à regarder autour de toi pour t'en convaincre.

La Paix que tu désires avoir en toi, tu ne peux la trouver qu'à l'intérieur de toi, jamais à l'extérieur, et c'est cela le grand passage où Je t'introduis en ce moment, avec ton consentement.

Sois sans crainte, tu as trouvé grâce à Mes yeux, comme ce sera le cas de toutes les personnes qui liront ces lignes.

Je te tiens par la main, comme J'ai tenu la main de Pierre quand la peur le faisait s'enfoncer dans la mer. Je t'en fais la promesse, à chaque fois que ta peur te fera t'enfoncer, crie vers Moi, Je te prendrai par la main et Je te garderai en sécurité.

J'aime venir à ton secours, comme toi tu as aimé aller au secours de l'un de tes tout-petits, pour le prendre dans tes bras, le serrer contre ton cœur et lui dire : n'aie pas peur, grand-papa t'aime. Je suis là et je te protège.

Comme Je t'aime, Mon tout-petit, et tu deviens l'Amour. »

En terminant d'écrire, j'ai été envahi d'une très grande paix et d'une très grande joie. Mes préoccupations étaient complètement dissipées. J'étais dans la jubilation.

16 janvier, 5 h 05

40. – C'est l'heure de la grande transformation des cœurs
– Nous sommes à l'aurore de la plus belle des histoires du monde

Merci, Seigneur Jésus, de ce que Tu m'as permis de vivre hier dans la sérénité et dans la joie. Donne-moi aujourd'hui le même cadeau de Ta Présence en moi. Je te confie cette journée. Je Te prie de nous éclairer afin que tout se déroule suivant Ton plan, pour Ta gloire à Toi. J'aimerais que Tu me dises ce que Tu désires de moi, concernant la demande de Sœur C. Merci. Parce que Tu m'aimes, je deviens l'Amour.

« Mon tout-petit, l'Amour, la Paix et la Joie que tu as ressentis hier ne sont qu'une toute petite parcelle de ce que J'ai à te donner.

Si le monde savait ou voyait l'Amour que J'ai et que Je brûle de donner à chacun de Mes enfants de la terre, ils n'en croiraient pas leurs yeux.

Prie le Père avec Moi et Ma Sainte Mère pour que cet Amour puisse envahir la terre rapidement, car le temps presse. La coupe renverse, c'est l'heure de la grande transformation des cœurs. C'est là l'essentiel : que très bientôt les cœurs puissent vivre constamment dans cette relation intime avec Moi.

Heureux es-tu de pouvoir commencer à vivre par anticipation une toute petite partie de ce que pourra vivre en plénitude chacune des personnes de la terre, avant de le vivre éternellement dans le Ciel.

Prends le temps de goûter Mon Amour et, petit à petit, tu seras sans cesse dans cette grande relation intime avec Moi, peu importe ce que tu vivras à l'extérieur. Tu te sentiras toujours comblé et tu seras dans la jubilation.

Avance avec confiance sur le chemin que J'ai tracé spécialement pour toi. Je te réserve beaucoup de belles surprises et, par la voie de petits chemins de raccourcis, très rapidement tu entres dans la grande Jubilation. Sois de plus en plus attentif à observer la manière avec laquelle Je te conduis.

À chaque fois que tu découvres une route, demande-Moi de t'indiquer si elle est pour toi, et Je te guiderai. Avance avec confiance car Je suis ton guide et, tranquillement, nous avançons vers la terre promise. Plus nous avançons, plus nous nous dirigeons dans la Jubilation. Les tribulations sont toutes petites comparativement aux jubilations qui nous attendent.

En ce qui concerne tes demandes de ce matin, agis selon ce que J'ai mis dans ton cœur, le reste te sera indiqué en temps voulu.

Toi et Moi, toi avec Moi, nous sommes à l'aurore de la plus belle des histoires du monde.

Demeure en Moi, comme Moi, Je suis toujours avec toi.

Arrête-toi et prends conscience combien l'Amour t'aime et ainsi, tu deviens l'Amour. Follement, Je t'aime. »

17 janvier, 6 h 15

41. – *Tu peux, à n'importe quel moment du jour ou de la nuit, ou dans n'importe quelle circonstance, entrer en relation avec Moi*

« Mon cher petit, le plus beau cadeau que Je puisse t'offrir pour ton anniversaire, c'est de te redire que tu as trouvé grâce à Mes yeux. C'est pour toi le plus beau des cadeaux, car Je suis toujours avec toi ; tu peux, à n'importe quel moment du jour ou de la nuit, ou dans n'importe quelle circonstance, entrer en relation avec Moi, afin de venir y puiser Ma Paix, Ma Joie et Mon Amour.

C'est toi qui décides de l'heure et du moment, Moi Je suis toujours là, les bras ouverts, prêt à t'accueillir, peu importe les sentiments qui t'habitent, peu importe ton état d'âme et d'esprit. Viens te blottir dans Mes bras, tu y seras réconforté, Je t'en fais la promesse.

De plus, Je te promets qu'à l'aube de cette nouvelle année qui commence pour toi, Je ferai grandir ta foi et les charismes qui sont en toi. En te faisant devenir l'Amour, tu comprendras l'importance et la grande valeur de ce cadeau au fur et à mesure que tu le développeras en Ma Présence ou, en d'autres termes, selon le temps et le nombre de fois que tu feras appel à Moi.

Moi Je t'assure de Mon Amour et de Ma Fidélité à te l'accorder. Toi, en l'accueillant et en l'acceptant, tu deviens l'homme le plus comblé sur cette terre. Mon Amour contient tout ce dont tu as besoin. Rien ne pourrait te manquer.

N'est-ce pas là la plus belle et la plus importante des sécurités ? Pourquoi la chercher ailleurs ? Elle est toujours là bien en toi, dans tes profondeurs. Et le chemin d'accès est de plus en plus facile à parcourir pour toi, de plus en plus large également ; à chaque fois, tu vas un peu plus profond pour y découvrir des nouveaux trésors qui sont de plus en plus nombreux et de plus en plus beaux. C'est toujours une nouvelle Joie pour Moi lorsque tu en découvres un. Ils sont là pour toi seul et ils sont inépuisables.

Ma Joie est très grande en ce moment. Je sens le besoin de serrer ton cœur contre Le Mien et te dire, la larme à l'œil : comme Je t'aime mon tout-petit ! Comme Je suis fier de toi, de te voir devenir l'Amour. Oui, oui, tu deviens l'Amour ; donc tu deviens Moi et Moi, Je deviens toi.

Demeurons dans cet Amour ! Je t'aime. »

Merci, Merci, Merci pour ce flot d'Amour que j'ai ressenti en écrivant ; c'est définitivement le plus beau des cadeaux. Je sais que jamais je ne le mériterai ; jamais je n'en serai digne ; mais je l'accueille avec toute la capacité de mon être en ce moment. Je veux devenir Amour. Je Vous aime.

18 janvier, 5 h 10

42. – **La Miséricorde et le Pardon sont toujours présents, prêts à être accordés à ceux qui se reconnaissent pécheurs**

« Mon tout-petit, c'est toujours une nouvelle Joie pour Moi lorsque tu fais appel à Moi. J'aime te voir à Mon écoute. Continue à prier le Père avec Moi et Ma Sainte Mère afin que les cœurs s'ouvrent et se mettent à Mon écoute ; beaucoup cherchent dans leurs connaissances ou par leurs propres moyens une façon d'améliorer la situation du monde. Ils n'y arrivent pas ; au contraire, ils dirigent le monde vers son autodestruction.

Si le monde reconnaissait son impuissance et se tournait vers Moi, son Sauveur, J'accourrais vers chacun d'eux et, dans très peu de temps, la terre entière serait changée, et de grandes souffrances seraient épargnées à l'humanité.

Comme Je souffre de voir l'égarement des brebis que J'aime et même de plusieurs pasteurs. Le temps de la justice est arrivé et c'est le trop plein d'Amour du Père qui l'exige ou le commande.

La Miséricorde et le Pardon sont toujours présents, prêts à être accordés à ceux qui se reconnaissent pécheurs ; c'est le pas à franchir pour bénéficier de la grande Miséricorde. Continue à interpeller les cœurs dans l'invisible afin qu'ils s'ouvrent à la grande Miséricorde du Père, se reconnaissant pécheurs et regrettant leurs fautes.

Ils sont tous désirés et attendus les bras grand ouverts. Comme Je les aime et aimerais les voir tous à Mon écoute, comme tu l'es présentement. J'ai beaucoup de choses à leur dire afin qu'ils deviennent accueillants à Mon Amour.

Disons ensemble cette supplication afin qu'elle résonne dans les cœurs : Parce que l'Amour t'aime, tu deviens

l'Amour. Parce que l'Amour t'aime, tu deviens l'Amour.
Parce que l'Amour t'aime, tu deviens l'Amour.

Mon tout-petit, parce que l'Amour t'aime, tu deviens l'Amour.

Comme Je t'aime. »

19 janvier, 6 h 40

43. – *Le grand combat est engagé… Le mal disparaîtra et ce sera le Règne de Dieu sur cette terre*

« Mon tout-petit, sois sans crainte, continue d'avancer vers Moi, à te laisser guider par Moi. Je suis ton Maître. Je te guide dans les moindres détails. Continue de Me donner ton consentement. J'aime te voir docile et réceptif à ce que Je veux te donner et ainsi, tu deviens l'Amour.

En devenant l'Amour, tu deviens une arme très puissante, une flèche capable d'atteindre des cibles qui te paraissent inaccessibles pour le grand combat qui est présentement engagé — le combat des combats — car au moment où l'Ennemi aux yeux des hommes paraîtra avoir établi sa royauté sur la terre et l'avoir dominée, il en sera chassé complètement. Le mal disparaîtra et ce sera le Règne de Dieu sur cette terre.

L'Armée dirigée par Ma Très Sainte Mère et dont tu fais partie, est très puissante dans l'invisible car elle est assistée de tous les Saints et Saintes du Paradis et des Saints Anges.

Tu n'as donc rien à craindre, tu es du côté du Vainqueur et la victoire est assurée. Profite pleinement des grâces toutes particulières qui te sont données présentement par anticipation, pour être dès maintenant dans ce combat invisible et devenir un phare visible pour ceux et celles qui cherchent la lumière.

Comme nous entrons dans un monde de lumière, il est nécessaire d'avoir de nombreux phares pour guider ceux et celles qui désirent y entrer.

N'oublie pas que plus la relation est étroite avec Moi, plus le phare est lumineux. Cette relation étroite avec Moi se construit uniquement par l'Amour que tu me permets de déverser en toi.

Laisse-toi aimer, c'est là que tu M'es le plus utile, car tu deviens l'Amour.

Je t'aime. »

20 janvier, 3 h 00

44. – *Vois-tu l'importance de prier, de jeûner pour mes prêtres*

« Mon tout-petit, viens plus près de Moi. Je veux ton cœur contre Mon Cœur pour épancher ma soif. J'ai soif de cette union intime avec Mes bien-aimés qui vivent présentement sur la terre.

Comme Je voudrais les voir se jeter dans Mes bras au lieu de les voir chercher le bonheur dans les biens matériels ou avec de faux dieux de toutes sortes. Je souffre énormément de l'égarement de Mon peuple.

Je veux aussi te parler de l'égarement de plusieurs de Mes fils de prédilection. C'est une très grande peine pour Moi de voir un de Mes consacrés devenir objet de scandale et entraîner avec lui plusieurs âmes. Quand un prêtre se sauve, c'est une multitude d'âmes qui se sauvent avec lui, mais lorsqu'un prêtre va à sa perdition, c'est aussi une multitude d'âmes qu'il entraîne avec lui.

Un prêtre n'est jamais seul dans son salut ou dans sa perte. Vois-tu l'importance de prier, de jeûner pour mes prêtres, car à chaque fois qu'un prêtre entre au Paradis, il est accompagné d'une multitude.

Beaucoup souffrent de solitude, d'incompréhension et de manque d'amour. L'Ennemi en profite pour leur tendre toutes sortes de pièges. Prie pour eux et enveloppe-les du Manteau de Ma Très Sainte Mère. Aime-les ; à chaque fois que tu penses à eux ou à l'un d'eux, dis-lui ou leur dans l'invisible : "Parce que l'Amour t'aime, tu deviens l'Amour".

Donne-leur le petit conseil :
   Cesse de te regarder ;
   Tourne ton regard vers Dieu ;
   Regarde Son Amour ;
   Regarde Sa Miséricorde ;
   Regarde Son Pardon ;
   Jamais tu n'en seras digne ;
   Jamais tu ne le mériteras ;
   Accueille Son Amour, Sa Miséricorde, Son Pardon, parce que Dieu le Père veut qu'il en soit ainsi.

Le temps presse, ces prières sont des chemins de raccourcis. De plus, en priant pour les prêtres, c'est une multitude d'âmes qui sont rejointes.

J'aimerais que vos journées de prière soient davantage orientées vers l'intercession en faveur des prêtres.

Je dépose dans chacun des cœurs de votre groupe un flot d'Amour pour les prêtres. Soyez attentifs et vous serez témoins de transformations que J'opérerai dans le cœur des prêtres à la suite de vos prières.

Ne crains pas de leur lire ce message afin de les sensibiliser à Ma demande, laquelle est d'une très grande importance, sûrement la plus importante de toutes Mes demandes faites jusqu'à ce jour.

Si Je vous adresse cette demande, c'est que votre groupe M'est très précieux, de même que chacune des personnes du groupe. J'aime voir ces adultes avec leurs cœurs d'enfant venir me consacrer une journée par semaine. Comme Je les aime. Je les aime tellement qu'ils sont tous en train de devenir l'Amour.

Plusieurs ne sont pas conscients qu'ils sont autant aimés de Moi, ni que leurs prières ont autant d'influence sur le Cœur du Père.

C'est à cause de cette grande influence sur le Cœur du Père que Je vous ai demandé de prier davantage pour Mes prêtres.

Grâce à chacun de vous, votre groupe de prière est devenu un pilier très important pour Mon Église. Je veux m'adresser à chacune des personnes en lui disant : toi Je t'aime, J'ai besoin de toi, tu es précieuse à Mes yeux et tu deviens l'Amour.

Tendrement, Je vous aime. Tendrement, Je t'aime. »

Grand merci, Seigneur Jésus pour tant d'Amour. Daignez préparer les cœurs à recevoir ce message afin qu'il produise des fruits à cent pour un.

Je me veux docile et je Vous aime.

21 janvier, 4 h 55

45. – *Ma Sainte Mère et Moi utilisons et créons toutes sortes de nouveaux moyens pour rejoindre tous les cœurs du monde*

« Mon tout-petit, entre plus profondément dans Mon Amour, car Je suis toujours là à t'attendre, les bras bien ouverts pour t'accueillir, te prendre dans Mes bras, serrer ton cœur contre Le Mien, afin qu'un jour, c'est-à-dire très bientôt, il n'y ait plus de différence entre les deux, ton cœur sera comme Le Mien, brûlant d'Amour.

Laisse-toi aimer. J'éprouve tant de Joie à rencontrer un cœur qui se laisse aimer que Je ne cesse de le combler et de déverser en lui le trop plein de Mon Amour. Prends le temps de l'accueillir, de le goûter.

Par ton accueil, Je peux pénétrer dans une multitude de cœurs à travers le monde. Ce que Je fais en toi et à travers toi en ce moment, Je le ferai en toute personne, et à travers celle qui lira ces lignes et qui me donnera son consentement. J'en fais la promesse : elle recevra le même Amour que Je déverse en toi en ce moment.

Le temps presse. Ma Sainte Mère et Moi, accompagnés des Saints Anges, de tous les Saints et Saintes du Paradis avec l'Esprit Saint, sous les directives, Je devrais dire, sous les demandes insistantes du Père, nous utilisons et créons toutes sortes de nouveaux moyens pour rejoindre tous les cœurs du monde. Nous nous faisons mendiants pour déverser Notre Amour. Nous utilisons au maximum ceux et celles qui se laissent maîtriser par l'Amour.

Pour le bonheur des Miens, Mes Choisis JÉSUS

Très bientôt, vous serez témoins d'événements qui vous feront comprendre pourquoi Nous agissons ainsi et aussi rapidement. Nous vous voyons sur le bord du gouffre et Nous voulons utiliser tous les moyens dont Nous disposons pour vous sauver.

Tous les moyens Nous sont permis, sauf celui d'agir sans votre consentement, d'où la grande nécessité d'obtenir des "oui", toujours des "oui" et sous toutes les formes, afin de couper tous les liens, toutes les attaches que l'Ennemi a suscités afin de vous attirer avec lui dans le fond du gouffre.

Il Nous faut votre consentement pour couper chacune de ces attaches qui sont légions. Il Nous faut aussi votre consentement pour vous placer bien en sécurité dans Nos Deux Saints Cœurs.

Contrairement à l'Ennemi qui ne cherche qu'à attacher, pour Nous, la grande liberté prévaut toujours. Même le cœur bien en sécurité dans Nos Deux Cœurs a l'entière liberté d'en sortir. Il y demeure uniquement parce qu'il le veut bien.

Le grand combat est bien réel et il est fortement engagé, mais les armes que nous utilisons sont bien différentes. Elles semblent insignifiantes par rapport aux armes qu'utilise l'Ennemi, mais elles conduiront à la victoire.

Souviens-toi de l'arme insignifiante de David ; en plus d'avoir l'allure d'un enfant, il est confronté aux armes puissantes et à la force du géant Goliath ; il sort vainqueur du combat.

Nous serons les gagnants, mais le nombre des sauvés dépend des consentements donnés ou refusés par ceux et celles qui sont dans la lumière présentement.

Merci pour tes consentements sans condition et en toutes circonstances. Merci de te faire tout petit pour écrire dans la foi.

En acceptant Mon Amour, tu deviens l'Amour.

Comme Je t'aime, mon tout-petit. Tendrement Je t'aime. »

1997

22 janvier, 4 h 55

46. – *Le Règne de Dieu sera établi sur cette terre. Les "oui" que vous avez à donner*

Seigneur Jésus, ce matin, je sens le besoin de Vous redire mon "oui" total et sans condition, surtout mon "oui" à couper les attaches du monde des affaires et de tout ce qui est matériel, afin d'être totalement libre, totalement à Votre écoute.

Merci d'entendre et d'exaucer ma prière. Je suis sûr de Votre Amour et j'ai foi qu'un jour, je serai Amour. Je Vous aime.

« Mon tout-petit, ta prière Je la fais Mienne et déjà le Père l'exauce.

Je veux t'apprendre à travailler, à bien accomplir ton travail, tout en étant entièrement libre, c'est-à-dire sans aucune attache aux choses matérielles, de sorte que tu puisses demeurer toujours en étroite relation avec Moi ; que tu ressentes toujours Ma Présence, comme tu la ressens en ce moment ; qu'à chaque instant tu élèves ton esprit vers Moi ; que ton cœur ressente Ma Présence dans la profondeur de ton être ; qu'à chaque fois que tu respires, tu découvres que c'est Moi qui respire en toi, et tu sauras que c'est Moi qui t'inspire dans les moindres détails.

Mon Royaume sera établi en toi, tu seras devenu l'Amour. Tu es l'un de Mes choisis pour être parmi les premiers en qui Je veux établir Ma Royauté. Je veux que Ma Royauté soit établie dans chacun des cœurs et ainsi, chaque personne sera devenue l'Amour. Le Règne de Dieu sera établi sur cette terre. La Volonté du Père sera faite sur la terre comme au Ciel.

Heureux et heureuses êtes-vous de vivre en ces temps qui sont les derniers ; de pouvoir entrer dans la plénitude de l'Amour du Père de votre vivant terrestre et de bénéficier pleinement de la grande mission que Je suis venu accomplir sur cette terre, et pour laquelle une multitude d'hommes et de femmes ont sacrifié et donné leurs vies.

Soyez dès à présent dans l'allégresse, la louange, l'adoration, l'émerveillement et en pleine Jubilation pour ce qui vous est permis de vivre présentement.

Je dis bien présentement, aujourd'hui-même, pas demain ni dans six mois, ni un an, mais aujourd'hui même : les Cieux sont ouverts, une multitude d'Anges, de Saints et de Saintes sont parmi vous pour vous guider, vous accompagner pour effectuer le grand passage qui vous conduit à la plénitude de l'Amour.

Vous n'avez qu'une seule chose à faire : donner votre consentement et le répéter au besoin afin que toutes les attaches soient coupées. Que votre "oui" soit "oui" à accueillir l'Amour.

Vous êtes assis à la table du festin céleste. Les Anges, les Saints et les Saintes attendent vos consentements pour vous servir. Vous avez même le privilège de choisir le Saint ou la Sainte pour être à votre service, vous guider et vous accompagner, vous faire connaître ce qu'il y a au menu et par quoi vous devez débuter afin de vous permettre le plus rapidement possible de satisfaire votre faim et soif de l'Amour qui a été déposé au fond de vous-même lors de votre création.

Tous sont invités à ce festin, peu importe votre rang social, l'état de vos vêtements ou de votre condition de pécheur.

Le premier "oui" que vous avez à donner, c'est d'accepter que Dieu vous aime.

Le deuxième "oui" est celui de vous aimer tel que Dieu vous a créé.

Par la suite, ce sont des "oui" à couper les attaches suscitées par l'Ennemi, et à entrer davantage dans le Cœur de Dieu. Le chemin de l'Amour est simple et facile pour celui ou celle qui s'y engage pleinement et totalement.

La grande difficulté réside dans le fait de s'y engager pleinement et totalement, car il suppose le renoncement au chemin du monde.

Il est plus facile présentement, à cause des Cieux ouverts et des souffrances occasionnées sur la voie du monde, d'avoir la grâce de connaissance qui donne à plusieurs de comprendre que le chemin du monde est sans issue et qu'un autre s'offre à eux. Un seul chemin est capable de répondre à leurs faim et soif : celui de l'Amour.

1997

Disons ensemble cette prière afin qu'elle résonne dans chacun des cœurs : l'Amour t'aime et tu deviens l'Amour.

J'ai encore beaucoup de choses à te dire, mais c'est suffisant pour ce matin.

Comme Je suis heureux de te voir devenir l'Amour. Tendrement, Je t'aime. »

23 janvier, 4 h 25

47. – *Les grandes tribulations annoncées peuvent-elles être réduites ou exemptées ?*

Seigneur Jésus, j'ose dans la foi Vous présenter la demande de D. pour cette guérison physique. Il me semble que ce serait une belle confirmation pour lui s'il était guéri immédiatement. Je sais que si Vous le voulez, Vous pouvez le guérir.

Que Votre Volonté se fasse et non la mienne ; moi, je ne suis que ce pauvre petit instrument inachevé qui ose demander mais qui a foi en Votre grand pouvoir de guérison.

En lisant le bréviaire, je suis frappé qu'à la suite de la prière de Moïse, le Seigneur ait renoncé à détruire Son peuple qui s'était corrompu alors que Moïse était sur la montagne sainte.

Aujourd'hui notre peuple s'est corrompu, mais il y a beaucoup de Saints et Saintes qui vivent présentement sur la terre. Avec un saint comme Jean-Paul II à la tête de notre Église, en plus des Cieux qui sont ouverts, il y a les Saints et Saintes du Ciel, la grande puissance de Maman Marie et tous les mérites donnés à cette terre par le Sang versé d'un Dieu mort sur une croix, et enfin le ministère puissant des Saints Anges.

D'après toutes les prophéties, nous devons passer par les grandes tribulations où une partie importante de l'humanité sera détruite ou purifiée avant que la terre promise soit accessible.

J'accepte d'être trop petit pour comprendre et je suis assurément trop petit pour m'aventurer dans un tel sujet. Je me sens très audacieux ce matin, moi qui suis si petit et si imparfait devant un Dieu si puissant, si bon et miséricordieux.

Je Vous en demande pardon et je demeure à Votre écoute.

Pour le bonheur des Miens, Mes Choisis JÉSUS

« Mon tout-petit, sois sans crainte, Je suis un Dieu d'Amour, tu n'as pas à t'excuser de poser une question, même si elle est d'une très grande envergure.

La réponse est entre les mains du Père. Lui seul a le pouvoir de décider si les grandes tribulations annoncées pour purifier cette terre peuvent être réduites ou exemptées et Lui seul connaît l'heure exacte de Mon retour. Cependant, une chose est certaine, c'est que Mon Retour est très proche et que le monde actuel, par sa conduite mauvaise s'est mérité les tribulations annoncées afin d'être purifié.

S'il y a une si grande communication présentement entre le Ciel et la terre, si les Cieux sont ouverts, c'est justement pour diminuer ou même empêcher, si possible, ces tribulations.

La décision du Père est ferme : l'Amour doit circuler sur la terre comme au Ciel.

Pour que l'Amour puisse circuler librement, il ne peut cohabiter avec le mal. Le mal doit donc disparaître.

Comme le mal s'est logé dans le cœur des hommes et des femmes, ce sont les cœurs qui doivent être purifiés.

Le Père respecte toujours la grande liberté qu'Il a donnée à Ses enfants de la terre. Un cœur ne peut être violé, il ne peut qu'être séduit.

Au lieu de te préoccuper de ce que le Père va faire ou non, pourquoi ne pas regarder chez toi d'abord, ton cœur à toi a-t-il complètement renoncé au mal ? Est-il purifié ? Est-il en relation avec son Dieu ? Dit-il un "oui total" en toutes circonstances ? A-t-il renoncé à sa propre volonté pour ne suivre que celle du Père ? Est-il devenu l'Amour ?

En donnant ton consentement, tu deviens l'Amour, et, en devenant l'Amour, tu deviens un soldat de plus dans l'Armée de Ma Mère. Plus l'Armée de Ma Mère sera puissante, plus le mal va disparaître et moins grandes seront les tribulations nécessaires à ce moment.

Plus tu deviens l'Amour, plus ton regard est tourné vers l'Amour, plus tu es témoin de ce qu'Il réalise principalement dans les cœurs et sur tous les plans. Ainsi, grandes en toi sont la Joie, l'Espérance et la Jubilation.

En devenant l'Amour, tu pries le Père constamment avec Moi et Ma Sainte Mère ; ce sont alors des multitudes de cœurs qui s'ouvrent à l'Amour.

Lorsque l'Amour fait son œuvre, les tribulations deviennent inutiles, c'est-à-dire qu'elles n'existent plus. Vois-tu l'importance que tu as ?

En ce qui concerne ta prière pour D., Je la fais mienne ; elle est présentée au Père et déjà il est visité dans tout son être, vous en serez témoins.

Une chose demeure importante, une seule : l'Amour t'aime et tu deviens l'Amour.

Mon Amour. »

25 janvier, 5 h 50

48. – *Tu ne peux m'être totalement fidèle si, à chaque fois que Je te demande de faire un pas, tu es préoccupé par ce que les gens vont penser ou dire*

Seigneur Jésus, Vous qui avez transformé radicalement le cœur de Saul pour en faire un saint Paul, libre de toutes les pensées du monde, pour en faire un apôtre de feu, n'ayant qu'un seul désir — celui de vous être fidèle en tout et partout —, je Vous demande de venir couper toutes mes attaches au monde et aux biens matériels, afin de devenir entièrement libre et d'avoir un seul désir, Vous être utile en tout et partout. Je mendie aussi cette grâce pour tous ceux et celles que je porte dans mon cœur ou que Vous auriez greffés dans mon cœur dans l'invisible, de même que pour ceux et celles qui liront ces lignes.

Merci d'entendre et d'exaucer cette prière.

Je Vous aime et je veux Vous être fidèle, quoi qu'il arrive.

« Mon cher petit, J'ai entendu ta prière. Je la fais Mienne auprès du Père et déjà elle est exaucée.

Je coupe toutes les attaches que l'Ennemi avait placées autour de toi, puisque tu m'en donnes la permission.

Pour le bonheur des Miens, Mes Choisis JÉSUS

Tu deviens un être totalement libre ; tu découvres la vraie liberté des enfants de Dieu, telle que le Père l'a voulue au moment de la Création.

Pour devenir l'Amour, la personne doit redécouvrir sa liberté originelle. Cette grande liberté est nécessaire à tous. Elle l'est encore davantage pour toi à cause de la mission que Je te confie. Tu ne peux M'être totalement fidèle si, à chaque fois que Je te demande de faire un pas, tu es préoccupé par ce que les gens vont penser ou dire. Cette préoccupation doit disparaître complètement de ton esprit pour être remplacée par un seul souci, celui de M'être fidèle dans les moindres détails.

Cela peut te paraître difficile ; si tu étais laissé à toi-même, tu as raison, cela pourrait être très difficile. Mais comme il s'agit de Mon œuvre et non de la tienne, cela devient facile. C'est Moi qui coupe toutes les attaches avec ton consentement, et en plus, c'est Moi qui t'inspire dans les moindres détails.

Je t'ai dit que Je voulais devenir un avec toi, comme Je suis un avec le Père et que ce ne sera plus toi qui vivras mais bien Moi qui vivrai en toi.

Tourne ton regard vers Moi pour constater que jamais Je n'ai été influencé par la pensée du monde, sinon qu'en regard de son comportement j'orientais ma prière vers le Père afin d'obtenir pour ce monde les grâces nécessaires pour son retour au Père.

Il te sera donné, en temps voulu, les grâces nécessaires pour poser les bons gestes au bon moment, afin d'accomplir pleinement la Volonté du Père.

La Volonté du Père, tu la connais, c'est que Ses enfants de la terre vivent pleinement dans Son Amour. En devenant l'Amour, tu réalises Sa Volonté. Tu deviens un Feu d'Amour Feu qui allume le Feu dans les cœurs de ceux et celles que le Père te confie.

Demeure Mon tout-petit, c'est de cette façon que tu M'es le plus utile et que tu deviens précieux pour Moi.

Ma joie est très grande en ce moment de te voir devenir l'Amour. Je te serre contre Mon Cœur en te redisant ce que tu vas entendre dans le fond de ton cœur ; sache que ces mots viennent de Moi.

Je t'aime, Je t'aime, Je t'aime. »

À l'érablière, le 25 janvier, 12 h 50

49. – *Tu ne peux concevoir la grandeur et l'importance de ce que nous vivons ensemble présentement*

« Mon tout-petit, Je veux profiter de ce silence où tu es seul avec Moi pour parler de nouveau à ton cœur. Ta docilité et tes nombreux "oui" M'ont permis et Me permettent, en ce moment, de réaliser de grandes choses.

Tu sens bien une transformation qui s'opère en toi, tu ressens davantage Mon Amour, mais tu ne peux concevoir la grandeur et l'importance de ce que nous vivons ensemble présentement. Ton cœur est à se transformer. Les attaches qui l'empêchaient de retrouver sa beauté originelle se coupent les unes après les autres. Comme il devient beau ; il entre dans une grande pureté, et le cœur de ta chère épouse Elisabeth subit les mêmes transformations.

Vos deux cœurs se trouvent fondus dans Nos Deux Cœurs, Celui de Ma Sainte Mère et le Mien. Ensemble nous entrons dans un monde de grande Jubilation, de Paix et d'Amour. La même transformation s'opère chez vos proches, tant chez votre famille immédiate que chez les gens de vos groupes de prière.

Ce n'est qu'un tout début. Il y a beaucoup de Joie dans le Ciel en ce moment, non pas à cause de ce que vous accomplissez, mais uniquement à cause de ce que vous devenez. Vous ne pouvez vous enorgueillir, car c'est Mon œuvre qui peut s'accomplir librement à cause de vos consentements sans condition et à cause de votre docilité à vous laisser transformer par Moi.

Ma récompense à vos "oui" est non seulement votre transformation, mais la Jubilation de constater la transformation des cœurs autour de vous et parfois à travers vous, de manière à ce que votre Jubilation soit plus grande et se perpétue. Ce dont vous êtes témoins, c'est la transformation d'une toute petite partie des cœurs, rendue possible par votre docilité et vos "oui".

Plus vous partagez ensemble, Elisabeth et toi, ce que vous vivez, plus votre joie est grande, plus rapidement se réalise votre transformation. N'hésitez pas à vous départir de ce qui serait contraire à l'Amour.

Accueillez seulement ce que Nos Deux Cœurs vous donnent et l'Amour va faire le reste. De même, n'essayez pas de comprendre ce que vous vivez présentement, accueillez seulement. Vous vous sentez comblés, acceptez-le, jouissez-en pleinement car le Père, dans Son plan d'Amour, veut qu'il en soit ainsi pour le moment.

Plus vous acceptez ce que vous avez à vivre aujourd'hui, plus votre être devient capable de bénéficier des grâces que le Père vous réserve pour demain. Il en est ainsi jour après jour.

Vous serez de plus en plus devenus Amour.

Redis à Elisabeth que Je l'aime et que tu l'aimes; qu'ensemble vous devenez l'Amour.

Tendrement Je vous aime, follement Je vous aime.»

27 janvier, 6 h 30

50. – Apprends à Me faire davantage confiance et à agir toujours selon Mon inspiration

«Mon tout-petit, souviens-toi que Je suis toujours avec toi et en toi. Elle est là ta vraie consolation; ton vrai réconfort ne le cherche pas ailleurs.

Je veux que tu t'occupes de ta famille, des gens qui sont autour de toi, de tes affaires, etc. Mais, Je ne veux pas que tu t'en préoccupes, car, m'ayant tout confié, Je m'occupe de tout dans les moindres détails et en temps voulu, tu en es témoin.

Apprends à Me faire davantage confiance et à agir toujours selon Mon inspiration. Accepte d'être ce petit qui se laisse guider, qui ne cherche jamais la vedette, les honneurs ou la première place ; prends toujours la dernière place. Accepte tout comme si tout venait de Moi ; aussi bien les humiliations que les honneurs ; aussi bien les échecs que les succès ; aussi bien les peines que les joies ; aussi bien les sentiments de haine et de vengeance que les sentiments de paix et d'amour que les gens peuvent t'exprimer ; aussi bien la pauvreté que la richesse sous toutes ses formes.

C'est en acceptant tout que tu deviens tout petit, que tu reconnais ton impuissance, ta faiblesse et tes limites ; et c'est à ce moment que Je peux faire éclater ma Toute-puissance et Ma Gloire ; que Je peux t'inonder de grâces de Joie, de Paix et d'Amour.

Tu découvres que l'Amour t'aime et tu deviens l'Amour. Fais-toi petit car, plus tu te fais petit, plus Je t'aime et plus tu deviens l'Amour.

Mon tout-petit, Je t'aime. »

29 janvier, 4 h 15

51. – *Ta vraie mission dans le moment est dans l'invisible*

Seigneur Jésus, venez, je Vous prie, couper toutes les attaches qui m'empêchent d'être totalement à Vous. Regardez mon impuissance et mes limites. Inspirez-moi et inspirez toutes les parties en cause dans tous les dossiers qui sont en cours.

Ne permettez pas que je m'écarte du chemin que Vous m'avez tracé. Comme j'aimerais être totalement avec Vous et à Votre service ! Vous seul pouvez me dégager. Je ne compte que sur Vous et je Vous remercie pour cette espérance que je vois poindre à l'horizon.

Je m'abandonne à Vous et je Vous abandonne tout.

Je sais que ces choses sont sans importance. La seule chose essentielle, c'est que je devienne l'Amour. Je Vous aime.

« Mon tout-petit, Je connais ce dont tu as besoin. Moi, Je regarde au niveau de ton être et, comme tu M'en as donné la permission, c'est lui que Je forme et transforme. Je veux qu'il devienne très beau, très pur et blanc comme neige.

Je pense déjà à la Joie que J'aurai de te présenter au Père lorsque le moment sera arrivé.

Pour l'instant, J'utilise ce qu'il y a autour de toi pour te purifier afin que tu deviennes ce que Je veux que tu sois.

Tes rencontres avec les personnes, même si elles ne sont basées que sur des motifs d'affaires, ne Me sont pas inutiles. Je t'utilise pour toucher les cœurs, et en cela tu n'es pas conscient. Je t'en ai donné une preuve hier lorsqu'un individu t'a dit: "je ne sais pourquoi, mais j'aime vous voir et j'aime vous entendre". Sans le savoir, c'est Moi qu'il reconnaissait en toi et cela venait combler son cœur et l'interpeller à venir plus près de Moi.

Ta vraie mission dans le moment est dans l'invisible, mais parce que tu te donnes totalement à Moi, sans que tu le saches Je t'utilise là où tu vas, quoi que tu fasses afin de rejoindre des cœurs.

Ce qui est important, c'est qui tu es, ce que tu Me permets d'accomplir en toi, par toi et autour de toi.

Parce que Je t'aime et que tu te laisses aimer, tu deviens l'Amour.

Je t'aime. »

Merci pour cette grande paix que Vous m'accordez en ce moment. Je veux la goûter pleinement dans le silence et le repos. Merci Jésus.

30 janvier, 3 h 00

52. – *Ce que je veux t'apprendre c'est de bien faire la différence entre le travail et la préoccupation*

« Mon tout-petit, reviens vers Moi, tourne ton regard davantage vers Moi.

Tu te laisses facilement distraire par la préoccupation des affaires. Tu t'en préoccupes comme si tout reposait sur toi, alors que tout repose sur Moi, ton Dieu.

Souviens-toi de ce que Je t'ai dit: Je m'occupe des moindres détails; Je t'ai pris en charge; tu as trouvé grâce à

1997

Mes yeux ; tu es Mon choisi, Mon tout-petit que J'aime et que Je chéris.

Viens te reposer sur Mon Cœur, remets-Moi ton fardeau. Tu trouveras que Mon joug est léger.

Avec ta permission, Je coupe les attaches, les unes après les autres pour te rendre entièrement libre. Toi, tu crois que la vente de ton entreprise te rendra libre... Moi, Je sais que la liberté réside dans ton cœur.

C'est ton cœur que Je veux rendre libre, car Je le veux tout à Moi. Tu as accepté de Me donner la première place au rang de tes activités, ce qui Me réjouit. Je veux toutefois te combler davantage au niveau de ton cœur.

Peu importe ce qui se passera autour de toi, toi, tu seras totalement à Moi. Tu ne nourriras qu'une seule préoccupation, celle de demeurer totalement à Moi, celle de te laisser aimer par Moi et ainsi tu deviendras l'Amour.

Devenir l'Amour c'est être constamment en relation intime avec Moi, coupé des préoccupations du monde. J'ai bien dit des préoccupations, Je n'ai pas dit que tu n'avais pas à travailler dans le monde. Ce que Je veux t'apprendre c'est de bien faire la différence entre le travail et la préoccupation.

Le travail c'est ton agir, alors que la préoccupation engage ton cœur. Moi, c'est ton cœur que Je veux totalement à Moi.

Par toi-même, Je sais bien que tu ne peux y arriver ; ce n'est pas ton œuvre, c'est la Mienne. Cependant, J'ai besoin de ton consentement et Je veux que tu saches clairement en quoi consiste ton "oui".

J'ai entendu ta réponse et Je coupe de nouveau d'autres attaches et, petit à petit, tu vas te rendre compte des changements. Le travail est déjà commencé.

Parce que l'Amour t'aime, Il te rend libre, et tu deviens l'Amour. Autrement dit, parce que tu deviens libre, tu deviens l'Amour et parce que tu deviens l'Amour, tu deviens libre.

À chaque fois que tu as une préoccupation, au lieu de chercher à la résoudre, empresse-toi de me la donner. Je t'en fais la promesse, elle deviendra Mienne et J'agirai rapidement.

Je prends ta préoccupation en ce qui concerne la vente que tu portes dans ton cœur, et très rapidement elle sera conclue.

Que ton cœur demeure tourné vers Moi pour goûter Mon Amour.

Parce que Je t'aime, tu deviens l'Amour. Tendrement, Je t'aime. »

Je Vous donne toutes mes préoccupations. Je Vous remercie de les faire Vôtres. Je ressens une grande paix et je ne sais comment Vous remercier.

Je comprends que j'ai à consentir à un revirement important lorsqu'une préoccupation se présente à moi ; dans le sens que je dois m'appliquer à demander à Dieu de m'éclairer au lieu de chercher à trouver immédiatement une solution.

Je dois commencer par la donner à Dieu et attendre que les lumières me soient données pour voir la solution.

En me dirigeant à la Messe de 7 h 00, la solution m'est apparue très claire. Je savais exactement l'attitude que je devais prendre, et plus que cela, dans la journée j'ai parlé aux trois personnes avec qui je devais négocier et elles se déclarèrent en accord avec moi. L'une d'elles m'a dit être arrivée à la même conclusion que moi. Je Vous aime.

Le 2 février, 6 h 15

53. – *La prière et le jeûne sont toujours indispensables pour la conversion des cœurs, les "oui" à l'Amour*

Maman Marie, c'est en union de cœur et d'esprit que je veux m'unir à tous ceux et celles qui Te prient en ce moment, à travers le monde, pour Te demander d'envelopper la terre de ton Grand Manteau afin que l'Ennemi soit obligé de fuir, que les cœurs soient purifiés et capables d'accueillir Ton Fils Jésus, en vue de Son Grand Retour.

Merci pour toutes ces apparitions, messages et enseignements.

Je T'aime, douce Maman.

« Mon cher petit, J'accueille ta prière, Je la fais Mienne et, par les mains de Mon Fils Jésus, Je la présente au Père. C'est Lui seul qui a pouvoir sur les événements à venir. L'Amour va se répandre sur la terre.

Autant Je suis dans la Joie de voir arriver ce Jour tant désiré par les Saints et Saintes qui ont passé sur cette terre, autant Mon Cœur saigne de voir le petit nombre de cœurs capables présentement d'accueillir l'Amour en plénitude.

"L'Armée", Mon Armée, dont tu fais partie, gagne beaucoup de terrain dans l'invisible, mais le travail à accomplir est immense. La prière, le jeûne sont toujours indispensables pour la conversion des cœurs, les "oui" à l'Amour.

Parce que l'Amour t'aime, tu deviens l'Amour. Sois sans crainte, toi et les tiens vous êtes sous Mon Manteau, et, à chaque jour, J'ajoute beaucoup d'âmes.

Sois confiant, demeure dans la persévérance et la prière.

Très bientôt, tu seras témoin de grandes transformations.

Je suis avec toi et Je t'aime. »

3 février, 5 h 25

54. – **N'oublie pas que ce qui est important c'est la relation que tu as avec Moi et non les réactions, les comportements ou le tempérament des autres**

Seigneur Jésus, je T'abandonne toutes préoccupations concernant les deux réunions de ce jour, à Montréal.

Précède-moi par Tes Saints Anges pour faire l'unité dans les cœurs et les esprits. Je sais que sans Toi, je ne suis rien. Je mets toute ma confiance en Toi.

À l'avance, je Te remercie et Je Te rends gloire.

Garde-moi dans Ton humilité et Ton Amour. Je T'aime.

« Mon tout-petit, sois sans crainte, tu as trouvé grâce à Mes yeux et Je suis avec toi. Garde ton cœur tourné vers Moi, tu y retrouveras Paix, Joie et Amour, peu importe ce qui se vivra autour de toi.

N'oublie pas ce qui est important, c'est la relation que tu as avec Moi et non les réactions, les comportements ou le tempérament des autres.

Une fois que tu es bien imprégné de cette réalité, tu peux affronter n'importe quelle réalité, non avec arrogance, mais dans l'humilité accompagnée de sérénité, d'amour, de douceur, de bonté et de fermeté.

Lorsque tu sais que J'ai la situation en main, comment oserais-tu t'en inquiéter, car, en plus de t'inspirer pour ce que tu dois dire, J'inspire également les autres qui sont autour de la table.

Aujourd'hui, non seulement tu seras Mon témoin, mais tu seras témoin de Ma puissance. Demeure dans l'action de grâce, la louange, et garde ton cœur prêt à accueillir et à s'émerveiller de ce que J'accomplirai en toi, autour de toi et à travers toi.

Sois sans crainte, demeure dans Ma Paix, Je suis avec toi.

Prends conscience que par Mon Amour, tu deviens l'Amour.

Je te donne une bénédiction spéciale pour cette journée et pour cette semaine.

Laisse-toi aimer. Mon tout-petit, Je t'aime. »

6 février, 4 h 05

55. – *Je te donne une foi plus grande*

« Mon tout-petit, continue à venir vers Moi dans la docilité. Je sais que toi, tu aurais voulu continuer à lire les messages passés, mais Moi, Je voulais que tu écrives.

J'aime te voir docile ; en récompense de ta docilité, Je serre ton cœur contre le Mien et Celui de Ma Sainte Mère. Je prends ta fatigue et aussi ton angoisse au sujet des événements qui se précipitent autour de toi.

Ne t'ai-Je pas dit que J'agirai rapidement. Remets-Moi toutes tes préoccupations, Je les fais Miennes afin que ton cœur soit totalement à Moi. Tu es présentement à Mon école. Tu as tout à apprendre, demeure à Mon écoute, pense à l'Amour que J'ai pour toi, continue à Me regarder, laisse-toi aimer, demeure petit. C'est dans ta petitesse que se cache Mon repos et Mon Amour.

Je te donne une foi plus grande. Accueille-la, non par tes mérites, mais par Ma grâce et Mon Amour. Je te donne Ma Paix. Je suis un Dieu jaloux ; Je te veux tout à Moi, même lorsqu'il y a grande activité autour de toi.

Médite cette dernière pensée afin qu'elle pénètre profondément dans ton cœur et qu'elle soit toujours présente en toi même lorsqu'il y a grande activité.

Tu n'as pas encore suffisamment compris qu'une seule et unique chose est importante, c'est la relation amoureuse que nous avons ensemble qui doit grandir à un point tel que tu puisses la ressentir, même dans les situations de vive agitation extérieure.

Redonne-Moi au fur et à mesure ce qui se présente à toi, que tu as tendance à reprendre en main, afin que ton cœur soit libre de se tourner vers Moi.

Nous sommes en amour ; Moi, J'agis rapidement pour te départir de tes affaires. Toi, tu demeures dans l'admiration de Me voir agir ; tu gardes ton regard tourné vers Moi et tu accueilles Mon Amour pour que grandisse continuellement la relation amoureuse qui ne fait que commencer entre nous.

Parce que Je t'aime et que tu te laisses aimer, tu deviens l'Amour.

Garde ton regard tourné vers Moi, car Je suis toujours avec toi, Mon Amour. Tendrement, Je t'aime. »

10 février, 5 h 20

56. – À chaque fois que tu éprouves une petite difficulté, tourne ton regard vers Moi, n'agis plus comme les gens du monde qui cherchent par eux-mêmes la solution

Seigneur Jésus, Vous qui avez donné à sainte Scholastique (bénédictine) une véritable foi, venez augmenter ma foi.
Je sais que tout est à faire en moi, donnez-moi la foi afin que je sois changé comme Vous-même le voulez. Je Vous aime.

« Mon tout-petit, viens te blottir dans Mes bras, c'est là où tu M'es le plus utile. À chaque fois que tu te retrouves dans Mes bras, c'est une partie de Moi-même qui pénètre en toi. Tu reçois beaucoup de Mon Amour et tu deviens un peu plus l'Amour.

Ma Joie est toujours très grande de te serrer contre Mon Cœur. Je prends tout ce qui est trop lourd pour toi, tels ta fatigue, tes préoccupations, tes angoisses, tes soucis et tes manquements passés.

Je te dégage de tous ces fardeaux qui t'empêchent d'être totalement à Moi. Je remplis tous ces vides par Mon Amour, Ma Joie et Ma Paix.

Je t'ai dit que Je marcherai avec toi dans le silence et que Je parlerai à ton cœur. C'est ce que Je suis à faire présentement. J'ai beaucoup de choses à te dire et à accomplir en toi.

L'important pour toi en ce moment c'est de M'être docile, d'être très attentif à ce que Je veux t'enseigner dans les moindres détails. À chaque fois que tu éprouves une petite difficulté, tourne ton regard vers Moi, n'agis plus comme les gens du monde qui cherchent par eux-mêmes la solution.

Toi, tu sais que Je suis avec toi et que la solution doit toujours venir de Moi. Après avoir fait appel à Moi, tu n'as qu'à être attentif afin d'être témoin de Mon agir.

Je veux que tu examines ton comportement en ce qui a trait au dossier que Tu cherchais hier soir. As-tu agi comme un homme de foi ou comme le commun du monde ?

Je veux te rendre parfait et c'est dans les moindres détails que Je veux t'enseigner à tourner ton regard vers Moi et à Me regarder agir et Me rendre grâce.

C'est à travers ces détails que peut s'identifier notre relation amoureuse. Je veux profiter de ces détails pour que tu ressentes davantage Ma Présence, que tu apprennes à Me faire confiance et à Me laisser agir, que tu renonces à ton désir ou ta volonté pour suivre la Mienne.

Toi, tu étais sûr d'avoir besoin de ce dossier pour cette rencontre de ce matin. As-tu pensé de Me demander ce que Je pensais, Moi ?

Tourne ton regard vers Moi et les événements qui se présentent à toi auront une autre signification pour toi. Au lieu de te distraire et de t'éloigner de Moi, ils t'uniront davantage à Moi. Tu ressentiras davantage Mon Amour et tu deviendras plus rapidement Amour.

Ne te sens pas coupable de ces petits manquements, tu as droit à l'erreur, tu es à Mon école, c'est-à-dire à l'école de l'Amour. Cette école ouvre tes yeux et ton cœur pour te permettre de voir les moindres détails qui t'empêchent d'être continuellement dans une relation amoureuse avec Moi.

Tu as reçu assez d'enseignements pour ce matin ; retiens que peu importe ce que tu vivras aujourd'hui, Je suis avec toi. Je m'occupe des moindres détails, fais-Moi confiance.

Demeure dans Mon Amour. Sois en paix, Mon tout-petit.

Tendrement, Je t'aime. »

11 février, 5 h 10

57. – *Je vois des flots d'Amour qui sortent du Cœur de Mon Fils Jésus pour entrer dans le tien (Message de la Vierge Marie)*

Fête de Notre-Dame de Lourdes. Toi, Maman Marie, viens à mon secours. Viens suppléer à ma faiblesse, à mon impuissance pour remercier la Trinité Sainte pour la journée d'hier. J'ai été témoin de Son agir, lequel m'a permis d'arriver à une entente dans cette transaction en marche.

Intercède pour moi afin que je puisse abandonner totalement tous les problèmes qui restent à régler autour de cette transaction.

Je me remets entre Tes bras de Mère pour accueillir ma prière et la rendre présentable au Père par les mains de Ton Fils, Jésus.

Merci. Je t'aime, Douce Maman.

« Mon enfant, mon tout-petit enfant, viens te reposer sur le Cœur de ta Maman. J'accueille ta demande. Par Mon Fils, Jésus, elle est présentée au Père qui, en même temps, coupe autour de toi les attaches qui t'empêchent d'être entièrement libre. Je vois des flots d'Amour qui sortent du Cœur de Mon Fils Jésus pour entrer dans le tien.

Je vois également ton cœur s'ouvrir davantage afin d'être plus apte à accueillir l'Amour que le Père veut déverser en toi à partir de Nos Deux Cœurs.

Je vois Jésus se pencher sur toi, comme si tu étais un tout-petit, et te dire à l'oreille : "Tourne ton regard vers Moi, c'est en Moi que se retrouve ta sécurité et non dans les choses matérielles, contrairement à ce que tu as cru trop souvent. En plus, tu y découvres la Joie, la Paix et l'Amour en abondance."

Je prends ta fatigue et tes préoccupations. Parce que tu m'as donné ton "oui" et que tu me le redonnes constamment, tes préoccupations deviennent les Miennes. Toi, laisse-toi aimer, laisse-toi combler. Sois déjà en vacances dans ton cœur."

Comme Je suis heureuse de te voir devenir tout petit et docile à accueillir l'Amour de Mon Divin Fils.

Laisse-toi aimer tout en te reposant. C'est Moi, ta Maman qui te berce et qui t'aime follement.

Tout Mon Amour. »

1997

12 février, 2 h 10

58. – *C'est la terre entière qui est invitée présentement à entrer dans sa véritable mission en devenant l'Amour*

« Mon tout-petit, entre à l'intérieur de toi-même ; c'est là où Je suis. Donne-Moi tes préoccupations et tes soucis. Lorsque tu me donnes une préoccupation, elle devient Mienne et J'en profite pour couper autour de toi d'autres attaches. Ainsi, toi, tu deviens libre intérieurement.

Cette liberté intérieure te permet d'entrer en relation avec Moi, de découvrir combien tu es aimé de Moi, de recevoir Mon Amour et de devenir l'Amour.

Toi, devenir comme Moi, devenir l'Amour : c'est ta véritable mission, celle pour laquelle tu as été créé.

Heureux es-tu de pouvoir entrer dans ta véritable mission tout en vivant sur la terre. Ce privilège a été réservé à un tout petit groupe de personnes qui ont vécu sur cette terre.

Pour les choisis des tout derniers temps, dont tu fais partie, en plus de vivre votre véritable mission, vous devenez des instruments entre les mains du Père pour inviter les gens qui vivent présentement sur cette terre à entrer dans leur véritable mission.

C'est la terre entière qui est invitée présentement à entrer dans sa véritable mission en devenant l'Amour. Voilà le résultat final de la grande purification qui est présentement commencée. »

Je me suis arrêté pour méditer et contempler ce que je venais d'écrire. Dans la méditation, je me suis endormi sans terminer le message commencé.

Pompano Beach, 18 février, 2 h 10

59. – **Vous êtes parmi les premiers à entrer dans l'Église Nouvelle, le Monde Nouveau**

Je veux Vous remercier, Seigneur Jésus de m'avoir conduit ici dans cet endroit magnifique et de me permettre ce temps privilégié de repos, mais surtout de prière, de réflexion et de partage avec Elisabeth. Nous sommes comblés d'être ensemble, de ressentir Votre Présence. Je me veux totalement à Votre écoute.

«Mon tout-petit, Je veux que tu profites pleinement de ce moment privilégié que Je t'accorde présentement. Tu as accepté de te laisser maîtriser par l'Amour. Tu m'as donné des "oui" à toutes mes demandes. C'est l'heure du grand passage pour toi et Elisabeth, ton épouse bien-aimée.

Sans savoir où Je vous conduis, vous ressentez la transformation s'opérer en vous. Vous devenez l'Amour. C'est une très grande fête au Ciel. Ça ne fait que commencer. Laissez-vous transformer. Les attaches aux choses de la terre se coupent les unes après les autres. Vous entrez dans la grande liberté des enfants de Dieu. Vous n'avez rien à craindre. Ma Sainte Mère vous recouvre de Son Grand Manteau et le Père a envoyé une armée d'Anges pour vous accompagner dans ce grand passage.

En devenant des êtres d'Amour, vous devenez l'Église Nouvelle, le Monde Nouveau. Vous êtes déjà sur cette Terre Nouvelle et, comme vous êtes parmi les premiers à y entrer, vous allez servir de guides: d'une part, pour interpeller dans l'invisible les cœurs à donner leurs "oui" pour vivre la même transformation que vous vivez présentement et, d'autre part, pour accompagner ceux qui donnent leurs "oui" à vivre ce grand passage et que le Père vous a confiés comme étant leurs bergers, leurs bergères.

Soyez dans la joie, dans l'allégresse et dans la jubilation de vivre ce temps de grâce extraordinaire.

Devenir l'Amour, c'est le plus beau et le plus grand des cadeaux que vous n'aurez jamais fini de déballer.

Être un instrument entre les mains du Père pour que d'autres deviennent l'Amour est un cadeau encore beaucoup plus grand, qui procure encore plus de joie, d'allégresse et de jubilation.

Profitez de ce temps privilégié qui vous est accordé en ce moment pour bien intégrer en vous la paix, la joie, la bonté, la douceur, la sagesse, le discernement, la confiance, la longanimité, la maîtrise de soi et toutes les vertus qui accompagnent l'Amour.

La tendresse vous est donnée en plénitude ainsi que la miséricorde et le pardon.

Heureux êtes-vous d'avoir trouvé grâce et d'accueillir les grâces. Soyez dans l'allégresse.

Je suis avec vous pour toujours et, très bientôt, vous Me verrez.

Je vous aime, Mes Amours. »

Pompano Beach, 19 février, 4 h 55

60. – *L'Amour te redonne la liberté originelle que le péché est venu t'enlever*

Encore ce matin, je me présente à la grande Miséricorde du Père avec mes misères à me départir de toutes ces préoccupations du monde des affaires. J'aimerais tellement être totalement aux affaires du Père.

Seigneur Jésus, entends ma prière et coupe les attaches qui me retiennent aux affaires du monde. Merci, Jésus, d'exaucer ma prière.

« Mon tout-petit, continue à Me donner tes misères. Elles deviennent Miennes et, petit à petit, elles te seront enlevées. Tu ne les ressentiras plus. Tu seras entièrement libre, car tu seras devenu l'Amour.

L'Amour te redonne la liberté originelle que le péché est venu t'enlever.

Heureux es-tu d'être à l'école du cœur de Ma Mère et d'apprendre ce que produit l'Amour.

Le temps presse ; utilise les petits chemins de raccourcis qui te sont enseignés afin d'entrer plus rapidement dans l'Amour.

Accepte le petit conseil.
Évite de te regarder.
Tourne ton regard vers le Père.
Regarde Son Amour.
Regarde Son Pardon.
Regarde Sa Miséricorde.
Jamais tu n'en seras digne.
Jamais tu ne le mériteras.
Accueille Son Amour, Son Pardon et Sa Miséricorde parce que Lui, Il veut qu'il en soit ainsi.
L'Amour t'aime, tu deviens l'Amour.
Tendrement, Je t'aime. »

Pompano Beach, 21 février, 4 h 30

61. – *Le temps est arrivé pour toi de vivre continuellement en Ma Présence*

« Mon tout-petit, viens te blottir dans Mes bras, c'est toujours près de Moi et en Moi que tu peux trouver ou retrouver Paix, Joie, Sérénité et Bonheur.

À chaque fois que ta pensée s'éloigne de Moi, tu commences à te préoccuper et parfois à t'angoisser. Comme Mon Amour déborde pour toi, Je te veux entièrement heureux. Cela, tu ne peux l'être qu'en Ma Présence, lorsque ton regard est tourné vers Moi et surtout lorsque tu viens Me rencontrer dans les profondeurs de ton être.

Le temps est arrivé pour toi de vivre continuellement en Ma Présence, avec Moi, peu importe où tu es et peu importe ce que tu fais.

Tu es présentement à l'école de l'Amour et, à cette école, tu apprends en expérimentant et en goûtant. Le goût se développe et tu en désires davantage.

Comprends-tu qu'en ce moment, ce n'est pas ce que tu écris, mais bien Ma Présence en toi qui te comble de Joie, de Paix et d'Amour.

Je veux qu'en ce temps privilégié pour toi et Elisabeth, où vous êtes coupés des préoccupations quotidiennes, vous puissiez goûter davantage ce que produit Ma Présence en vous, que vous appreniez à toujours garder votre regard tourné vers Moi, à Me remettre tout ce qui se présente à vous dans les moindres détails, Me faire entièrement confiance que J'agirai en temps voulu pour votre bien. Vous, devenez les témoins de Mon agir dans l'admiration, la joie et la jubilation.

Cet état d'être vous permet d'entrer en relation encore plus intime avec Moi, de demeurer continuellement en Ma Présence. Ainsi se construit entre nous ce que Je désire depuis toujours : une véritable relation amoureuse qui ne cesse de grandir, de se développer, de s'accroître et de se perfectionner.

Vous êtes parmi les premiers, dans Mon Église Nouvelle, à bénéficier d'une relation amoureuse avec Moi, aussi parfaite et puissante. Par vous, J'établirai cette même relation avec une multitude de cœurs, car, très bientôt, J'aurai cette relation amoureuse avec tous Mes enfants vivant sur cette terre.

Vous ne pouvez comprendre l'importance extraordinaire qu'il est pour vous, et même pour la terre entière, de vous laisser aimer et combler.

Le temps presse, et si Mes choisis retardent à se laisser aimer et combler, c'est le plan du Père qui est retardé et c'est l'Ennemi qui fait des gains.

N'oubliez pas que, présentement, il n'y a qu'un tout petit groupe de choisis. Plus rapidement ils seront enflammés et bien enflammés de l'Amour du Père, plus rapidement ils vont propager cette flamme dans l'invisible et dans le visible.

Elisabeth et toi, prenez soin de profiter pleinement du temps privilégié que Je vous accorde en ce moment pour vous laisser enflammer de Mon Amour.

Laissez-vous aimer et laissez-vous combler ; c'est là où vous M'êtes le plus utiles en ce moment. N'ayez aucun souci, gardez votre regard tourné vers Moi. Laissez-vous combler et aimer. Goûtez pleinement à Mon Amour.

Je vous aime follement. Je vous aime, Mes Amours. »

Pour le bonheur des Miens, Mes Choisis JÉSUS

Pompano Beach, 22 février, 4 h 45

62. – **Il doit y avoir une transformation dans la façon de penser et d'agir, aussi bien dans le monde des affaires que dans les familles et dans l'Église**

« Mon tout-petit, fais-toi petit et tu seras toujours en Ma Présence.

Lorsque tu te fais petit, Je prends tes préoccupations, tes joies et tes peines pour les présenter au Père, et Lui, dans Sa grande Miséricorde et Son Amour, pose Son doigt de Créateur pour couper les attaches qui t'empêchent d'être libre. De plus, Il envoie Ses Anges aplanir les difficultés et les peines en préparant ton cœur et celui de personnes concernées. Les solutions aux problèmes deviennent faciles.

Pour un temps encore, si le Père te laisse avec des responsabilités dans le monde des affaires, c'est qu'Il a besoin de toi dans ce milieu. Il veut t'enseigner une autre façon de voir les problèmes et de les solutionner, de tout regarder avec les yeux de la foi, de tout abandonner entre les mains de Dieu... et toi, demeurant dans l'émerveillement, la louange et la jubilation, tu seras témoin de Son agir.

Par la suite, tu pourras enseigner ce que tu auras vécu et ce qui va devenir une nouvelle façon de penser et d'agir pour cette Terre Nouvelle. Pour que le Règne du Père vienne et pour que Sa Volonté soit faite sur la terre, il doit y avoir une transformation dans la façon de penser et d'agir, aussi bien dans le monde des affaires que dans les familles et dans l'Église. Il est urgent que dans tous les milieux, il y ait des gens transformés, capables de faire l'œuvre du Seigneur.

Acceptes-tu d'être l'un des choisis pour vivre ces expériences nouvelles et ainsi devenir un témoin de l'action du Père aussi bien dans le monde des affaires que dans la Nouvelle Église? Réponds-Moi. »

En comptant uniquement sur la grâce, ma réponse est un "oui" total sans condition aucune. Je veux faire la Volonté du Père. Personnellement, je croyais que je devais être retiré du monde des affaires afin d'être entièrement donné au Père, mais, si Lui le juge autrement, que Sa Volonté soit faite et non la mienne.

Je Vous abandonne mon impuissance. Juste à la pensée de la tâche immense de transformer le monde des affaires, j'en ai la trouille et j'aurais le goût d'aller me cacher.

Oui, je veux me cacher dans Votre Cœur, Seigneur Jésus, et Celui de Maman Marie, afin que mon "oui" ne défaille pas et qu'en toutes circonstances, je puisse être un instrument docile entre les mains du Père.

Moi seul, j'en suis totalement incapable. Je n'y suis pour rien. Je compte uniquement sur Vous, Père, Fils et Saint-Esprit, en compagnie de Maman Marie.

Je me sens plus petit que jamais. Je m'abandonne à Vous et je Vous aime.

« Ne crains pas, Je suis avec toi et, lorsque le Père confie une mission, Il donne toutes les grâces nécessaires.

Tu découvriras comme il devient facile de vivre dans le monde des affaires dans le style nouveau. Ta peur vient de tes expériences passées et ce que tu connais du monde actuel, mais ta joie va être immense devant les découvertes futures que tu as déjà commencé à expérimenter. N'oublie pas que c'est Mon œuvre et non la tienne. Toi, tu n'as qu'à demeurer à Mon écoute et à te laisser aimer.

Je t'aime. »

Pompano Beach, 23 février, 4 h 05

63. – Comment le Règne de Dieu pourrait-il se réaliser sur cette terre si ce n'est pas Sa Volonté qui s'exprime à travers chacun de Ses enfants

« Mon tout-petit, tourne ton regard vers Moi, ton Dieu. Que tes yeux demeurent toujours fixés sur Moi. Où que tu sois, quoi que tu fasses, en tournant ton regard vers Moi, c'est Moi qui viens te maîtriser, donc c'est Moi qui viens prendre tes pensées et ton agir.

À l'école du cœur de Ma Mère, vous apprenez à devenir l'Amour. Devenir l'Amour, c'est être en relation constante avec l'Amour. Être en relation constante avec l'Amour, c'est avoir continuellement les yeux fixés sur l'Amour.

Avoir les yeux fixés sur l'Amour, c'est être continuellement dégagé de toutes préoccupations et inquiétudes, car elles sont immédiatement remises à l'Amour qui les fait Siennes et qui t'inspire au bon moment les paroles et les gestes à poser ; qui inspire aussi les autres qui sont concernés par cette préoccupation ou inquiétude, ou qui peuvent être l'instrument choisi par le Seigneur pour solutionner cette préoccupation ou inquiétude.

Sachant que tout cela arrivera, même si tu ne sais pas quand et comment, tu demeures dans la contemplation, la louange et la joie, et tu entres dans la jubilation. Lorsque l'événement se passe, tu prends conscience que ce qui te paraissait un problème est devenu une grâce ou un avantage pour toi.

Commences-tu à comprendre pourquoi, hier, Je te disais que pour un temps encore, Je veux que tu demeures dans le monde des affaires, car Je veux que tu expérimentes en profondeur comment doit se comporter un être d'Amour dans le milieu qui a été le tien.

Dans le passé, la foi n'a pas été suffisamment intégrée au milieu des affaires, même chez les bons pratiquants.

Dans le Monde Nouveau dans lequel nous entrons, l'Amour doit être le centre de tout ; il doit tout aspirer pour que tous soient inspirés et que tous également l'expirent.

Gardant ton regard tourné vers l'Amour, même au milieu des affaires, tu es aspiré par l'Amour. Toi et les autres que le Père choisit pour ce dossier, comme tu le dis, vont être inspirés par l'Amour et, à travers eux, l'Amour va expirer la solution pour le bien de chacun des enfants concernés dans cette affaire.

Comment le Règne de Dieu pourrait-il se réaliser sur cette terre si ce n'est pas Sa Volonté qui s'exprime à travers chacun de Ses enfants.

En devenant l'Amour, vous êtes choisis pour être les premiers à laisser passer librement la Volonté du Père à travers vous ; ce qui vous comble de paix, de joie et de bonheur et vous conduit dans la grande Jubilation.

Heureux, heureuses êtes-vous, les choisis. Vous devenez l'Amour. Vous êtes déjà dans cette grande Jubilation.

Goûtez pleinement à l'Amour. Je vous aime.

Toi personnellement Léandre, Je t'aime. »

Pompano Beach, 24 février, 6 h 00

64. – *L'Amour a besoin d'être aimé et lorsqu'Il trouve un cœur pour L'aimer, Il en fait Sa demeure*

« Mon tout-petit, prends le temps d'accueillir l'Amour. C'est le temps le plus précieux pour toi.

Tu deviens l'Amour. C'est donc l'Amour qui vit en toi.

L'Amour en toi te transforme et, après t'avoir transformé, il va se répandre dans une multitude de cœurs.

Tu n'as qu'à laisser l'Amour s'activer en toi pour qu'il continue de s'activer autour de toi et à travers toi. Ainsi se construit cette Église Nouvelle et cette Terre Nouvelle.

L'Amour a besoin d'être aimé, et lorsqu'Il trouve un cœur pour L'aimer, Il en fait Sa demeure.

Ce n'est plus toi qui vis en toi, mais bien l'Amour.
Ce n'est plus toi qui penses, mais bien l'Amour.
Ce n'est plus toi qui décides, mais bien l'Amour.
Ce n'est plus toi qui parles, mais bien l'Amour.
Ce n'est plus toi qui diriges, mais bien l'Amour.
Ce n'est plus toi qui travailles, mais bien l'Amour.
Ce n'est plus toi qui aimes, mais bien l'Amour.

Nous pourrions continuer à énumérer encore longtemps tout ce que l'Amour fait en toi et à travers toi lorsqu'Il y habite réellement, totalement et entièrement.

C'est cette nouvelle vie qui est en toi présentement et qu'il te faut expérimenter pleinement dans toutes les sphères de ta vie personnelle, familiale, religieuse, sociale, d'affaires ou de travail.

Il te faut connaître par expérience la différence entre la vie que tu as connue et celle de l'Amour qui vit en toi, afin d'être pleinement dans la jubilation de devenir de plus en plus l'Amour.

Tendrement, Je t'aime. »

Pompano Beach, 25 février, 5 h 50

65. – *Parce que l'Amour m'aime, je deviens l'Amour*
– *Par ce petit chemin enseigné par Ma Sainte Mère, c'est tout un peuple qui est présentement en marche pour devenir l'Amour*

«Mon tout-petit, continue à te laisser aimer et maîtriser par l'Amour. Sois sans crainte, tu es sur la bonne voie. Tu es sur le chemin que le Père a choisi pour toi, à chaque fois que tu dis: "parce que l'Amour m'aime, je deviens l'Amour". C'est un pas de plus. Du haut du Ciel, nous te voyons avancer, et à chaque fois que tu le dis pour quelqu'un d'autre, tu continues à avancer, et les autres avancent aussi en découvrant le chemin qui se présente à eux.

Par ce petit chemin enseigné par Ma Sainte Mère, c'est tout un peuple qui est présentement en marche pour devenir l'Amour. Donc un peuple qui n'aurait pas besoin d'entrer dans la grande tribulation, qui pourrait en être exempté et entrer directement dans la Terre Nouvelle.

Continue à avancer sur ce beau chemin.

Tu deviens l'Amour. Comme Je t'aime. »

Pompano Beach, 26 février, 5 h 00

66. – *Ce dont Nous avons besoin, ce sont des cœurs ouverts à se laisser maîtriser par l'Amour*

Merci, Seigneur Jésus de nous avoir permis hier d'être témoins de Ton agir. Tu agis dans l'invisible et c'est Toi qui parles aux cœurs.

Merci de nous permettre de devenir l'Amour. Je Vous aime.

« Mon tout-petit, ce que tu vis présentement n'est qu'un tout début de ce que tu vivras dans le futur.

Nous ne sommes qu'à préparer les cœurs à recevoir Notre Amour. Vous serez de plus en plus guidés et enseignés sur ce que produit l'Amour en vous.

Ce dont Nous avons besoin, ce sont des cœurs ouverts à se laisser maîtriser par l'Amour.

Vous serez de plus en plus témoins de Mon agir, en même temps que de plus en plus Mes témoins.

J'ai besoin de vous, et sans Moi, vous ne pouvez rien faire.

Laissez-vous maîtriser et demeurez à Mon écoute. J'ai encore beaucoup de choses à vous enseigner avant que vous soyez réellement devenus l'Amour. À chaque jour, Je vous fais faire un petit pas. C'est par ces petits pas répétés et répétés que vous constaterez un jour la longue distance parcourue.

Vous êtes Mes choisis pour être à l'avant de la parade. Grâce à votre docilité, beaucoup seront de la parade de ceux et celles qui sont devenus l'Amour.

Goûtez déjà à l'amour et à la joie d'être de cette parade qui est la parade des parades, comme nulle autre n'a été formée dans le passé et ne le sera dans l'avenir, car c'est elle qui va à la Rencontre de Celui qui a été promis à l'humanité comme Sauveur du monde, Celui qui est venu et qui revient dans toute Sa Puissance d'Amour et Sa Gloire.

Heureux et heureuses êtes-vous ! Soyez déjà dans la Jubilation ! Je vous aime.

Tendrement, Je t'aime. »

Pompano Beach, 27 février, 5 h 45

67. – *Aujourd'hui encore, vous serez témoins de Mon agir*

Seigneur Jésus, Tu m'as demandé de te remettre mes soucis ou mes préoccupations. Je Te remets la préoccupation du projet que Tu connais et mon impuissance dans ce dossier.

Toi seul peux solutionner ce problème. Donne-moi la grâce de Te le donner totalement et de Te regarder agir. Merci d'entendre ma prière.

« Mon tout-petit, comme J'aime te voir tout petit, Me remettant tes préoccupations dès qu'elles se présentent à toi. Immédiatement, Je les fais Miennes, et toi, observe bien comment Je les ferai disparaître afin que ton cœur soit entièrement tourné vers Moi.

Aujourd'hui encore, vous serez témoins de Mon agir. Ouvrez grand votre cœur pour accueillir ce que Je vous réserve de bon et de beau. Demeurez dans l'allégresse et la louange. Vous devenez l'Amour ; que voulez-vous de plus ? Il est temps pour vous de vous laisser combler. Accueillez l'Amour.

Je vous aime. Tendrement, Je t'aime. »

Pompano Beach, 28 février, 5 h 05

68. – **La fleur doit accueillir les temps de pluie, de noirceur, de soleil brûlant et de vents pour s'épanouir et devenir belle**

« Mon tout-petit, sois sans crainte, ne permets pas à ton cœur de se laisser envahir par la crainte ou la peur de l'échec. Tourne ton regard vers Moi.

Regarde l'Amour que J'ai pour toi et les tiens.

Regarde ce que J'ai accompli en toi et autour de toi.

Regarde aussi ce que Je commence à accomplir à travers toi.

Même si J'ai accompli beaucoup de choses à travers toi, Je dis que Je commence car Je vais accomplir beaucoup plus dans le futur. Fais-toi petit, reconnais ton impuissance.

Prépare ton cœur dans la prière et le renoncement à toi-même afin d'être davantage à Mon écoute, non seulement dans Ma Parole et Mes inspirations, mais aussi et Je dirais surtout dans les moindres petits événements heureux ou malheureux. Si Je permets que tu les vives, ils sont pour toi un enseignement que tu dois accueillir comme la fleur doit accueillir les temps de pluie, de noirceur, de soleil brûlant et de vents pour s'épanouir et devenir belle.

Toi, tu dois passer par toutes sortes d'événements dans ta vie pour t'épanouir et devenir beau à Mes yeux. Tu as surtout besoin d'accueillir Mon Amour, de te savoir aimé par Moi et de savoir que Je veille sur toi, que Je te protège et te guide dans les moindres détails et que, suivant ta demande, Je t'inspire afin que tu prennes la bonne décision.

Fais-Moi plus confiance, laisse-toi aimer, c'est là la source du vrai bonheur pour toi.

Comme Je t'aime. »

Pompano Beach, 1 mars, 5 h 15

69. – *Laisse-Moi t'apporter les solutions aux problèmes qui se présentent à toi*

« Mon tout-petit, ce matin, Je veux parler davantage à ton cœur.

J'accueille tes "oui" qui me permettent de couper d'autres attaches qui sont au niveau de ta tête et qui t'empêchent de vivre pleinement au niveau de ton cœur. Continue à Me donner toutes tes préoccupations dès qu'elles se présentent à toi.

Tu n'as pas à chercher la solution, mais bien à attendre qu'elle te soit inspirée. C'est là un grand passage pour toi qui as traversé une bonne partie de ta vie à chercher des solutions aux problèmes qui se sont présentés à toi. De plus, tu as développé une confiance à tes solutions.

Il faut que tu renonces à cette façon de faire et de penser pour attendre que Ma solution te soit inspirée, et elle te sera donnée au bon moment. Fais-Moi confiance. Je t'en donne Ma Parole.

Comment pourrais-tu faire Mon œuvre si ce n'est Moi qui t'inspire, et si c'est Moi qui t'inspire ou qui décide d'inspirer quelqu'un d'autre pour t'apporter la solution, pourquoi serait-il nécessaire que tu te casses la tête à trouver la bonne solution puisqu'elle ne viendra pas de toi, mais bien de Moi.

En devenant Amour, tu n'as qu'à laisser l'Amour te prendre en charge et t'apporter les solutions aux problèmes qui se présentent à toi.

Ce n'est plus toi qui agis, mais bien l'Amour qui agit en toi et à travers toi. Et quand tu cherches toi-même la solution, tu ne fais que retarder l'Amour, tu contrecarres son chemin et tu l'empêches de passer.

Accepte de disparaître pour que l'Amour apparaisse dans toute Sa puissance.

Accueille Mon Amour, car follement, Je t'aime, laisse-toi porter. »

Pompano Beach, 3 mars, 4 h 35

70. – *Une seule chose devient importante, c'est l'"être" et non l'"agir". Être continuellement branché sur Dieu*

Seigneur Jésus, ce matin je veux Vous remercier pour les enseignements précieux en ce qui concerne cette Société Nouvelle. Je comprends qu'elle devra se laisser guider totalement par le Père, Lui remettre toutes préoccupations, attendre Son inspiration avant de s'activer, Lui faire confiance en tout, demeurer à Son écoute après Lui avoir demandé ce qu'Il en pense avant d'agir, et enfin de suivre les étapes qui m'ont été données au début de janvier.

Ce qui est plus important que tout, c'est la disposition de notre cœur qui doit devenir Amour.

Y a-t-il autre chose que je devrais connaître ? Je me veux à Votre écoute. Je Vous aime.

« Mon tout-petit, dans la Société Nouvelle, vous ne serez plus centrés sur le faire, l'agir, le comment, le où, le quand, par qui, etc. Une seule chose devient importante, c'est "l'être". L'être qui devient Amour, c'est-à-dire continuellement branché sur son Dieu, inspiré et guidé par Lui. Le mal étant disparu, il n'y aura plus ce combat qui se livre présentement à l'intérieur de chaque personne. C'est l'Amour qui prend charge de tout.

Toi, tu es l'un des choisis pour vivre cette transformation avant les autres, celle de faire ce grand passage pour être déjà de l'autre côté de la rive lorsque plusieurs se prépareront à faire ce passage. Ainsi tu pourras être un guide pour une multitude.

Par toi-même, tu es complètement impuissant, puisqu'il s'agit de la transformation de ton être. Seul Celui qui l'a créé peut le transformer ; toi, tu n'as qu'à donner ton consentement.

Au même moment ou s'opère la transformation, tu apprends à vivre avec cet être nouveau, lequel est toujours entièrement guidé par l'Amour, car lui aussi il est Amour. Consentir à la transformation, c'est aussi consentir à te départir du vieil homme, de sa façon de penser, d'être et d'agir. Plus rapidement tu en es dépouillé, plus rapidement tu deviens l'homme nouveau, c'est-à-dire l'être d'Amour tel que voulu par le Père au moment de ta création, et guidé entièrement par Lui. Tout devient donc facile.

C'est cette facilité que Je veux que tu expérimentes dans le milieu qui a été le tien. Ce n'est plus toi qui agis, c'est l'Amour qui agit en toi, car tu deviens l'Amour.

Demeure dans l'action de grâce et la jubilation.

Tu deviens l'Amour, comme Je t'aime. »

Pompano Beach, 4 mars, 2 h 15

71. – *L'Amour que Dieu a pour toi, tu ne peux le découvrir qu'en te laissant aimer*

« Mon tout-petit, continue à te laisser guider dans la foi. Tu as tellement à découvrir, oui, à découvrir. Tu n'as pas encore pleinement découvert comment tu es aimé de Dieu.

Tu n'as pas non plus pleinement découvert la Puissance de Dieu, Son Amour et Sa Miséricorde.

L'Amour que Dieu a pour toi, tu ne peux le découvrir qu'en te laissant aimer.

La grande Miséricorde de Dieu, tu ne peux la découvrir qu'en acceptant d'être pardonné totalement dans les moindres détails de tes manquements.

Pour le bonheur des Miens, Mes Choisis JÉSUS

La puissance de Dieu, tu ne peux la découvrir qu'en Lui permettant de passer à travers toi. Elle y passe si tu deviens l'Amour, si tu te fais tout petit, si tu acceptes de disparaître, si tu reconnais ton impuissance, si tu te laisses maîtriser, si tu Lui donnes continuellement des "oui", si ton abandon est total et si tu es capable de rendre gloire à Lui et à Lui seul dans tous les succès.

N'oublie pas que tu es choisi du Père. Il ne t'a pas choisi à cause de tes mérites ou des talents qui sont en toi, de ta piété ou de diverses facultés dont tu pourrais t'approprier ou être tenté de t'approprier.

C'est uniquement par Amour que Son choix s'est arrêté sur toi. C'est un geste totalement gratuit de Sa part. Toi, tu n'as qu'à accueillir comme un petit enfant accueille l'amour de ses parents, et Lui rendre grâce, comme les Saints et Saintes du Paradis ainsi que les Saints Anges.

Avec toi, Je veux rendre Gloire au Père en Lui disant :

Père, Je te rends Gloire pour le flot de grâces que Tu déverses en ce moment sur Tes choisis.

Père, Je Te rends Gloire de parachever Ta création chez Tes choisis.

Père, Je Te rends Gloire d'en faire des êtres d'Amour, unis à Mon Cœur et à Celui de Ma Mère.

Père, Je Te rends Gloire pour la multitude de cœurs que Tu vas rejoindre à travers eux.

Père, Je Te rends Gloire pour cette Église Nouvelle que Tu reconstruis en ce moment.

Père, Je Te rends Gloire pour cette Société Nouvelle qui se reconstruit à travers Tes choisis.

Père, Je Te rends Gloire de faire éclater Ta Miséricorde, Ton Amour et Ta Toute-puissance en eux, autour d'eux et à travers eux.

Merci, Père, pour tant d'Amour, pour ce Feu d'Amour Feu qui brûle dans les cœurs de Tes choisis, en ce moment.

Je Te demande que ce Feu d'Amour se propage dans tous les cœurs.

Merci, Père, d'exaucer toujours Ma prière.

Comble encore Tes choisis de Ton Amour.

Comble d'une façon spéciale le tout-petit qui écrit ces lignes ainsi que tous ceux et celles qu'il porte dans son cœur, ou que Nous avons greffés à son cœur.

Qu'il soit comblé lui et les siens de Notre Amour Trinitaire. Amen." »

Pompano Beach, 5 mars, 4 h 30

72. – *Le Règne du Père doit venir également dans le milieu des affaires*

Seigneur Jésus, je désire Vous remercier pour ce bon temps que Vous nous avez accordé durant nos vacances ici. Nous avons réellement été comblés, choyés à tous points de vue.

Je veux Vous présenter ma misère, mon insécurité de devoir continuer, pour un temps encore, dans les affaires.

Je Vous redis mon "oui" à Votre Volonté. Venez suppléer à ma faiblesse et couper toutes les attaches qui sont assurément la cause de mon insécurité et de mon manque de foi.

Merci d'entendre ma prière. Je Vous confie notre voyage de retour et tout ce qui nous attend au Canada.

J'ai besoin de Vous ; je me sens tellement faible et petit. Je Vous aime.

« Mon tout-petit, Mon cher tout-petit, viens te jeter dans Mes bras, pose ton cœur contre Le Mien ; c'est là et uniquement là où tu peux trouver la sécurité que tu cherches.

Je coupe tous tes besoins de sécurité dans les choses matérielles, de ta réputation et de ton image.

Tu deviens l'Amour et, en devenant l'Amour, tu dois être détaché de ces besoins qui sont de l'ordre temporel, tels ta réputation, ton image et les biens matériels.

Ta seule douce attache qui doit demeurer et se solidifier est de l'ordre spirituel ; c'est le lien qui t'unit au Père, en passant par Mon Cœur et Celui de Ma Sainte Mère, établi par l'Esprit Saint.

Comme Je suis heureux lorsque tu Me remets tes misères et tes insécurités. À chaque fois, elles sont présentées au Père qui vient, avec Son Doigt Créateur, couper des attaches et parachever en toi Sa création en te donnant ta beauté originelle. C'est un pas de plus sur le chemin que Nous parcourons ensemble qui te conduit à l'Amour.

Reçois le flot de grâces et d'Amour que le Père déverse en toi, en ce moment.

Accueille-les pleinement, tu y trouveras la sécurité que tu cherches. Et peu importe ce que le Père te demande, tu y trouveras ta Joie, ta Paix et beaucoup d'Amour.

Il est là le grand passage : quitter les sécurités du monde pour t'accrocher à celles du Père, en devenant l'Amour.

Toi, tu aurais voulu être complètement retiré du monde des affaires afin d'éviter d'autres risques sur ce plan et de pouvoir te donner entièrement à ce que le Père te demande.

Le Père en a pourtant décidé autrement. Il veut te garder actif dans ce milieu, qui a été le tien, pour deux motifs :

Premièrement, te faire expérimenter entièrement ce que produit Son œuvre à Lui, même dans ce milieu, lorsqu'on Lui permet d'agir en toute liberté et qu'on Lui fait confiance.

Deuxièmement, permettre qu'à travers toi, tant dans le visible que dans l'invisible, mais surtout dans l'invisible, une multitude de "oui" soient donnés pour que Son Règne vienne et que Sa Volonté soit faite sur la terre aussi bien dans le milieu des affaires que dans les autres milieux.

Heureux es-tu d'être choisi et utilisé pour cette belle mission. Accueille-la dans la confiance et l'amour. Tu as raison de te sentir incapable, accepte ton impuissance car ce n'est pas ton œuvre, mais bien celle du Père.

Sois sans crainte, Mon tout-petit, les Cieux sont ouverts et tu as toute l'assistance nécessaire. Demeure dans l'Amour du Père et agis suivant ton et Son inspiration. Remets-Lui tes préoccupations dès que tu les ressens et demande constamment ce qu'Il désire en toutes circonstances et, avance dans la foi. Il est avec toi, autour de toi et en toi.

Je me tiens près de toi avec Ma Sainte Mère qui a étendu Son Grand Manteau pour te protéger.

Une armée d'Anges t'accompagnent. Tu es aimé, tendrement, Je t'aime. »

10 mars, 1 h 55

73. – *Aujourd'hui, ce que Je veux de toi c'est ta docilité*

Seigneur Jésus, je ne sais comment Vous remercier pour ce temps privilégié que Vous nous avez accordé ainsi que pour ces grâces reçues. Je Vous demande de me guider en reprenant le travail afin d'être continuellement sous Votre gouverne.

Vous avez mon "oui" total pour agir comme Vous le voulez : où, quand et comment. Ce que je Vous demande c'est de me guider dans chacune des décisions afin que je fasse ce que Vous voulez, rien de plus et rien de moins. Je me sens petit et faible. J'ai besoin de Votre aide pour me garder sur la vraie voie.

Merci d'entendre ma demande. Je Vous aime.

« Mon tout-petit, commence par relire ce que Je t'ai enseigné le 6 janvier dernier afin que Mon message soit bien imprégné en toi. Aujourd'hui, ce que Je veux de toi, c'est ta docilité. Tu n'as rien à craindre, tu seras inspiré au moment de prendre chacune des décisions. Reste ouvert.

Je suis avec toi, sois sans crainte. Je t'aime, Mon tout-petit. »

12 mars, 5 h 15

74. – *Évite de faire des comparaisons ; la voie qu'Il a tracée pour toi est aussi unique que toi-même*

« Mon tout-petit, avance dans la foi pure, ne cherche pas à comprendre là où Je te conduis. Pour toi, une seule chose est importante : te laisser conduire, te laisser maîtriser par Mon Amour.

Demeure bien à l'écoute, tant à l'endroit des gens que je mets sur ta route qu'en regard des inspirations que Je te donne.

Tu vis présentement une très belle période de grâces et ça ne fait que commencer. Tu ne fais que commencer à voir ce que l'Amour produit en toi, autour de toi et, de temps en temps, par toi.

Continue à remettre au Père tes préoccupations dès qu'elles se présentent. Garde ton cœur tourné vers l'Amour. Après chaque journée, prends un temps pour bien regarder comment tu es guidé et comment les gens avec qui tu transiges sont inspirés, afin que le plan du Père se réalise pleinement.

Demeure dans l'émerveillement, la louange et l'action de grâce d'être témoin de Son œuvre et surtout des transformations qui s'opèrent en toi.

Ce que le Père te permet de vivre, à l'extérieur de toi, n'a qu'un seul objectif : transformer ton intérieur. Le chemin qu'Il utilise pour toi est différent de celui qu'il utilise pour les autres. Évite de faire des comparaisons ; elles sont complètement inutiles et souvent nuisibles pour bien découvrir la voie qu'Il a tracée pour toi, car elle est aussi unique que toi-même.

Reviens comme un tout petit enfant pour te laisser guider, aimer, combler et choyer. Elle est là, la voie de l'Amour, et c'est là aussi que tu peux entendre Sa voix et ainsi Le voir à l'œuvre.

Comme Je t'aime, Mon cœur est brûlant d'Amour pour toi.

Demeure dans Mon Amour, tu es Mon ami, Je t'aime. »

14 mars, 5 h 05

75. – *Je prends en main toutes tes affaires et tes préoccupations. Je suis la sécurité que tu cherches*

« Mon tout-petit, laisse-toi aimer. Tu n'as rien à craindre car Je t'ai dit que tu avais trouvé grâce à Mes yeux. Je prends en main toutes tes affaires et tes préoccupations. Je les fais Miennes parce que tu M'as tout donné et tu M'as donné ton consentement total et sans condition.

N'oublie jamais que Je suis le Dieu de l'impossible. Ce n'est pas parce que Je prends un chemin différent pour toi que Je ne te conduis pas au bon endroit. C'est tout simplement que ta mission est différente.

Ayant donné ton "oui" et le répétant continuellement, tu deviens l'Amour, non pas par tes mérites ou par le temps que tu y consacres, mais uniquement parce que l'Amour t'aime, parce que Je t'aime.

Ce matin, Je veux te donner des grâces particulières afin que tu sois plus certain de Mon Amour, accepte-les.

C'est en acceptant Mon Amour que tu deviens l'Amour. Elle est là toute la sécurité que tu cherches, pas ailleurs. Sois sans crainte, laisse-toi devenir l'Amour.

Je place Mon Cœur contre le tien ; Je le brûle au Feu de Mon Amour Feu.

Comme Je t'aime. Tendrement, Je t'aime. »

17 mars, 3 h 40

76. – *Quoi que tu fasses, tu ressentiras Mon Amour toujours et partout*

« Mon tout-petit, si tu savais l'Amour que J'ai pour toi et qui circule au Ciel, tu ne demanderais rien d'autre que de devenir l'Amour. Car c'est en devenant l'Amour que l'Amour peut circuler en toi, en plénitude.

Ce que tu ressens de plus en plus en Ma Présence, ce n'est qu'un tout petit début. Tu ressentiras Mon Amour toujours et partout quoi que tu fasses. Tu habiteras à l'intérieur de l'Amour et l'Amour habitera en toi, comme Mon Père M'habite et Moi J'habite à l'intérieur de Mon Père. N'essaye pas de comprendre ; accueille seulement avec certitude ce que Je te dis.

Tu donnes ton "oui" et tu acceptes généreusement de te placer en Ma Présence ; le reste te sera donné gratuitement, sans effort de ta part.

Demeure dans Mon Amour, tu deviens l'Amour.
Tendrement, Je t'aime. »

19 mars, 5 h 05

77. – ***La transformation se fait graduellement et souvent à travers des difficultés et des souffrances***

«Mon tout-petit, tu deviens l'Amour. Personne sur cette terre ne peut t'empêcher de devenir ce pourquoi tu as été créé, à moins que tu ne donnes à quelqu'un ce pouvoir en te plaçant à son écoute au lieu de demeurer à Mon écoute.

Il te faut passer par bien des étapes pour être l'Amour. Ce n'est pas l'Amour qui a ces exigences, mais elles sont devenues nécessaires en raison de ce que tu étais ou que tu es – un être inachevé – avant d'être ce que tu deviens.

Il y a une grande transformation qui s'opère en toi en ce moment, et tu dois apprendre à vivre avec ce que tu deviens. Cet apprentissage se fait graduellement et souvent à travers des difficultés et des souffrances. Pour les diminuer, tu te dois de cesser de te regarder, mais de tourner plutôt ton regard vers l'Amour et sur ce que tu deviens, c'est-à-dire l'Amour.

Sois sans crainte : tout ce qui te concerne, tant au niveau de ton être, des gens autour de toi, des biens matériels et de ton travail, est entre les mains du Père.

En temps voulu, les événements viennent tout arranger. Sois attentif, regarde-Le bien agir, tu seras dans l'admiration, l'émerveillement, l'action de grâce et la jubilation.

Tu n'as qu'à continuer à être docile et à te laisser maîtriser par l'Amour. À chaque jour, tu es témoin de Son agir.

Laisse-toi aimer. Tu deviens l'Amour. Tendrement, Je t'aime.»

19 mars, 21 h 20

78. – ***Laisse-toi guider, inspirer et maîtriser***

«Mon tout-petit, c'est toujours et uniquement l'Amour qui peut tout arranger. Laisse-toi guider, inspirer et maîtriser. Je suis l'Amour, tu deviens l'Amour. Je t'aime.»

20 mars, 4 h 25

79. – **Pourquoi reprends-tu sur tes épaules un problème qui est le Mien ?**

Seigneur Jésus, je veux Vous présenter toutes les difficultés que j'ai vécues hier. Ouvrez mes oreilles, mon cœur et mon intelligence afin que je comprenne ce que Vous voulez m'enseigner dans ces situations que Vous connaissez.

Je veux associer mes souffrances aux Vôtres afin que, par un miracle de Votre Amour, elles retombent en grâces et bénédictions sur ceux ou celles qui sont la cause de mes souffrances.

Vous, Vous avez le pouvoir de me changer, moi, je ne le peux pas, même si je le veux.

Non seulement Vous avez mon "oui" total sans condition, mais je Vous supplie de me changer pour que je devienne l'Amour. Veuillez couper toutes les attaches qui m'empêchent d'être ce que je devrais être, l'Amour.

Merci d'exaucer ma prière. Je Vous aime.

« Mon tout-petit, Je prends ton cœur sur Mon Cœur. J'y déverse un flot d'Amour. Je fais la même chose en ceux et celles que tu Me confies. Je coupe encore des attaches. Sois sans crainte, ta demande devient Mienne, et aujourd'hui même tu seras témoin de Mon agir.

Tu M'as tout donné ; pourquoi reprends-tu sur tes épaules un problème qui est le Mien ? Tu n'as qu'à être témoin du problème qui se présente, l'accueillir, Me le remettre, agir suivant Mon inspiration et observer la solution que J'y apporterai.

Dans la tempête, lorsque Je paraissais dormir dans la barque, il a été difficile à Mes Apôtres de Me faire confiance ; il en est de même pour toi dans ce que tu vis présentement. Accueille Mon Amour, fais-Moi confiance, tu seras témoin de Ma puissance.

Je t'enveloppe de Mon Amour. Comme Je t'aime. »

22 mars, 5 h 50

80. – *Tes préoccupations vont fondre comme la neige au soleil*

« Mon tout-petit, l'Amour que J'ai pour toi est sans limite. Tu n'as qu'à l'accueillir. Il t'est donné en abondance, c'est lui et uniquement lui qui va opérer et qui opère déjà les grandes transformations dans ton cœur.

Les difficultés que tu éprouves à vivre continuellement à l'intérieur de toi-même et de ne plus être préoccupé des choses de l'extérieur vont disparaître devant l'Amour, comme la neige que tu vois disparaît devant le soleil du printemps.

Médite cette image : la terre est impuissante à faire disparaître la neige qui la recouvre ; seuls le soleil et la chaleur ont ce pouvoir. Mais lorsque le soleil se met en action, la neige disparaît rapidement.

Toi, tu es comme la terre, tes préoccupations sont comme la neige et l'Amour comme le soleil, avec la différence que toi tu as à donner ton consentement pour que l'Amour se mette en action. C'est comme si la terre devait donner son consentement avant que le soleil n'exerce sa puissance.

Toi, tu crois que c'est par la libération des choses extérieures (c'est-à-dire la vente de l'entreprise) que les préoccupations vont disparaître et que ton cœur va pouvoir vivre branché sur l'Amour. La réalité est tout autre, car c'est ton cœur branché sur l'Amour qui va faire disparaître les préoccupations de l'extérieur.

Accepte et reconnais que tu n'es rien, et l'Amour va éclater dans sa Toute-puissance.

Sois sans crainte, le printemps est arrivé pour toi. L'Amour est déjà à l'œuvre et tes préoccupations vont fondre comme la neige au soleil.

À chaque fois que tu es préoccupé au lieu de chercher les solutions, reviens à l'intérieur de toi, reviens à ton impuissance, à ta petitesse, et l'Amour agira rapidement, soit par les gens qui sont autour de toi ou soit en t'inspirant clairement, avec puissance et sans équivoque. Toi, tu n'auras qu'à rendre gloire au Père.

Tu as à apprendre à ne plus agir par toi-même, mais toujours te laisser guider par l'Amour.

Demande constamment au Père ce qu'Il veut que tu fasses, reviens comme un petit enfant qui, étant trop petit pour se conduire lui-même, a besoin d'être guidé par un adulte. Toi, tu as besoin d'être guidé continuellement par le Père pour devenir pleinement l'Amour.

J'aime t'enseigner en ce moment parce que tu accueilles sans discuter ni sans trop comprendre, et ainsi tu deviens l'Amour.

En devenant l'Amour, c'est l'Amour qui prend charge de tout. Alors toi, tu peux te reposer sur Mon Cœur et ainsi devenir de plus en plus l'Amour.

Tendrement et sincèrement, Je t'aime. »

Merci, Seigneur Jésus pour cette grande faveur que Vous m'accordez en ce moment.

Comme je me sens en paix. C'est uniquement en Votre Présence que je peux ressentir une telle paix et joie.

Comme j'aimerais y être solidement attaché afin que jamais je n'en sois séparé. Demeurez en moi pour que je puisse demeurer en Vous.

Guidez chacun de mes pas. Comme je Vous aime.

2 avril, 4 h 00

81. – **Les événements heureux et malheureux doivent être accueillis, acceptés et remis entre les mains du Père, et ainsi donner toute leur richesse**

« Mon tout-petit, viens te blottir dans Mes bras. Accepte tout ce que tu vis, que ce soit des événements heureux ou malheureux, remets-Moi tous ces événements. Ils ne sont jamais inutiles, ils ont leurs raisons d'être, soit pour toi ou pour ceux et celles qui sont greffés à ton cœur.

Ce n'est qu'en les acceptant que tu peux Me les présenter, afin que Je les remette au Père.

Comme la pluie qui tombe, après avoir produit son action sur la terre, retourne dans les nuages, les événements qui se présentent à toi, après avoir produit leurs actions chez toi et chez les autres, doivent retourner au Père.

En les acceptant et les offrant au Père, c'est comme la pluie qui tombe sur la bonne terre par opposition à celle qui tombe sur un sol pierreux, elle ne produit pas le même effet. Elle produit toute sa richesse seulement lorsqu'elle tombe sur de la bonne terre.

Il en est de même pour les événements, ils donnent toute leur richesse lorsqu'ils sont accueillis, acceptés et remis entre les mains du Père.

Comme la terre a besoin de la pluie pour donner sa richesse, toi tu as besoin des événements heureux ou malheureux qui se présentent à toi pour devenir pleinement Amour.

Accueille et accepte tout comme venant de l'Amour, afin que tu deviennes l'Amour.

Médite cet enseignement en relation avec ce que tu vis présentement pour constater que l'Amour t'aime et que tu deviens l'Amour.

Tendrement, Je t'aime. »

5 avril, 6 h 10

82. – **Tout ce qui t'est donné est pour les autres, et plus tu le donnes, plus tu en reçois et plus tu en bénéficies**

« Mon tout-petit, reçois en abondance les grâces que le Père t'envoie présentement. Sans que tu le saches, il y a de grandes transformations qui s'opèrent en toi. Tu es dans le grand passage qui te conduit à l'Amour.

Je t'ai donné tous les enseignements nécessaires pour vivre ce grand passage. Tu n'as qu'à reprendre ces enseignements, les lire et relire afin qu'ils soient bien imprégnés en toi. À chaque fois que tu les relis et les médites, le Père coupe des attaches qui te retiennent et t'empêchent de vivre vraiment à l'intérieur de ton être.

Tu entres dans une grande liberté qui est celle des enfants de Dieu. Le Père est à parachever Sa création en toi et il en sera de même pour toutes les personnes qui liront ces écrits, à la seule condition de donner leur consentement. Tu n'as pas à hésiter à remettre ces messages à ceux et celles que Je t'inspire. Tu seras témoin de grandes transformations que le Père accomplit dans les cœurs.

Il ne faut pas cacher la lampe sous le boisseau, comme il ne faut pas donner ses perles aux pourceaux. Il s'agit donc d'agir avec discernement, mais surtout sous l'inspiration qui vient du Père, car Lui seul a le discernement parfait, de même que ceux et celles à qui Il veut bien le donner.

Tu es docile lorsqu'il s'agit d'écrire, tu te dois d'être aussi docile lorsqu'il s'agit de permettre à d'autres de lire les messages. N'oublie jamais que tout ce qui t'est donné de dons et charismes, ce n'est jamais pour toi mais toujours pour les autres, même si toi aussi tu en bénéficies. Tout ce qui t'est donné est pour les autres, et plus tu le donnes, plus tu en reçois et plus tu en bénéficies. Les commentaires ne t'appartiennent pas, bons ou mauvais, tu dois les remettre au Père.

Une seule chose est importante pour toi, c'est d'être un instrument docile entre les mains du Père. C'est là l'essentiel, le reste a peu d'importance.

Très bientôt, tu comprendras davantage ce que Je t'enseigne présentement à travers ce qu'il te sera permis de vivre.

Sois sans crainte, tu es guidé par l'Amour, tu deviens l'Amour.

Je serre ton cœur contre le Mien et Celui de Ma Sainte Mère. Je l'enflamme au Feu de Mon Amour Feu. Heureux es-tu car à travers ton cœur, une multitude de cœurs seront enflammés au Feu de Mon Amour Feu.

Je danse de joie, mon amour. Follement et tendrement, Je t'aime. »

Pour le bonheur des Miens, Mes Choisis **JÉSUS**

6 avril, 21 h 55

83. – Mon plan vous sera dévoilé au fur et à mesure que vous avancerez

Elisabeth et moi avons eu dans le cœur un projet d'obtention d'un immeuble pour une de Vos œuvres. J'aimerais savoir de Vous, Seigneur Jésus, si nous avons un rôle à jouer dans l'élaboration de ce projet? Devons-nous travailler dans le but d'obtenir cet immeuble? Merci d'entendre ma prière et de répondre à ma demande. Je me veux totalement à Votre service; pour cela, faut-il que je connaisse Votre Volonté. Je Vous aime.

« Mon tout-petit, L'Amour que J'ai pour vous est sans limite. Il en est de même pour tous ceux qui travaillent à Mon œuvre.

Ce que Je désire d'abord, c'est de les combler au niveau de leur cœur, et vous êtes témoins qu'ils sont vraiment comblés.

En ce qui concerne leurs besoins physiques, Je m'occupe des moindres détails. Ils n'ont pas à s'inquiéter de rien. Je suscite toujours des personnes pour leur venir en aide au temps voulu.

Oui, aujourd'hui c'est bien Moi qui ai mis dans le cœur d'Elisabeth et du tien de poursuivre les recherches en ce qui concerne cet immeuble. Merci d'avoir agi suivant Mon inspiration.

Continuez à vous laisser guider par Moi. Agissez suivant les inspirations que Je déposerai dans vos cœurs et soyez attentifs aux fruits de vos démarches. Mon plan vous sera dévoilé au fur et à mesure que vous avancerez.

Soyez déjà dans l'allégresse et rendez gloire au Père pour le site merveilleux qu'Il réserve à Son œuvre et pour l'utilisation qu'Il veut faire de vous. Vous êtes Ses choisis, et à chaque jour Il vous comble. Laissez-vous combler et demeurez à Son écoute.

Agir dans la foi, c'est accepter d'agir sans connaître les résultats. Si Je vous les faisais connaître d'avance, vous n'auriez plus à avancer dans la foi pure, comme Je le désire pour vous en ce moment.

Je vous comble de Mon Amour. Vous devenez l'Amour. Tendrement, Je vous aime. »

9 avril, 5 h 07

84. – *Aie confiance que l'Amour peut tout transformer, changer, purifier*

« Mon tout-petit, l'Amour qui est en toi est ce que tu as de plus précieux. Aie confiance que l'Amour peut tout transformer, changer, purifier.

En devenant l'Amour, tu deviens une nouvelle personne ; laisse-toi devenir ce que l'Amour veut que tu sois.

Laisse-toi aimer, combler, gratifier et purifier. Tendrement, Je t'aime. »

10 avril, 3 h 40

85. – *Les attaches aux préoccupations des choses du monde deviennent comme des cordes pourries qui tombent en morceaux*

Seigneur Jésus, comme j'aimerais être devenu l'Amour, enfin être ce que je devais être : un saint, non par mes mérites mais parce que Notre Père est Saint.

Je veux, mais je ne peux pas. Vous, cependant, Vous pouvez agir en moi. Je Vous donne mon impuissance.

Merci d'entendre ma prière. Je Vous aime.

« Mon tout-petit, à chaque fois que tu cries vers Moi, Je cours vers toi. Je te prends de nouveau dans Mes bras. Comme J'aime serrer ton cœur contre le Mien, et à chaque fois il devient de plus en plus l'Amour.

Les attaches aux préoccupations des choses du monde deviennent comme des cordes pourries qui tombent en morceaux, sans aucun pouvoir.

Le passage que tu vis présentement ne peut se réaliser plus rapidement, tout comme le bébé a besoin d'un certain temps pour devenir un enfant et que l'enfant a besoin d'un temps encore plus long pour devenir un adulte.

Toi, tu as eu besoin d'un certain temps avant de pouvoir entrer dans ce passage, ce grand passage qui te conduit à l'Amour. Tu as besoin d'un temps encore plus long pour devenir pleinement l'Amour.

L'important c'est d'être sur la bonne voie, c'est-à-dire celle qui te conduit à l'Amour.

Tu es sur la vraie voie et, en ce moment, tu avances aussi rapidement que ton être peut l'absorber.

Tu ne peux imaginer l'importance de ce grand passage, ni la beauté de ce qui t'attend, ni le grand privilège que tu as d'être parmi les premiers à être choisis pour vivre cet Amour sur cette terre, alors que dans le passé, ce genre d'Amour n'était possible qu'au Ciel.

Ne brusque rien, laisse-toi guider, tu es sur la bonne voie. Ma Sainte Mère vous a enseigné les petits chemins de raccourcis qui vous permettent d'avancer encore plus rapidement ; Moi, Je guide chacun de tes pas. Tu peux donc continuer à avancer sans crainte.

Tu es sur le chemin de l'Amour.
Tu es guidé par l'Amour.
Tu deviens l'Amour.
Comme Je t'aime. »

11 avril, 4 h 45

86. – **Il n'y a qu'un seul moyen de chasser les ténèbres : celui d'y mettre la lumière ; de chasser le mal : y mettre l'Amour**
– **Une liste des "oui" qu'il faut dire au Père**

« Mon tout-petit, c'est par un trop plein d'Amour que tu es utilisé pour écrire, et l'heure est arrivée pour que l'Amour qui comble les élus dans le Ciel puisse se répandre sur la terre. Le mal doit disparaître.

Comme il n'y a qu'un seul moyen de chasser les ténèbres : celui d'y mettre la lumière, de même il n'y a qu'un seul moyen de chasser le mal : y mettre l'Amour.

L'Amour, ce n'est pas quelque chose que tu peux prendre quelque part et donner, si au passage il ne t'a pas transformé, c'est-à-dire si tu n'es pas devenu l'Amour. Autrement, tu ne peux pas le donner. Tu peux dire de belles choses, tu peux même exprimer à quelqu'un que tu l'aimes. Mais ce qui produit véritablement l'effet chez l'autre, ce n'est pas ce que tu dis, mais ce que tu es. En étant l'Amour tu produis chez l'autre l'Amour, d'où l'importance de devenir l'Amour, et tu ne peux le devenir par toi-même.

Ton pouvoir se situe uniquement dans la grande liberté que le Père t'a donnée de dire "oui" ou "non". Pour devenir l'Amour, tu te dois de dire "oui".

Dire "oui" à l'Amour, c'est dire "oui" au Père pour ce que tu es, en t'acceptant tel qu'Il t'a créé.

Dire "oui" à l'Amour, c'est aussi dire "oui" au Père pour ce que sont les autres, en les acceptant tels que Dieu les a créés.

Dire "oui" à l'Amour, c'est aussi dire "oui" au Père pour la situation dans laquelle tu te trouves présentement, heureuse ou malheureuse.

Dire "oui" à l'Amour, c'est aussi dire "oui" au Père pour les événements qui se présentent à toi, heureux ou malheureux.

Dire "oui" à l'Amour, c'est aussi dire "oui" au Père pour ton impuissance.

Dire "oui" à l'Amour, c'est aussi dire "oui" au Père à te laisser transformer.

Dire "oui" à l'Amour, c'est aussi dire "oui" au Père à te laisser dépouiller de tout ce que tu as accumulé de bagages : bagage intellectuel, bagage de connaissances, d'influences, d'images, de réputation, de biens matériels et même de bonnes relations d'amitié.

Enfin dire "oui" à l'Amour, c'est accepter qu'une seule chose soit importante : la Volonté du Père, et reconnaître que tout le reste est sans importance, sans importance, sans importance.

Si cela est trop engageant, tu peux dire "non", tu es entièrement libre, mais ce qui est important, c'est que tu connaisses bien la vérité et que ton cœur soit donné en toute connaissance de cause.

Heureux es-tu de redonner ton "oui", d'accueillir l'Amour, de devenir l'Amour.
Follement, Je t'aime. »

12 avril, 4 h 30

87. – *Mon peuple s'enfonce de plus en plus sur le chemin de la perdition et de la souffrance*

« Mon tout-petit, seul l'Amour est la solution aux graves problèmes qui se vivent présentement sur la terre. Mon peuple s'est réellement éloigné de Moi et de Mon Père ; et en s'éloignant, il s'est égaré. Il s'est laissé tromper par l'Adversaire, il a voulu par lui-même bâtir son propre bonheur par ses connaissances, son propre pouvoir et en s'accordant tous les plaisirs possibles et inimaginables. Il se retrouve sur le chemin de la souffrance sous toutes ses formes : violence, guerres, divisions, persécutions ou maladies occasionnées par leurs conduites mauvaises.

La plus grande des souffrances c'est le mal de l'âme, le manque d'Amour.

Mon Cœur, Celui de Mon Père et de Ma Sainte Mère souffrent de constater l'égarement de Nos petits enfants de la terre que nous aimons, et de les voir tant souffrir et de continuer à s'enfoncer de plus en plus sur le chemin de la perdition et de la souffrance.

Ils sont tellement dans les ténèbres qu'ils ont peur de la lumière, et lorsqu'ils l'entrevoient, leurs yeux ne peuvent la supporter et ils retournent à leurs ténèbres.

S'ils savaient combien ils sont aimés, ils courraient se jeter dans Nos bras les uns après les autres et, en un instant, ils en seraient transformés. Ils sauraient qu'ils sont pardonnés, aimés, purifiés, et l'Amour arrangerait tout.

Vous, Mes choisis des derniers temps qui lisez ces lignes, c'est vous que le Père a choisis pour répandre Son trop plein d'Amour. Peut-être seriez-vous tentés de partir en croisade pour cette belle et grande mission, mais si vous le faisiez immédiatement, vous feriez une erreur car là n'est pas le plan du Père. Son plan, c'est que vous deveniez l'Amour, que vous donniez votre "oui" total sans condition à vous laisser transformer, que vous partiez immédiatement en mission dans l'invisible par la prière, l'adoration, la pratique des sacrements et aussi le jeûne.

En même temps que vous êtes en mission dans l'invisible, petit à petit vous devenez l'Amour. En devenant l'Amour, vous devenez enflammés du Feu d'Amour Feu et vous enflammez ceux et celles que le Père vous envoie.

Heureux êtes-vous d'être Ses choisis pour cette belle et grande mission qui vient libérer, guérir, transformer, changer et remplacer la souffrance par l'Amour.

L'Amour engendre l'Amour.

Parce que l'Amour t'aime, tu deviens l'Amour, et parce que tu deviens l'Amour, tu engendres l'Amour.

Tendrement et follement, Je t'aime. »

20 avril, 4 h 20

88. – *La souffrance et l'insécurité que vivent les gens de la terre présentement contribuent à ouvrir beaucoup de cœurs qui étaient autrefois fermés*

« Mon tout-petit, continue à avancer sans savoir où Je te conduis.

Je suis ton Maître, toi, tu es Mon élève, celui à qui J'enseigne, que J'instruis, que Je forme et surtout que J'aime follement. C'est uniquement en accueillant Mon Amour que tu peux recevoir autant de Moi.

Tu es de plus en plus conscient des bienfaits que tu reçois ; tu voudrais t'en rendre digne et tu n'y arrives pas.

Accepte cette situation, car jamais tu ne pourras mériter ce que Je donne.

À travers ce que tu vis présentement, tu es témoin de la puissance de Mon Amour.

Ce que J'accomplis en toi et à travers toi, Je peux l'accomplir dans tous les cœurs du monde. La seule et unique condition est que J'obtienne un "oui" pour agir.

Prie avec Moi le Père pour que les cœurs s'ouvrent afin de parvenir à donner leur "oui" total et sans condition.

Le temps presse, ne te laisse pas arrêter ou ralentir par l'Adversaire qui vient toujours semer le doute ou vous laisser croire, avant même que vous ayez prié ou parlé, que l'autre n'acceptera pas ce que vous allez lui dire.

Voilà une façon de faire de l'Adversaire qu'il faut démasquer, car lorsqu'il a réussi à te faire croire que les résultats seront nuls, il ne sert à rien de prier ou de parler; par conséquent tu es justifié de ne rien faire.

Comme c'est toi que le Père avait choisi pour toucher le cœur de cette personne, si tu ne pries pas ou ne parles pas à celui ou celle que le Père t'avait envoyé, sous prétexte qu'il ou elle ne l'accueillera pas, l'Adversaire vient de faire un gain en retardant ainsi le plan du Père.

Il ne t'appartient pas de décider à la place de l'autre; son cœur est peut-être plus ouvert que tu le crois. Apprends à faire confiance au Père qui est le Dieu de l'impossible. Ne te sers pas de tes expériences passées pour présumer de ce qui va se produire.

Les Cieux sont présentement ouverts. La souffrance et l'insécurité que vivent les gens de la terre présentement contribuent à ouvrir beaucoup de cœurs qui étaient autrefois fermés.

Sois confiant. Agis en homme de foi et remets tout entre les mains du Père.

Ne te pose pas de questions, accepte d'être aimé et ainsi tu deviens l'Amour.

Tendrement, Je t'aime.»

20 avril, 16 h 15

89. – *Vous avez à expérimenter ensemble ce que produit l'Amour lorsqu'on lui permet d'agir*

« Mon tout-petit, Je veux que tu livres ce message aux membres de votre cellule de partage communautaire.

Vous êtes Mes choisis pour vivre, avant beaucoup d'autres, le grand passage qui est la transformation de chacun de vos cœurs. Vous avez à expérimenter ensemble ce que produit l'Amour lorsqu'on lui permet d'agir.

Je veux que chacun des membres du groupe écoute le message du 10 avril 97 non pas comme si, mais expressément destiné à chacun et chacune, car c'est en pensant à chacune et chacun de vous que J'ai inspiré ce message.

Ouvrez grand vos oreilles, mais surtout celles du cœur, pour bien saisir et être bien saisis par l'Amour.

Mon Cœur est brûlant d'Amour pour chacun et chacune de vous.

Vous devenez l'Amour, comme Je vous aime. »

23 avril, 6 h 15

90. – *À chaque fois que tu t'agites à l'extérieur, les angoisses et les préoccupations s'emparent de toi*

Merci Seigneur pour ces quarante-cinq ans de vie dans le domaine des assurances. Vous m'avez favorisé d'une belle carrière et Je vous rends grâce. Je Vous remets toutes les préoccupations qui sont toujours bien présentes en moi. Vous seul pouvez couper toutes ces attaches et faire de moi un véritable enfant de Dieu, jouissant de la grande liberté qu'Il accorde à Ses enfants.

Merci d'entendre ma prière. Je Vous aime.

« Mon tout-petit, viens te blottir dans Mes bras. C'est uniquement là où tu peux entrer dans la grande liberté des enfants de Dieu.

Réalise qu'à chaque fois que tu t'agites à l'extérieur, les angoisses et les préoccupations s'emparent de toi ; quand tu reviens vers Moi, tu découvres Paix et Joie.

Il te faut aller de l'un à l'autre pour y découvrir en profondeur la différence.

Il te faut d'une part souffrir d'être à l'extérieur pour désirer vivre totalement à l'intérieur, dans la profondeur de ton cœur, c'est-à-dire dans Mon Amour.

Lorsque le grand passage dont Je t'ai parlé sera terminé, tu seras toujours dans Mon Amour. Les choses extérieures n'auront plus le même effet chez toi.

Heureux es-tu d'être choisi et de vivre ce grand passage dans la souffrance de te séparer de Mon Amour par périodes afin de jouir davantage de la Paix et la Joie de Mon Amour qui te sera donné en plénitude.

Accueille Mon Amour. Prends le temps de te laisser aimer. Dans tes moments de préoccupations et d'angoisse, souviens-toi et redis :

"Parce que l'Amour m'aime, je deviens l'Amour".

Tendrement et sincèrement, Je t'aime. »

26 avril, 4 h 07

91. – *Tu devrais n'avoir aucune préoccupation ou inquiétude, sachant que ton Père qui t'aime follement s'occupe de tout, dans les moindres détails*

« Mon tout-petit, observe bien ce que tu vis, ce qui se passe en toi et à travers toi.

Cette observation te permet de constater que ce n'est plus toi qui agis ; toi, tu n'as qu'à être témoin de l'action de Dieu comme tu l'as été depuis quelques jours. Pense seulement à tes conversations avec J., P., M., R., J.

Ce sont eux qui ont apporté la solution à une situation qui aurait pu être un problème pour toi ; toi, tu n'as eu qu'à accepter leurs solutions.

Je t'ai dit que tout était entre les mains du Père et que toi, tu n'avais rien à craindre.

Tu devrais n'avoir aucune préoccupation ou inquiétude, sachant que ton Père qui t'aime follement s'occupe de tout, dans les moindres détails.

Afin de t'en assurer, regarde ton vécu des derniers temps. Plus grande est ta foi, plus tu t'abandonnes, plus Lui, le Père, peut agir pour te libérer et te combler.

Heureux es-tu d'avoir trouvé grâce, de redonner continuellement ton "oui" à te laisser maîtriser par l'Amour, à devenir l'Amour. Je veux que tu sois témoin de l'Amour et de l'action du Père.

Tes préoccupations se changent en louanges et actions de grâces.

Je loue avec toi le Père pour tant d'Amour. Tendrement, Je t'aime. »

29 avril, 5 h 05

92. – *Demeure à Mon écoute, J'ai besoin de toi, Je t'ai choisi pour une grande mission*

« Mon tout-petit, demeure à Mon écoute, J'ai besoin de toi, Je t'ai choisi pour une grande mission. Tu ne peux en ce moment comprendre ou percevoir, ne serait-ce qu'une parcelle : la beauté, la grandeur et l'importance de cette mission.

Cette mission, elle n'est pas la tienne, tu n'as pas à comprendre, il n'y a rien à comprendre. Tout ce dont tu as besoin t'est donné par grâce. Toi, tu as à te faire petit, à donner tes consentements et à demander l'humilité et la docilité pour agir continuellement dans la foi.

Tu n'as rien à craindre car c'est l'Amour qui te prend en charge afin que tu deviennes l'Amour.

En même temps que s'opère en toi ce grand passage, tu es déjà utilisé, premièrement dans l'invisible, mais aussi dans le visible.

Demande toujours au Père ce qu'Il veut de toi dans chacune des circonstances que tu rencontres sur ta route. Par la suite, agis dans la foi suivant les inspirations qui te sont données.

Demande constamment la sagesse pour bien discerner les conseils qui te sont donnés ; certains viennent de l'Esprit Saint, mais plusieurs vont venir de l'Ennemi pour t'empêcher d'accomplir ta mission.

Je sais qu'en ce moment, il t'apparaît impossible de bien faire ce discernement et tu as raison ; par toi-même, c'est impossible. Cependant, en priant constamment le

Père, la grâce te sera donnée pour chacun des conseils et pour chacune des situations qui se présentent à toi.

Agis dans la foi ; si tu crois avoir fait une erreur, donne-la au Père. Il saura bien en tirer du bien pour toi et pour les personnes concernées.

Ne cherche pas à multiplier tes œuvres, mais accepte d'agir suivant tes inspirations, comme tu le fais présentement, tout en étant disposé à te retirer si le Père te le demandait.

Accepte de n'être qu'un tout petit serviteur que le Père peut utiliser à Sa guise et retirer quand Il le veut.

Il n'y a qu'un seul objectif : Sa Gloire à Lui...

Tu acceptes d'être utilisé ou retiré pour Sa Gloire.

Tu acceptes de te laisser maîtriser par l'Amour pour Sa Gloire.

Tu acceptes de devenir l'Amour pour Sa Gloire.

Tu acceptes tout, tu fais tout pour Sa Gloire.

Toi, tu n'es rien par toi-même.

Par grâce de Dieu, tu deviens l'Amour. Tendrement, Je t'aime. »

30 avril, 4 h 00

93. – *Oublie ce qui se passe à l'extérieur de toi pour ne vivre que de l'intérieur avec Moi et en Moi*

Seigneur Jésus, je Vous donne la situation que je vis présentement et que Vous connaissez. Je Vous donne mon impuissance et ma difficulté à vivre ce que Vous m'avez enseigné, à savoir Vous laisser agir et être simplement témoin de Votre action. Voyez ma faiblesse ! Venez à mon aide ! Merci d'entendre ma prière. Je Vous aime.

« Mon tout-petit, Je cours vers toi. Je te prends dans Mes bras et, en même temps, Je prends tes préoccupations ; elles deviennent Miennes. Tu n'as rien à craindre ; repose-toi sur Mon Cœur, laisse-toi aimer, oublie ce qui se passe à l'extérieur de toi pour ne vivre que de l'intérieur avec Moi et en Moi.

1997

Lorsque tu parcours ce petit chemin de ton intérieur, tu y trouves un abri confortable, attrayant et chaud qui te protège des intempéries de l'extérieur. Dans cet abri, tu t'y trouves tellement bien que tu voudrais y demeurer en permanence. C'est possible car il est là uniquement pour toi et il t'est toujours accessible, peu importe l'heure du jour ou de la nuit. Plus tu y habites, plus tu es transformé et plus tu deviens l'Amour.

Plus tu deviens l'Amour, plus tu deviens un avec Moi.

Plus tu deviens un avec Moi, plus tu accomplis la Volonté du Père.

Plus tu accomplis la Volonté du Père, plus Lui agit en toi et autour de toi.

Plus Il fait de tes désirs Son agir, plus Il t'enlève tes préoccupations.

Plus tu es témoin de Son agir, plus tu deviens un être de louange... plus tu deviens l'Amour.

Il n'y a qu'un seul chemin pour toi et pour celui ou celle qui veut devenir l'Amour : c'est celui que Je t'enseigne à travers ces écrits, il n'y en a pas d'autre.

Commence à regarder les événements extérieurs comme des situations qui t'obligent à prendre le chemin de ton être intérieur afin d'y retrouver Paix, Joie et Amour.

Heureux es-tu d'avoir découvert ce chemin. Heureux ceux et celles qui le découvrent. Encore plus heureux ceux et celles qui le prennent et qui font de leur être intérieur leur véritable demeure.

Goûte l'Amour et la Paix qui t'habitent en ce moment.

Laisse-toi aimer par l'Amour.

Tu deviens l'Amour.

Follement, Je t'aime. »

Pour le bonheur des Miens, Mes Choisis JÉSUS

7 mai, 3 h 25

94. – *Seul l'Amour a le pouvoir de guérir, de reposer, de refaire ou de recréer les parties blessées ou détruites de l'être humain*

Je veux Vous remercier, louer et bénir d'avoir permis la vente du bureau avant hier, c'est-à-dire l'offre d'achat qui a pu enfin se conclure.

Je Vous demande d'enchaîner dans le saint Rosaire de Maman Marie tous les "non" à l'Amour venant de moi ou venant d'autres personnes dans le cheminement de ce dossier, pour être présentés à la grande Miséricorde du Père afin d'être transformés en des "oui" à l'Amour. Je voudrais réparer en disant à chacune des personnes impliquées dans ce dossier : "parce que l'Amour t'aime, tu deviens l'Amour."

Merci pour ce jour qui marque l'anniversaire du sacrement de mariage que mes parents ont reçu. Merci pour la belle place que Vous leur accordez auprès de Vous.

Je Vous présente ma fatigue, toutes les préoccupations qui demeurent en moi et mon peu de foi après avoir été aussi comblé. Je Vous aime.

«Mon tout-petit, c'est sur Mon Cœur qu'il faut toujours venir te reposer. Viens te blottir dans Mes bras, prends le temps d'accueillir Mon Amour.

Même si, aux yeux du monde, il y a des choses qui apparaissent importantes, toutes ces choses que tu vis à l'extérieur de toi sont sans importance en comparaison de ce que tu vis dans ton être intérieur.

Ces choses extérieures n'ont de l'importance que dans la mesure où elles contribuent à te faire grandir de l'intérieur. Elles ne contribuent à te faire grandir à l'intérieur que si elles sont accueillies, vécues et abandonnées au Père.

Tout vient de Lui et tout doit Lui être retourné.

En regard de ce que tu vis présentement et de ce que d'autres pourront vivre également, prie le Père avec Moi. Que l'offrande de toutes les circonstances où tu te sens dérangé, parfois même bousculé, soit porteuse de grâces pour les cœurs qui sont souvent blessés par les frictions inhérentes au monde des affaires et ailleurs. Qu'ainsi ces cœurs puissent s'ouvrir pour accueillir l'Amour que le Père veut déverser en eux.

Seul l'Amour a le pouvoir de guérir, de reposer, de refaire ou de recréer les parties blessées ou détruites de l'être humain.

Heureux es-tu de commencer à découvrir ce que produit l'Amour. Continue à avancer dans cette découverte ; c'est là et uniquement là que tu peux y découvrir ce que tu cherches et que tu as cherché parfois sans trop le savoir toute ta vie.

Parce que l'Amour t'aime, tu deviens l'Amour et tu découvres petit à petit ce que produit l'Amour.

De nouveau, Je déverse un flot d'Amour dans ton cœur.
Tendrement, Je t'aime.

11 mai, 4 h 45

95. – *Ce qui paraît être une épreuve est toujours source de grâces et de bénédictions pour celui qui l'accueille*

Seigneur Jésus, je me remets totalement entre Vos mains. Je Vous remets toutes mes préoccupations, principalement celles de la vente du bureau et des réactions possibles des gens.

Je Vous remets mon impuissance.
Je crois en Votre Amour.
Je veux accueillir Votre Amour.
Je Vous aime.

« Mon tout-petit, continue à te laisser transformer ; petit à petit, tu deviens l'Amour.

En devenant l'Amour, tu obtiens un nouveau regard sur ce que tu vis, sur ce qui se vit autour de toi, sur ce dont tu es témoin.

Tu commences à voir au-delà des événements, au-delà des apparences. Ce qui paraît être une épreuve est toujours source de grâces et de bénédictions pour celui qui l'accueille. Accepte de la vivre en la remettant totalement entre les mains du Père.

Heureux es-tu de recevoir ces lumières. Laisse-toi transformer ; tu deviens l'Amour.

Tendrement, Je t'aime. »

12 mai, 4 h 05

96. – *Les souffrances et les difficultés que tu vis ne sont que de courts moments de purification et de sanctification*

« Mon tout-petit, Je te veux heureux avec Moi pour l'éternité. Les souffrances et les difficultés que tu vis ne sont que de courts moments de purification et de sanctification. Ils te sont nécessaires, comme la pluie est nécessaire à la plante.

J'aime te voir accueillir ces moments de souffrances avec docilité pour les vivre et les offrir au Père.

Garde ton regard tourné vers le Père.

Regarde Son Amour,

Regarde Sa Bonté,

Regarde Sa Grande Miséricorde,

Regarde Sa Puissance,

Regarde Sa Tendresse,

Regarde Sa Délicatesse,

Regarde l'œuvre qu'Il est en train de terminer en toi : Il fait de toi l'Amour.

Tu es sur le chemin de la grande transformation qui te conduit à la sainteté ; il te faut vivre beaucoup de détachements.

À chaque fois que le Père, de Son doigt de Créateur, coupe une attache, toi tu vis une tristesse, une certaine mort et c'est ce qui te permet d'avancer dans le chemin de la grande liberté.

Plus rapidement tu acceptes la situation qui se présente à toi, plus rapidement tu en seras libéré et tu vivras la grande Jubilation que le Père offre à chacun et chacune de Ses élus.

Sois sans crainte, c'est Lui qui te conduit, tu es sur la voie qu'Il a choisie pour toi.

Laisse-toi dépouiller, purifier, sanctifier, transformer, changer, aimer et combler.

Avec Moi, rends grâce au Père qu'il en soit ainsi.

Tu deviens l'Amour. Je te donne Mon Amour. Comme Je t'aime.

13 mai, 3 h 30

97. – *Tu es sur le chemin qui te conduit à la sécurité qui vient de l'Amour que J'ai pour toi*

Seigneur Jésus, je veux Vous présenter ma misère à Vous abandonner les dossiers qui me préoccupent en ce moment et l'insécurité que je vis à travers cette situation.

Je voudrais tellement m'abandonner entre Vos mains et parvenir à me laisser guider comme un tout petit enfant. Merci d'entendre ma prière. Je Vous aime.

« Mon tout-petit, tu n'as rien à craindre, car tu as trouvé grâce à Mes yeux. Tu es sur le chemin qui te conduit à la sécurité qui vient de l'Amour que J'ai pour toi.

Avant de pouvoir vivre cette nouvelle sécurité qui se construit à l'intérieur de toi, il te faut lâcher les autres sécurités. Il est là le grand combat que tu vis présentement. Fréquente assidûment le petit chemin de ton être intérieur. Continue à Me remettre ton impuissance.

Très bientôt, tu seras témoin de la grande sécurité qui s'installera à l'intérieur de toi, qui aura comme fondement : l'AMOUR

Accepte d'être aimé de Moi, ton Dieu. Ta vraie sécurité elle est là, pas ailleurs.

Je t'aime et tu deviens l'Amour. »

14 mai, 4 h 30

98. – *Accepte de vivre les événements heureux ou malheureux pour les offrir au Père*

« Mon tout-petit, laisse-toi aimer, prends le temps d'accueillir l'Amour que Je te donne.

C'est cet Amour qui te guide, qui te conduit vers une vie nouvelle. Tu n'as qu'à continuer à être docile, à te laisser conduire et à tout accueillir comme venant du Père. Accepte de vivre les événements heureux ou malheureux pour les offrir au Père.

Le Père connaît ce qu'il est nécessaire de vivre pour toi afin que tu puisses faire ce grand passage qui te conduit à la plénitude de l'Amour.

Laisse-toi conduire comme un petit agneau. Tu vas y découvrir tout ce que ton cœur cherche.

Heureux es-tu, tu deviens l'Amour. Tendrement, Je t'aime. »

15 mai, 4 h 25

99. – *C'est maintenant Moi qui aime et qui pardonne à travers toi*

Seigneur Jésus, Vous mettez dans mon cœur de Vous prier afin que Vous éclairiez M. en ce qui concerne son orientation future ou le choix de sa future demeure.

J'accepte volontiers d'être Votre instrument pour lui transmettre ce que Vous direz, si Vous le jugez à propos, bien entendu, et j'accepte volontiers que Vous le fassiez en direct ou par d'autres.

Je sais que Vous l'aimez d'une façon toute particulière ; Vous avez sûrement pour elle une très belle mission. Elle se veut à Votre entière disposition et le temps est tout proche où elle doit connaître ce que Vous voulez d'elle.

Merci d'entendre ma prière. Je Vous aime.

« Mon tout-petit, J'accueille avec joie ta prière en ce qui concerne Ma bien-aimée M. Mon cœur est débordant d'Amour pour elle. Elle est pour Moi une perle précieuse. J'en prends un soin jaloux.

Depuis déjà longtemps, Je la prépare à la belle mission que Je lui ai réservée ; elle a été purifiée au feu du creuset par la souffrance.

Elle est très, très, très précieuse à Mes yeux. Chez elle, J'ai fait Ma demeure. Elle M'a choisi comme Époux.

Je veux qu'elle sache que, dans la très grande joie, j'accepte d'être son Époux et que Je lui demande d'être Mon épouse bien-aimée avec qui Je veux partager Mon Amour.

Il y a déjà longtemps que nous partageons ensemble nos souffrances, et Je veux lui dire ceci :

Petite M. de Mon Cœur, viens te blottir dans Mes bras. Je serre ton cœur contre le Mien. Ton cœur est entièrement brûlé au Feu de Mon Amour Feu. Ce n'est plus ton cœur qui bat dans ta poitrine, mais bien Le Mien. C'est maintenant Moi qui aime et qui pardonne à travers toi.

M., tu fais la joie de Mon Père dans le Ciel et Ma Sainte Mère t'enveloppe de Son Grand Manteau protecteur. En même temps, elle enveloppe tous les tiens. Tu n'as rien à craindre.

L'heure est arrivée. Tu seras témoin de Mon action, car tous les tiens, sans exception, sont marqués de Mon Onction.

Ta principale demeure est celle que nous avons ensemble, Moi en toi et toi en Moi.

Pour le moment, assure-toi d'avoir un endroit pour tes choses, car c'est toi que J'appelle et Je te veux entièrement libre, entièrement dégagée de biens matériels.

Fais-Moi confiance. Souviens-toi que Je suis ton Époux Bien-Aimé et que Je m'occupe entièrement de toi, tu es Mon Amour et tu deviens l'Amour. »

« Maintenant, Je m'adresse à toi, Léandre.

Je sais que tu trouves cela difficile et tu crains de lui rendre un mauvais service, car ta logique voudrait qu'elle organise sa nouvelle demeure.

C'est toi que J'utilise comme instrument pour parler à Ma bien-aimée et c'est toi qui a de la misère à Me faire confiance. Donne-Moi cette misère afin que Je vienne suppléer à ton manque de foi.

Merci pour ta docilité en acceptant d'agir sans comprendre ; c'est en agissant ainsi que tu deviens l'Amour.

Tendrement, Je t'aime Léandre. »

17 mai, 4 h 10

100. – *Les Cieux sont ouverts, c'est une nouvelle vie qui commence sur la terre*

« Mon tout-petit, fais-toi petit pour bien accueillir l'Amour que Je veux déverser en toi. Chaque fois que tu accueilles Mon Amour, en te faisant petit, c'est une partie de toi-même qui est transformée et c'est ainsi que tu deviens l'Amour, c'est-à-dire ce pourquoi tu as été créé.

Quelle grande grâce de vivre, ici-bas, cette transformation.

Dans le passé, cette grâce n'était donnée qu'au Ciel, mais comme les Cieux sont ouverts, c'est une nouvelle vie qui commence sur la terre.

Jean le Baptiste a vécu avant les autres les grâces qui étaient réservées après ma première venue afin de pouvoir annoncer que c'était bien le Christ qui venait sur la terre. De même, ces grâces vous sont données pour annoncer avec certitude Mon Retour, et surtout avoir des cœurs purifiés de toutes souillures, capables de M'accueillir.

Tendrement, Je t'aime. »

23 mai, 5 h 10

101. – *Tu vis des moments de tribulation et de jubilation. Tu te dois d'accueillir les deux*

Seigneur Jésus, venez à mon aide. J'ai l'impression de m'éloigner de Vous. Donnez-moi la grâce du discernement afin que je puisse démasquer l'Adversaire et me laisser maîtriser par Votre Amour.

Merci d'entendre ma prière. Je Vous aime.

« Mon tout-petit, encore une fois, Je cours vers toi pour te prendre dans Mes bras, te serrer contre Mon cœur et te dire : laisse-toi aimer. Tu vis des moments de tribulation et de jubilation.

Tu te dois d'accueillir les deux, car en ce moment, ils te sont nécessaires. Accepte de les vivre et offre-les Moi.

Redis-toi : parce que l'Amour m'aime, je deviens l'Amour.

Tendrement, Je t'aime. »

28 mai, 5 h 30

102. – *Mon cœur est blessé par l'égarement de Mon peuple que J'aime*

Seigneur Jésus, ce matin, je Vous offre ma misère à accueillir Votre Amour, mon esprit étant absorbé par la transaction sur laquelle j'ai travaillé hier.

Venez à mon aide. Je Vous aime.

« Mon tout-petit, sois sans crainte. Tu as trouvé grâce à Mes yeux. Dans ces moments où tu éprouves de la difficulté à contrôler tes pensées qui sont absorbées par des choses extérieures, tu touches à ton impuissance, à tes limites. Sans Moi, tu ne peux rien faire, même pas prier ; tout est grâce.

Heureux es-tu de vivre cette impuissance, de la reconnaître et de Me l'offrir. En ce moment, il est important que tu la reconnaisses, encore davantage que tu M'offres tout, afin que Je puisse te combler toujours de plus en plus.

Je suis toujours à tes côtés pour te combler de Mon Amour.

Accueille Mon Amour, il est plus puissant que les pensées qui t'empêchent de t'unir à Moi.

C'est uniquement dans ton impuissance totale et dans ta petitesse que nous en arriverons à cette relation amoureuse qui te comble et qui met un baume sur Mon cœur blessé par l'égarement de mon peuple que J'aime et dont Je suis las de voir souffrir. Il continue à s'enfoncer de plus en plus dans la souffrance en refusant de revenir à Moi.

Ma consolation est très grande lorsque l'un de Mes tout-petits vient vers Moi pour se laisser transformer, comme Je te transforme en ce moment. Tu deviens l'Amour. Je t'aime. »

29 mai, 4 h 35

103. – **Les gens que tu portes dans ton cœur ce n'est pas toi qui en es le sauveur : leur Sauveur c'est Moi**

Seigneur Jésus, j'ai plusieurs demandes à Vous faire. Je sais que Vous les connaissez toutes. Je Vous laisse le choix de m'instruire ou de me parler concernant une personne en particulier que je porte dans mon cœur.

Je me veux totalement à Votre écoute. Je Vous aime.

« Mon tout-petit, peu importe les besoins en regard de ton entourage ou pour toi-même, tu te dois de demeurer branché sur l'essentiel, et l'essentiel c'est la relation amoureuse que nous avons ensemble. Ton cœur est ouvert à M'accueillir et Moi, Je suis penché vers toi comme une maman se penche sur le berceau de son tout-petit l'entourant de ses prévenances.

Les gens que tu portes dans ton cœur ce n'est pas toi qui en es le sauveur. Leur Sauveur c'est Moi. Tu n'as qu'à Me les confier. Je suis déjà penché sur chacun d'eux, comme Je le suis sur toi.

Il se peut fort bien que Je veuille t'utiliser pour livrer Mes commandes, comme il se peut que ce soit quelqu'un d'autre. Demeure à Mon écoute ; sois docile. En temps et lieu tu seras inspiré et les fruits seront excellents en plus d'être abondants.

Tu deviens l'Amour et c'est l'Amour qui passe à travers toi.

Comme Je t'aime. »

1997

30 mai, 5 h 20

104. – *Si tu savais le peu d'importance de l'argent et des biens matériels*

Seigneur Jésus, je remets entre Vos mains ce projet de transaction tel qu'il se présente en ce moment, afin que Vous m'éclairiez pour être juste et équitable envers toutes les parties, mais non naïf; pour prendre la part qui me revient et rien de plus.

Sachant que l'argent a peu d'importance, j'ai toutefois besoin de Vos lumières.

Je Vous aime.

« Mon tout-petit, si tu savais le peu d'importance de l'argent et des biens matériels; par ailleurs, ton souci de l'équité a de l'importance.

Ce que tu es à réaliser dans cette transaction est le fruit de Mon inspiration. Pourquoi alors ne pas songer à en remettre une partie à Mon œuvre?

J'inspirerai tes conseillers afin que l'équité soit respectée et que Mon œuvre puisse en bénéficier.

Je m'occupe de tout, sois bien en paix et agis suivant Mon inspiration; demande-Moi ce que tu dois faire et, encore une fois, tu seras témoin de Mon agir.

Peu importe ce que tu fais, Je suis toujours à tes côtés. Je te guide dans la mesure où tu te fais petit, où tu te laisses guider et où tu Me demandes Mon aide avant de prendre une décision.

Je suis ton meilleur conseiller, demeure dans l'émerveillement de Me voir agir.

Accepte Mon aide, mais accepte surtout Mon Amour. C'est Mon Amour qui te transforme et qui fait de toi l'Amour.

Tendrement, Je t'aime. »

3 juin, 4 h 45

105. – *Il n'y a pas plusieurs vérités, il n'y en a qu'une et elle est la même pour tous*

Seigneur Jésus, depuis mercredi passé, habite en moi ce désir de démasquer les esprits faux qui font dévier lorsque nous parlons de vérité.

Je Vous demande pour moi et pour le groupe de prière un enseignement à ce sujet.

Merci d'entendre ma prière. Je Vous aime.

« Mon tout-petit, c'est dans la joie que Je réponds à ta demande, car la vérité est souvent déformée parce que chacun ou chacune veut apporter sa vérité. Il n'y a pas plusieurs vérités, il n'y en a qu'une et elle est la même pour tous.

Pour l'obtenir, il faut d'abord la demander avec un cœur prêt à l'accueillir, c'est-à-dire un cœur prêt à renoncer à ses pensées propres, à sa façon de voir ; un cœur prêt à interpréter les choses ou les événements de la vie à la lumière de la foi, selon Ma Parole et l'interprétation donnée par Mon Église.

Bientôt, très bientôt viendra un temps où l'Ennemi ne viendra plus semer l'ivraie dès que le bon grain est semé.

Voici comment vous pouvez reconnaître l'ivraie ou les faussetés qui s'infiltrent à travers la vérité :

Elles ne sont pas en tous points conformes à la Parole de Dieu ;

Elles ne contribuent pas à faire grandir l'Amour, au contraire, elles créent la division ;

Elles n'invitent pas au dépassement et à la générosité ;

Elles ne respectent pas les valeurs fondamentales comme la personne, le mariage, la famille, etc. ;

Elles permettent à la personne qui les émet de sortir sa mauvaise agressivité ;

Elles favorisent l'égoïsme et l'orgueil ;

Elles ne sont pas livrées dans l'Amour.

Ce ne sont que les principaux indices qui vous permettront de détecter les faussetés lorsque vous constaterez l'un ou plusieurs de ces points.

Vous avez à prier l'Esprit Saint pour obtenir le discernement. Il est facile de prendre sa vérité pour la Vérité et l'Ennemi cherche toujours à créer la division lorsqu'il y a des opinions qui sont contraires.

Il est donc important de ne pas lui donner de prise et le moyen par excellence c'est de toujours prier avant de contredire qui que ce soit, de s'assurer que l'opinion contraire a été bien discernée, et enfin que la livraison est faite dans l'Amour. Il est préférable de rater une occasion de dire la vérité que de dire une fausseté ou d'ouvrir une blessure qui incite la personne à s'ancrer dans sa fausseté.

La prière et les ministères invisibles ne produisent pas d'erreur alors qu'il y en a beaucoup dans les paroles. Sans compter le risque d'interprétation qu'en fait le récepteur et que l'Ennemi suscite chez lui.

Avant de vouloir faire la vérité chez les autres, vous devez vous assurer d'être un être de vérité, et avant d'être un être de vérité, vous devez être un être d'Amour ; c'est l'Amour qui fait la lumière sur la vérité et non l'inverse.

Il y a une vraie vérité ou, Je dirais, la plus grande des vérités c'est que l'Amour t'aime et il vient faire de toi l'Amour.

En devenant l'Amour, tu deviens la vérité. Tendrement, Je t'aime. »

9 juin, 3 h 20

106. – **Deux conditions de base pour que le Christ vive en toi et se manifeste**

« Mon tout-petit, accueille Mon Amour. Laisse-toi aimer, ne cherche pas à comprendre ce que produit l'Amour en toi. Tu ne peux que constater les changements, la transformation qui s'est opérée en toi. Comme tu peux constater ce que J'accomplis à travers toi ; une simple petite intervention de ta part et un grand changement vient de s'opérer chez l'autre.

Tu es bien témoin que ce n'est pas toi qui peux produire un tel effet, mais bien le Christ qui vit en toi et qui se manifeste chez l'autre ou les autres à travers toi.

Pour qu'il en soit ainsi, il y a deux conditions de base :
- La première est la petitesse ou l'humilité, car dès que l'orgueil veut s'installer et qu'on lui donne place, il n'y a plus place pour le Christ.
- La deuxième c'est la relation que tu as avec Moi. Plus tu acceptes de passer du temps avec Moi, d'accueillir Mon Amour, plus Je peux t'utiliser pour rejoindre d'autres de Mes enfants que J'aime profondément ; ces enfants qui ont besoin d'une tierce personne pour entendre dans leurs oreilles ce qu'ils ont déjà entendu dans leurs cœurs.

Se laisser transformer par l'Amour, voilà le cri que Je lance à chacun de Mes enfants de la terre. C'est plus qu'un cri, c'est l'alarme d'urgence qui est déclenchée pour avertir Mes enfants bien-aimés avant que la tempête ne vienne les surprendre.

Pour toi, il n'y aura pas de véritable surprise car, en devenant l'Amour, tu demeures dans les secrets du Père.

Tendrement, Je t'aime. »

10 juin, 4 h 45

107. – *Acceptes-tu pleinement la grande transformation que Je fais en toi présentement ?*

« Mon tout-petit, acceptes-tu pleinement la grande transformation que Je fais en toi présentement ? »

Oui, sans aucune hésitation, et j'accepte aussi de ne pas comprendre ce qui se passe présentement. Je ne demande qu'une chose : recevoir Votre grâce et Vos lumières afin d'être l'instrument que Vous voulez que je sois.

« Mon cher petit, dès que tu acceptes, les grâces te sont données en abondance ; la lumière et le discernement sont toujours là pour t'éviter des faux pas. »

Je me sens si fragile et vulnérable. Sans Votre grâce, je ne suis rien. Venez à mon aide.

« Tu n'as rien à craindre, car Je suis toujours là. Repose-toi sur Mon Cœur et Celui de Ma Maman. Durant ce repos, s'opèrent en toi les changements, et tu deviens l'Amour. Comme Je t'aime. »

12 juin, 4 h 10

108. – *Tu es sur la bonne voie et tu commences à goûter ce que produit l'Amour*

Seigneur Jésus, je veux Vous remercier, Vous louer, Vous bénir et Vous rendre grâce pour ce que Vous nous avez permis de vivre hier avec les Pères Franciscains.

Comme Vous aviez fait tomber le mur de Jéricho, Vous avez permis hier que nous soyons témoins du dernier mur que Vous faisiez tomber pour donner un immeuble à Votre œuvre en plus d'un don en argent.

Votre Amour et Votre action m'ont fait pleurer de joie. Je ne sais comment Vous remercier pour cette belle grâce de nous avoir utilisés dans ce dossier, nous permettant également d'être témoins de Votre agir.

Je Vous redis mon "oui" total pour ce que Vous attendez de moi dans le futur et là où Vous le voulez.

Mon cœur éclate de joie, Je suis dans la jubilation. Je Vous aime.

« Mon tout-petit, quelle joie pour Moi de te voir dans la jubilation.

Ce que tu vis présentement ce n'est qu'une bien petite portion de l'Amour que J'ai pour toi et pour chacun de Mes enfants de la terre.

Si vous saviez, oh oui, si le monde savait l'Amour, la Joie et la Paix qui les attendent en cherchant les trésors du

Ciel. Toutes les activités du monde seraient orientées vers ces trésors et non vers les biens de ce monde qui ne sont que superficiels et de courte durée.

Tu es sur la bonne voie et tu commences à goûter ce que produit l'Amour. Tu commences à entrevoir ce que tu seras en devenant l'Amour, ce que sera le monde en devenant l'Amour.

Heureux es-tu de commencer à entrevoir et à comprendre ce que produit l'Amour, à être parmi les premiers à vivre cette transformation, à goûter cet Amour qu'il t'est donné d'expérimenter.

Prends le temps de bien le savourer et de l'intégrer entièrement en toi. C'est ainsi que tu deviens l'Amour.

Laisse-toi aimer par l'Amour, car follement, Je t'aime. »

14 juin, 4 h 50

109. – **Cette question de la Communion pour les gens qui vivent en concubinage crée beaucoup de confusion dans Mon Église et chez beaucoup de Mes prêtres**

Seigneur Jésus, ce matin Vous mettez dans mon cœur la question du Père D. en ce qui concerne l'Eucharistie pour les gens remariés civilement.

Je sens qu'il s'agit d'une question délicate. Si Vous voulez m'utiliser pour répondre à cette question, je Vous dis un "oui total" ; je suis Votre tout petit serviteur. Je Vous aime.

« Mon tout-petit, Je t'ai dit et redit que l'Amour qui origine du Père envers Ses enfants de la terre est sans limite. Je t'ai dit également qu'Il a donné à chacun une très grande liberté de choix. À ceux et celles qui sont entrés dans le Peuple de Dieu par le Baptême, et qui continuellement désirent faire Sa Volonté, Il a permis que Mon Corps et Mon Sang deviennent une Nourriture spirituelle.

Afin de permettre à chacun d'avoir le cœur pur pour recevoir cette Nourriture de l'âme, Il M'a permis d'instituer le Sacrement de Réconciliation qui vient effacer toute faute pour celui ou celle qui les regrettent et ont le ferme propos de ne plus les répéter.

Cette question de la Communion pour les gens qui vivent en concubinage crée beaucoup de confusion dans Mon Église et chez beaucoup de Mes prêtres.

Si elle crée autant de confusion c'est qu'ils ne se posent pas la bonne question, car il ne s'agit pas de savoir si la personne remariée civilement peut communier, mais bien de savoir si la personne a décidé de faire la Volonté du Père ou la sienne. Est-ce qu'elle désire faire le bien ou si elle veut agir suivant son propre plaisir ? Est-ce qu'elle est prête à remettre sa vie entre les mains de Dieu ou si elle veut l'organiser elle-même selon sa façon de la concevoir ? La vraie question que le conseiller spirituel doit poser à la personne est celle de savoir si elle dit "oui" à Dieu ou à elle-même.

Si elle dit "oui" à Dieu, le prêtre va la conseiller pour qu'elle demeure fidèle à la Volonté de Dieu, ou c'est du moins ce qu'il devrait faire.

Le problème dans bien des cas c'est que la personne a décidé d'agir suivant sa volonté à elle, soit pour faire comme bien d'autres ou par ignorance de la loi de Dieu, et souvent à cause des deux raisons à la fois. Par la suite, c'est elle qui interroge le prêtre en disant : "Je veux continuer d'agir suivant ma volonté et satisfaire mes passions... est-ce que je pourrais communier ? Dans ce cas, la réponse est "non".

Par contre la réponse est "oui" à bras ouverts si la personne reconnait sa faute, en demande pardon et accepte de prendre les moyens nécessaires pour vivre selon le plan de Dieu, affirmant qu'elle a fait le choix pour Dieu qui vient en aide à sa faiblesse. Elle scrute les événements afin de vivre en harmonie avec Dieu.

Cette attitude requiert beaucoup de foi pour faire ce plongeon après avoir dévié de la bonne route depuis longtemps ; beaucoup de foi également pour le conseiller spirituel.

Priez donc pour que la foi revienne et tout rentrera dans l'ordre. Ne portez jamais de jugement car vous ne savez pas ce qui se passe dans le cœur de la personne ; peut-être vient-elle juste de reconnaître sa faute et de décider de vivre selon le plan de Dieu, les apparences laissant croire le contraire. Quoi qu'il en soit, cette personne n'a pas besoin de votre jugement mais elle a beaucoup besoin de vos prières et de votre Amour pour devenir elle aussi l'Amour.

Tendrement, Je t'aime. »

20 juin, 4 h 55

110. – À travers ces difficultés, tu avances vers l'autre rive

Seigneur Jésus, venez à mon aide dans l'angoisse de ces transactions.

Qu'est-ce que j'ai à apprendre ?

Qu'est-ce que je dois corriger ? Je Vous donne cette situation et mon impuissance.

Merci d'entendre ma demande. Je Vous aime.

« Mon tout-petit, viens te blottir dans Mes bras. Déjà c'est beaucoup mieux pour toi. Je suis là et jamais Je ne t'abandonne.

Fais-Moi confiance et tu verras que ta foi est petite, frêle et fragile. À travers ces difficultés, tu avances vers l'autre rive. Ne cherche pas à comprendre. Accepte Mon Amour.

Tendrement, Je t'aime. »

24 juin, 4 h 35

111. – Tu es témoin de deux choses : ton impuissance et la Toute-puissance de l'Amour

« Mon tout-petit, sois sans crainte. L'Amour est plus puissant que tout. Plus puissant que les difficultés et les adversités que tu rencontres sur ta route. Beaucoup plus puissant que ceux et celles qui se croient puissants.

Toi tu n'es rien à côté de la puissance de l'Amour. Prends à nouveau conscience de cette réalité ; accepte-la totalement.

Dans le dossier de l'immeuble pour Mon œuvre tu es témoin de deux choses : ton impuissance et la Toute-puissance de l'Amour.

Cette vérité que tu découvres dans ce dossier, elle est la même partout, dans tous les dossiers auxquels tu es impliqué, encore faut-il qu'elle puisse s'exercer librement. Pour qu'elle ait libre cours, il faut que tu continues comme Jean le Baptiste à diminuer, que tu sois de plus en plus dans cette relation amoureuse avec l'Amour.

Le premier pas c'est toujours de te laisser maîtriser par l'Amour, reconnaître ton impuissance, accepter que l'Amour t'aime et que tu deviens l'Amour. Tu seras de plus en plus témoin de la puissance de l'Amour.

Il n'y a qu'une seule et vraie urgence, celle d'accepter pleinement que l'Amour t'aime et que tu deviens l'Amour.

Tendrement et follement, Je t'aime. »

24 juin, 11 h 40

112. – *Je suis son Dieu et elle ne manquera de rien*

Seigneur Jésus, Vous avez entendu la conversation avec M. L'heure approche. Pouvez-vous me guider si oui ou non il y a un geste à poser de notre part.

Merci d'entendre ma demande. Je Vous aime.

« Mon tout-petit, demeure à Mon écoute. Je n'abandonne jamais ceux et celles qui me font confiance, dont l'âme ne se trouble pas, car Je suis bien présent et J'ai la situation de M. bien en main.

Je suis son Dieu et elle ne manquera de rien. Je prépare présentement des cœurs pour l'accueillir. Je la veux totalement à Moi et très près de Mon Cœur. Je l'ai choisie pour épouse et tout ce que tu fais ou feras pour elle c'est à Moi que tu le fais.

N'hésite pas à lui offrir ton aide. Si c'est Mon plan, les portes s'ouvriront, sinon elles se fermeront. Ce que Je veux de toi, c'est ton désir de l'aider, le reste M'appartient. Sois sans crainte, très bientôt elle sera comblée. Je suis un très Bon Époux.

Merci d'être ce petit instrument malléable entre Mes mains. Par ta docilité et ta disponibilité tu Me donnes des mains pour venir en aide à ceux et celles que J'aime, et toi, tu deviens l'Amour.

Demeure disponible et laisse-toi aimer. Tendrement, Je t'aime. »

25 juin, 6 h 10

113. – *Je m'occupe des moindres détails*

Seigneur Jésus, que dois-je faire dans le dossier de M. et L. ? Merci d'entendre ma demande. Je me veux à Votre écoute. Je Vous aime.

« Mon tout-petit, avance, et au fur et à mesure que tu avanceras, les barrières tomberont les unes après les autres. Ne te trouble pas. Apprends à Me faire confiance. Je suis toujours avec toi.

Même si ces choses matérielles sont sans importance, Je suis avec toi et Je m'occupe des moindres détails.

Je te veux tout à Moi, continue à demeurer à Mon écoute. Je te guide comme une mère guide son tout-petit.

Tu deviens l'Amour. Tendrement, Je t'aime. »

28 juin, 4 h 50

114. – *Je t'enseigne deux chemins, comme deux rails, où tu seras certain de Me rencontrer : celui de l'Amour et celui de la petitesse*

« Mon tout-petit, oui tu es petit et tu deviens de plus en plus petit. Demande la grâce de la petitesse. Tu ne peux devenir l'Amour si tu n'es pas petit. Plus tu deviens petit, plus tu deviens l'Amour. Plus tu deviens l'Amour, plus tu deviens petit.

Lorsque tu te places en Ma Présence (peu importe où tu es) et que tu désires entrer dans une relation plus intime avec Moi, Je te donne deux chemins où tu seras certain de Me rencontrer : celui de l'Amour et celui de la petitesse. Tu n'as qu'à te concentrer et à accueillir Mon Amour ou à te concentrer et à accueillir ta petitesse. Dans les deux cas, tu vas toujours Me rencontrer. Je serai toujours sur ces deux chemins qui sont un peu comme les deux rails sur lesquels Je voyage régulièrement.

Cette voie à deux rails que Je t'enseigne, en même temps que Je te fais la promesse de pouvoir Me rencontrer, Je la fais à toute personne qui lira ces lignes.

Les grâces qui te sont données en écrivant sont aussi données à la personne qui va lire ce que tu écris, à une seule et unique condition : c'est qu'elle donne son "oui".

Il y a trois "oui" principaux à Me donner :
"Oui" à la Petitesse.
"Oui" à l'Amour.
"Oui" aux Grâces.

Il y a plusieurs autres "oui" à donner, mais ces trois "oui" qui sont reliés sont des portes d'entrée pour pénétrer ton être intérieur et vivre en grande intimité avec Moi.

Peu importe où que tu sois. Peu importe tes préoccupations. Peu importe ton éloignement face à Moi.

Toi et vous tous qui lisez ou entendez ce que Je dicte présentement, vous n'avez qu'à dire :
Oui je suis tout petit.
Oui je sais que Tu m'aimes.
Oui j'accueille Tes grâces.

Vous sentirez Ma Présence en vous. Plus vous répéterez ces trois "oui", plus vous la ressentirez et plus vous deviendrez l'Amour.

Merci d'être Mon petit instrument pour déverser Mon flot d'Amour et de grâces sur une multitude qui t'est confiée dans l'invisible.

Viens te blottir dans Mes bras pour qu'ensemble, ton cœur contre Mon Cœur, nous laissions circuler l'Amour.

Mon tout-petit, Je t'aime. Je te comble de grâces. »

Pour le bonheur des Miens, Mes Choisis **JÉSUS**

Merci Jésus pour tant d'Amour.
Oui je suis tout petit.
Oui je sais que Tu m'aimes.
Oui j'accueille Tes grâces.
Oui je me laisse aimer et combler.
Je Vous aime.

30 juin, 4 h 10

115. – *Dépose tes souffrances dans Mon Cœur afin qu'elles aient valeur de rédemption*

« Mon tout-petit, c'est toujours une nouvelle joie pour Moi d'être en union de cœur et d'esprit avec toi. Cette union est un baume pour Mon Cœur blessé. Toi, tu portes de petites souffrances devant certains comportements, ou encore tu te sens traité injustement.

Moi, Je porte de grandes souffrances devant l'égarement de Mon peuple. Mes souffrances sont encore beaucoup plus grandes lorsqu'il s'agit de l'un de Mes fils de prédilection.

Dépose tes souffrances dans Mon Cœur afin qu'elles aient valeur de rédemption, tant pour ceux et celles qui te font souffrir que pour les tiens, c'est-à-dire ceux et celles que tu portes dans ton cœur, de même que pour la multitude qui t'est confiée dans l'invisible.

Afin que rien ne soit perdu, dépose tout dans Mon Cœur, qu'il s'agisse de souffrances, de peines, de joies, de soucis ou d'échecs... tout, absolument tout. Tu pourrais ajouter le repos, la fatigue, les faims et les soifs, aussi bien que le manger, le boire, la chaleur et le froid, le confort et la misère... enfin tout ce que tu peux imaginer et vivre. Si tout état est déposé dans Mon Cœur, accueilli et vécu par amour avec Moi et pour Moi, il devient très important car il devient un baume pour Mon Cœur blessé. Dans l'offrande au Père, ce sont des multitudes de cœurs et d'âmes qui sont rejoints par l'Amour, pour devenir à leur tour l'Amour.

Tout a été créé par Amour et par l'Amour. Lorsque tout est accueilli, vécu par Amour et offert à l'Amour, tout devient ou redevient Amour.

Voilà la belle mission que le Père a confiée à chacun de Ses petits ou petites lorsqu'ils ou elles acceptent leur petitesse.

Tendrement, Je t'aime. »

7 juillet, 3 h 07

116. – *Mon Armée va remporter le combat final, et le combat est très avancé*

« Mon tout-petit, où que tu sois, quoi que tu fasses, Je suis toujours avec toi. Tu n'as donc rien à craindre. Je te couvre de Mon Manteau pour te protéger des forces de l'Adversaire Satan et, en même temps, Je couvre tous les tiens et ceux et celles qui te sont confiés.

Continue à te laisser maîtriser par Mon Amour. L'Amour a besoin de toi et a besoin de personnes qui se laissent maîtriser par l'Amour. Il y a beaucoup de personnes sages et intelligentes qui se maîtrisent par elles-mêmes, ou du moins c'est ce qu'elles croient, n'étant pas souvent conscientes qu'elles agissent sous l'inspiration de Satan.

Ce dont le Père a besoin pour ces temps qui sont les derniers, c'est d'avoir une très grande Armée de personnes inspirées, guidées et maîtrisées par l'Amour.

Cette grande Armée, dont tu fais partie, est sous la protection et la direction de Ma Sainte Mère. Cette armée, formée dans l'invisible, est d'une puissance et d'une force extraordinaires. C'est cette Armée qui va remporter le combat final, qui va venir à Ma rencontre pour Mon Grand Retour.

Nous savons que ce qui fait la force d'une armée, c'est la force de chacun de ses soldats. Ce qui fait la force des soldats de cette Armée, c'est la capacité de chacun à se laisser maîtriser et à devenir l'Amour.

Cette capacité s'obtient par les "oui" à accueillir, à se laisser maîtriser et finalement à devenir l'Amour.

L'Amour, étant la plus grande puissance au monde, fait de cette Armée la plus puissante. Le combat est très avancé. Vous serez de plus en plus témoins de ses gains. Sa victoire éclatera lorsque l'Ennemi croira avoir gagné la bataille.

Heureux es-tu de faire partie de cette armée et de devenir l'Amour.

Follement, Je t'aime. »

8 juillet, 4 h 00

117. – *Présente tout à la Miséricorde du Père par le sacrement de Réconciliation*

« Mon tout-petit, l'Amour que J'ai pour toi dépasse de beaucoup tes imperfections, tes manquements et tes erreurs. Ne crains pas de venir te jeter dans Mes bras, peu importe la condition dans laquelle tu es et peu importe l'erreur que tu viens de commettre. La Miséricorde de Mon Père est sans limite.

Tourne ton regard vers les souffrances que J'ai supportées sur le chemin du Calvaire en expiation de vos fautes. Regarde l'attitude du père de l'enfant prodigue. Regarde mon comportement devant la Samaritaine, la femme adultère, Zachée, Marie-Madeleine et combien d'autres.

Présente tout à la Miséricorde du Père par le sacrement de Réconciliation. Plus tu avances dans le grand passage, plus tu entres dans la lumière et plus tes manquements te sont révélés. C'est ainsi que tu entres dans la grande purification par les souffrances de ton âme devant ta faiblesse humaine. Cette faiblesse te dévoile ta vulnérabilité, ta fragilité, ton impuissance et ta petitesse.

Tu sais que Je parcours toujours le chemin de la petitesse ; à toi maintenant de profiter de tes faiblesses pour venir à Ma rencontre et accueillir Ma Miséricorde et Mon Amour.

Je suis un Dieu plein de Miséricorde et d'Amour.

Je ne vous enseigne pas que c'est par vos bonnes actions que vous allez devenir l'Amour, mais bien parce que l'Amour vous aime. Il y a toute une différence.

C'est par cette différence que tu deviens l'Amour. Comme Je t'aime. »

9 juillet, 5 h 05

118. – *Lorsque le cœur est ouvert par des "oui", l'Amour y pénètre et y fait sa demeure*

« Mon tout-petit, c'est dans la très grande joie que Je te vois prendre conscience de tes faiblesses, tes manquements et ta fragilité. C'est un signe pour toi que tu entres de plus en plus dans la lumière.

Dans la lumière, tu vas découvrir que si tu es laissé à toi-même, tu n'es rien ; que sans Moi, tu ne peux rien faire.

C'est à travers ces grandes découvertes que ton cœur s'ouvre davantage pour accueillir Ma Présence, Mon Amour et Mes Grâces.

Lorsque Ma Présence n'est pas ressentie, ce n'est pas parce qu'elle s'est éloignée. Je suis toujours là. Il importe de demeurer ouvert. Le cœur c'est comme une rose : il doit s'ouvrir de lui-même. Tenter de l'ouvrir de force, ce serait le profaner, tout autant que la rose. Seules les conditions favorables, comme le soleil, l'eau et la chaleur permettent à la rose de s'ouvrir.

Il en est de même pour ton cœur. Toutes les conditions de vie dans lesquelles tu te retrouves existent pour ouvrir ton cœur. Il y a donc tout ce qu'il faut pour que ton cœur soit pleinement ouvert.

Là où les conditions ne produisent pas leurs effets c'est là où elles ne sont pas accueillies, acceptées et vécues.

Les refus des conditions de vie dans lesquelles tu te trouves deviennent des "non" à l'Amour, alors que les acceptations deviennent des "oui" à l'Amour et favorisent l'ouverture du cœur.

Lorsque le cœur est ouvert, l'Amour y pénètre et y fait sa demeure, et le cœur devient l'Amour.

Ton cœur devient l'Amour et Je t'aime de plus en plus. Goûte Mon Amour. »

14 juillet, 5 h 15

119. – *Il te faut te dégager de tout pour entrer dans Mon Amour*

« Mon tout-petit, où que tu sois, quoi que tu fasses, accepte que Je suis toujours avec toi.

Remets-Moi tes joies et tes peines, tes occupations et préoccupations, tes succès ou tes échecs.

Dépose tout dans Mon Cœur. Il te faut te dégager de tout pour entrer dans Mon Amour.

Mon Amour qui est tout veut occuper tout l'espace. Laisse-toi aimer. »

16 juillet, 2 h 07

120. – *J'ai besoin d'hommes et de femmes qui acceptent de se laisser former, transformer, pour devenir des êtres d'Amour*

« Mon tout-petit, Ma joie sera complète lorsque l'Amour régnera en plénitude sur la terre.

J'ai besoin d'hommes et de femmes qui acceptent de se laisser former, transformer, pour devenir des êtres d'Amour.

Sais-tu ce qu'est un être d'Amour ?

Je veux tenter de t'en faire comprendre les principales caractéristiques :

Avant d'être un être d'Amour, la personne, recevant cet appel dans son cœur, doit donner son consentement total et sans condition aucune. Elle doit continuellement redonner son "oui" aux différentes étapes de la transformation.

La personne doit reconnaître son impuissance, sa petitesse afin de permettre à l'Amour de l'habiter en plénitude.

La personne doit accepter de se laisser aimer par l'Amour.

Cette dernière phrase renferme tout l'Évangile et l'enseignement de l'Église.

Accepter de se laisser aimer par l'Amour, c'est accepter que Dieu est Amour ; c'est accepter Sa miséricorde ; c'est accepter Jésus comme Sauveur, Marie comme médiatrice, la communion des Saints, les Saints Anges.

Un être d'Amour c'est un être uni à Moi, comme Je suis uni au Père.

Un être d'Amour devient un être malléable entre les Mains de Dieu.

Tu deviens cet être d'Amour, Je t'aime. »

24 juillet, 4 h 15

121. – *Cette épreuve l'aide à devenir plus rapidement l'Amour*

Seigneur Jésus, oui, j'accepte ma petitesse. Oui, j'accepte que Vous m'aimiez, et je me laisse aimer et combler. Oui, j'accepte toutes les grâces que Vous voudrez bien me donner, sachant que je n'en mérite aucune.

Je Vous prie d'accueillir R. près de Vous et de combler J. d'une façon spéciale ainsi que G. et L. dans l'épreuve qu'ils vivent présentement.

Merci d'entendre et d'exaucer ma prière. Je Vous aime.

« Mon tout-petit, oui, j'ai entendu ta prière. Je la fais Mienne et Je la présente au Père pour qu'elle soit exaucée.

Heureux es-tu et heureux êtes-vous d'être si près de Mon Cœur, d'être en communion les uns avec les autres, et surtout d'être en communion de cœur et d'esprit avec les Saints et Saintes du Paradis, toujours accompagnés de vos saints Anges.

R. devient une sainte de plus qui sera en communion avec vous et d'une façon toute particulière avec J., afin de l'aider à accepter et à vivre ce grand changement dans sa vie, et également une grande période de grâces pour lui.

Déjà dans son cœur, il en ressent les bénéfices; cette épreuve l'aide à devenir plus rapidement l'Amour.

Pour celui ou celle qui met sa confiance en Dieu, il n'y a pas de véritable épreuve, il n'y a que des occasions pour devenir plus rapidement l'Amour, ce pourquoi chaque être humain a été créé.

Voilà la vraie façon de regarder les événements qui se présentent à vous ou autour de vous.

L'objectif ultime étant de devenir l'Amour, les événements de la vie sont là pour vous permettre d'atteindre plus rapidement cet objectif.

Tu deviens l'Amour. Tendrement, Je t'aime. »

28 juillet, 2 h 10

122. – *À chaque fois que tu fais un pas vers Moi, J'en fais dix pour te rencontrer*

Seigneur Jésus, je Vous offre mes distractions et préoccupations, c'est-à-dire tout ce qui m'empêche d'être totalement disponible à recevoir Votre Amour.

Je me place à Votre écoute. Je Vous aime.

« Mon tout-petit, ne crains pas de venir te blottir dans Mes bras. À chaque fois que tu fais un pas vers Moi, J'en fais dix pour te rencontrer. Je n'ai qu'un seul désir : être plus près de toi.

Je t'aime. »

29 juillet, 5 h 10

123. – *Il n'y a qu'un seul remède contre la souffrance, c'est l'Amour*

Seigneur Jésus, je Vous présente mon impuissance devant la situation de M. et G. Venez à mon aide si j'ai un rôle à jouer auprès d'eux.

Je me veux totalement à Votre écoute. Je Vous aime.

« Mon tout-petit, J'aime te voir reconnaître ton impuissance. C'est uniquement là que tu peux m'être utile.

Je t'ai dit que M. était précieuse à Mes yeux et que J'avais sa situation bien en main. Lorsque rien ne paraît avancer à vos yeux, c'est à ce moment que J'accomplis le plus.

Vous devez vous rencontrer ensemble avec Elisabeth. Les lumières vous seront alors données sur ce qui doit être fait. Posez le geste et faites confiance pour ce qui vous sera donné à ce moment-là seulement. Ce n'est pas vous qui avez besoin de savoir, mais bien elle. Et si Je veux vous utiliser, c'est uniquement pour que grandisse votre foi.

En ce qui concerne G., rencontre-le et dispose ton cœur à l'accueillir dans l'Amour, à l'écouter dans l'Amour, en prenant beaucoup de temps pour l'écouter.

Lorsque tu auras à lui parler, Je t'inspirerai afin que tu lui dises uniquement ce qu'il doit entendre, et qu'il se sente aimé.

Il n'y a qu'un seul remède contre la souffrance, c'est l'Amour, toujours l'Amour, uniquement l'Amour, pas autre chose que l'Amour.

En donnant l'Amour, tu reçois l'Amour et tu deviens l'Amour.

Merci d'être à Mon école, celle de l'Amour.

Tendrement, Je t'aime. »

7 août, 2 h 40

124. – ***Tu peux être certain de toujours marcher à Mes côtés en renonçant à ta volonté propre pour préférer la Mienne***

« Mon tout-petit, sois sans crainte, continue à avancer là où Je te conduis. N'oublie pas ce qui est essentiel pour toi. Ce ne sont pas les biens matériels ni la nouvelle voiture que tu achètes.

Une seule et unique chose est importante et c'est notre relation amoureuse : toi en Moi et Moi en toi. Cette relation devient possible par tes "oui" à y mettre du temps et à en faire une priorité dans ta vie. Elle se développera suivant tes consentements et ton implication en toute docilité à Ma

Volonté. Non pas ce que tu veux toi, mais bien ce que Je veux, Moi. (Comme J'ai dit au Père au Jardin de l'Agonie : "Non pas Ma Volonté, mais La Tienne").

Je t'ai dit que tu pouvais toujours Me rencontrer sur les deux rails, l'un étant celui où tu reconnais ta petitesse et l'autre étant celui où tu accueilles Mon Amour.

Maintenant, Je te dis que tu peux être certain de toujours marcher à Mes côtés en renonçant à ta volonté propre pour préférer la Mienne. À chaque fois que tu acceptes que ta volonté prenne moins de place, La Mienne en prend davantage et c'est ainsi que petit à petit Ma Volonté s'exprime de plus en plus à travers toi. Tu es alors assuré que Ma Présence te côtoie de plus en plus.

Ainsi tu bénéficies de plus en plus de Mon Amour et tu deviens de plus en plus l'Amour.

Oui, tu es Mon Amour. Comme Je t'aime. »

12 août, 4 h 55

125. – *Notre Père est le Créateur et Il crée et recrée continuellement dans Son Amour*

Je me reconnais tout petit, faible et impuissant sans Votre Présence, Seigneur Jésus. J'accepte Votre Amour et je sais qu'il est sans limite, qu'il dépasse de beaucoup mes égarements et mes fautes.

J'accueille Votre Amour et je me laisse purifier par lui. Je me veux totalement à Votre écoute. Je Vous aime.

« Mon tout-petit, ce matin, Je veux te dire sincèrement et tendrement combien tu es aimé.

Même en laissant libre cours à ton imagination, tu ne peux concevoir une parcelle de l'Amour que Dieu Mon Père, ton Père, Notre Père a pour toi et pour tous Ses enfants de la terre.

Son Cœur est un Feu d'Amour, Feu constant qui se renouvelle sans cesse et qui ne se consume jamais. À chaque fois que tu dis "oui" à te laisser aimer, toutes tes fautes, tes égarements, ton orgueil, tes faiblesses et ce qui en toi serait impur, est complètement oublié et c'est l'Amour qui vient s'établir. Il vient occuper tout l'espace et il refait chacune des moindres parties de ton être afin d'en découvrir sa beauté originelle.

Notre Père est le Créateur et Il crée et recrée continuellement dans Son Amour. À chaque fois, c'est toujours nouveau et de plus en plus beau.

Heureux es-tu et heureux êtes-vous d'être choisis pour vivre, avant beaucoup d'autres, cet Amour, et d'être témoins de ce que l'Amour produit en vous, autour de vous et à travers vous. Ainsi, vous devenez l'Amour.

Si tu savais combien tu es aimé du Père et combien Je t'aime. »

16 août, 5 h 10

126. – *C'est Moi, uni au Cœur du Père, qui ai mission de te conduire*

« Mon tout-petit, viens près de Moi, dépose encore une fois dans Mon Cœur tes pensées, tes projets, tes idées et tes préoccupations.

Tu vois bien que seul, tu es beaucoup trop petit, trop faible, trop fragile et trop vulnérable pour choisir la bonne voie.

C'est Moi, uni au Cœur du Père, qui ai mission de te conduire. Prends le temps de t'arrêter pour regarder en arrière, afin de constater comment tu as été conduit. Demeure docile. C'est toujours la disposition de ton cœur qui permet à ton être d'être conduit par Moi.

Plus tu le laisses conduire, plus rapidement tu deviens l'Amour.

Tendrement, Je t'aime. »

25 août, 4 h 20

127. – N'essaie pas seul de prendre sur tes épaules ce que nous devons porter ensemble

Mon Bon Jésus, comme j'aimerais Vous être fidèle en tout et partout.

Je Vous ai donné mon "oui". Je crains que l'absence de geste ne soit pas concordant avec mon "oui". Peut-être y a-t-il des "non" que je devrais dire et que je ne dis pas. Ceci afin de livrer un "oui" total.

Venez m'enseigner, je Vous prie. J'ai besoin de Votre aide. Merci de répondre à ma demande. Je Vous aime.

« Mon tout-petit, sois sans crainte. Je suis avec toi. J'ai entendu ta demande et, plus que cela, Je vois dans ton cœur ton désir d'être fidèle à ton "oui" que tu M'as donné et que tu Me redonnes continuellement.

Ne vois-tu pas que Je suis agissant, que Je suis à mettre de l'ordre dans tes affaires en te permettant de vendre ce que tu possèdes en trop, et en mettant sur ta route les personnes dont tu as besoin pour dégager ton agenda ; ceci afin d'être plus disponible pour la mission que Je te confie.

Je te demande de Me faire confiance davantage. C'est cette confiance qui va te donner tout le temps nécessaire pour entretenir cette intimité avec Moi et agir suivant Mes demandes.

Tu n'as plus à courir. Recherche Mon intimité. Remets-Moi constamment tes préoccupations ou le problème (Je dirais plutôt ce que tu crois être un problème, car très souvent ce que tu qualifies ainsi n'est que le début du dégagement que Je veux faire pour toi).

Laisse-toi conduire, laisse-toi aimer. Plus tu deviens malléable, plus tu deviens un instrument que Je peux utiliser. Plus tu éprouveras la satisfaction d'être fidèle à tes "oui", tout en étant capable de dire "non" après un bon discernement.

N'essaie pas seul de prendre sur tes épaules ce que nous devons porter ensemble. N'essaie pas de solutionner seul ce que nous devons solutionner ensemble, et n'essaie surtout pas d'agir seul alors que nous devons agir ensemble.

Fais constamment appel à Moi. Je suis toujours là très près de toi et en toi.

Je veux marcher avec toi comme Je veux continuellement te parler et t'inspirer. C'est Moi qui veux vivre en toi. Accepte de Me donner toute la place et sois témoin de Mon agir.

C'est ainsi que tu deviens l'Amour. Tendrement, Je t'aime.»

2 septembre, 5 h 50

128. – *Tu peux expérimenter une relation d'Amour avec les autres, mais jamais plus que tu n'as puisé à Ma Source*

«Mon tout-petit, l'Amour que J'ai pour toi est beaucoup plus grand que tu peux l'imaginer. Si tu savais combien tu es aimé.

Sur le plan de l'Amour, tu as tout à découvrir et tu ne peux découvrir qu'en te laissant aimer. À chaque fois que tu prends du temps pour accueillir l'Amour, pour te laisser aimer par Moi, ton cœur s'ouvre un peu plus à Mon Amour. La véritable école de l'Amour elle est là : toi avec Moi et Moi avec toi ; toi en Moi et Moi en toi.

Par la suite, tu peux expérimenter cette relation d'Amour avec les autres, mais jamais plus que tu n'as puisé à Ma Source.

Toi, tu n'es jamais la source, tu n'es qu'une station dans un poste de relais où l'Amour peut se déposer en toi pour être transmis aux autres.

Devenir l'Amour, c'est être habité entièrement et totalement par Mon Amour.

Heureux es-tu d'être sur le chemin qui te conduit à l'Amour. Il n'y a rien de plus important pour toi en ce moment. Laisse-toi aimer, c'est le seul chemin qui fait de toi l'Amour.

Tendrement, Je t'aime.»

3 septembre, 3 h 30

129. – *Je circule toujours sur cette voie de ta petitesse*

Merci Seigneur Jésus pour M. qui nous a informés de son entrée dans une maison de prière.

Merci d'avoir répondu à ses prières et aux nôtres ; merci de lui faire découvrir l'endroit où Vous voulez qu'elle soit. Merci d'avoir fait tomber toutes les barrières qui l'empêchaient de voir le chemin que Vous aviez tracé pour elle.

Merci de me confirmer l'authenticité des messages que Vous m'aviez donnés pour elle ; merci pour l'enseignement que vous me donnez à travers ce vécu.

Je vous demande de faire grandir ma foi afin que je puisse devenir l'instrument que Vous voulez que je sois.

Merci de venir suppléer à ma grande faiblesse et à mon manque de foi.

Je compte uniquement sur Vous. Je Vous aime.

« Mon tout-petit, comme J'aime te voir ressentir ta petitesse, ton impuissance. C'est à ce moment seulement que tu deviens un instrument qu'il M'est possible d'utiliser à Ma guise.

Comme Je te l'ai enseigné, Je circule toujours sur cette voie de ta petitesse ; ainsi, tu es certain de Me rencontrer. Continue de méditer l'homélie de saint Grégoire le Grand (dont c'est la fête aujourd'hui) sur le prophète Ezéchiel. Tu y puiseras ce qui est nécessaire en ce moment.

Heureux es-tu ce matin de découvrir davantage ta petitesse et d'accueillir Mon Amour.

C'est ainsi que tu deviens l'Amour. Tendrement, Je t'aime. »

1997

7 septembre, 4 h 15

130. – *C'est à genoux devant chacun de vous que Je viens vous supplier de donner votre "oui total", sans restriction ni condition aucune*

Seigneur Jésus, je veux Vous remercier, Vous rendre grâce, Vous bénir pour les grâces abondantes que Vous avez déversées, hier, dans la cellule de partage communautaire, et pour l'Amour que Vous avez permis à chaque membre de goûter.

Je Vous demande des grâces spéciales pour C. qui est à l'hôpital et pour J., son époux. Merci d'entendre mon appel. Je Vous aime.

« Mon tout-petit, ce que vous avez vécu, hier, n'est qu'un tout petit début de ce que Je vous appelle à vivre. Ce ne sont que de tout petits Feux que Je commence à allumer. Ces petits Feux de Mon Amour vont enflammer toute la terre selon que librement vous vous laisserez consumer comme bûches.

Tout le processus de transformation et d'efficacité [la chaleur du feu et le temps qu'il va prendre à se propager] est conditionnel à votre désir de vous laisser consumer au Feu de Mon Amour, pour devenir l'Amour, l'Amour Feu qui, non seulement flambe, mais allume ceux et celles que le Père mettra sur votre route.

Acceptez-vous de dire "Oui" à ce Feu consumant qui veut faire disparaître en chacun de vous le "je, me, moi" qui cherche toujours à occuper une place, quand ce n'est pas toute la place, afin d'être remplacé par deux choses :
1. accueillir Mon Amour ;
2. le transmettre aux membres de votre cellule pour vous entraîner à le transmettre aux autres, de jour et de nuit, à l'année longue, tant dans le visible que dans l'invisible.

Voilà votre véritable mission, ce pourquoi vous avez été créés et choisis comme apôtres ou disciples des derniers temps.

Je veux que tu remettes une copie de ce message à chacun des membres de votre cellule afin que, dans l'intimité avec Moi, ils puissent l'accueillir, le méditer, le prier et, dans la grande liberté de leur être, Me donner leur "Oui".

Le "Oui" est toujours nécessaire pour aller plus loin, car le Père respecte toujours la grande liberté qu'Il a donnée à chacun de Ses enfants. Même s'Il reçoit des "Non" alors qu'Il réclame des "Oui", Il ne retire jamais Son Amour. Il demeure que c'est la personne qui bloque ou retarde son avancement. Elle retarde également le plan d'Amour que le Père a prévu pour la terre entière.

Heureux, heureuses êtes-vous d'être choisis pour une aussi belle et grande mission, laquelle est la mission des missions ; ce pourquoi Je suis venu sur la terre, que Je suis mort sur une Croix, que Je suis ressuscité, permettant à toute l'humanité d'être libérée des forces du mal et d'entrer de plein pied dans le plan d'Amour du Père.

C'est à genoux devant chacun et chacune de vous que Je viens vous supplier de donner votre "Oui total", sans restriction ni condition aucune.

Je vous aime et Je brûle du désir de vous voir devenir l'Amour.

Tendrement, Je vous aime tous. »

St-Benoit-du-Lac, 11 septembre, 6 h 50

131. – *Ton investissement en temps et en renoncement vient confirmer tes "oui"*

« Mon tout-petit, le temps que tu réserves à te rapprocher de Moi, à t'unir à Moi, à te laisser transformer par Moi, est le temps le plus précieux pour toi.

Pour développer une relation amoureuse, il faut y consacrer du temps, et entre nous il y a plus qu'une relation amoureuse à développer, il y a la transformation de ton être qui doit croître en même temps que notre relation amoureuse. Et cela exige des consentements et il faut y mettre du temps.

Ton investissement en temps et en renoncement vient confirmer tes "oui", ton désir d'être transformé, pour devenir l'Amour. Heureux es-tu d'utiliser ta liberté pour te préparer à cette belle mission qui est la tienne. Ce n'est que plus tard que tu comprendras l'importance de ces journées qui Me sont consacrées.

Je déverse un flot de grâces sur toi en ce moment, et sur tous ceux et celles que tu Me confies.

Tu deviens ce pourquoi tu as été créé : l'Amour. Tendrement, Je t'aime. »

En visite chez un ami à Hull,
14 septembre, 5 h 20

132. – *Je vous demande de renoncer à vos façons de faire, à vos façons de penser, à vos façons de vous comporter, à vos peurs de déranger ou de vous faire déranger*

« Mon tout-petit, c'est bien Moi qui vous ai conduits ici. Merci de vous être laissés conduire. J'aime votre docilité.

Ici, vous y trouverez la Paix, c'est dans cette Paix que Je peux parler davantage à vos cœurs. Je veux parler davantage au cœur de C., Mon fils bien-aimé.

Je veux vous enseigner ce que produit Mon Amour lorsqu'il est bien accueilli par chacun de Mes enfants.

Je vous demande de renoncer à vos façons de faire, à vos façons de penser, à vos façons de vous comporter, à vos peurs de déranger ou de vous faire déranger.

Je veux être le centre de vous trois. Je veux être votre Hôte ; vous êtes ici dans Ma Maison, c'est Moi qui vous accueille, c'est Moi qui vous ai choisis, c'est Moi qui veux que vous passiez un temps ensemble.

Je veux que vous expérimentiez ensemble ce que produit l'Amour. Vous êtes dans une petite cellule de partage communautaire bien particulière. Je la veux toute petite pour descendre davantage dans vos profondeurs, afin de pouvoir construire sur le roc solide.

Avant que J'agisse, J'ai toujours besoin de votre consentement. J'aimerais qu'à la première rencontre de vous trois devant Moi, tu leur présentes ce que Je dépose dans ton cœur en ce moment, que tu écoutes avec beaucoup d'attention et d'amour ce que les autres auront dans le cœur.

Que chaque personne donne à haute voix son consentement ou ses réserves. C'est dans la mesure où vous accepterez, du fond de votre cœur, que Je sois votre Hôte, votre Serviteur et en même temps votre Maître, que vous pourrez expérimenter ce que produit l'Amour et ce que signifie : "parce que l'Amour m'aime, je deviens l'Amour".

Soyez chez-vous, chez-Moi. Je suis très heureux de vous accueillir tous les trois ensemble dans Ma Maison.

Laissez-vous aimer par Moi.

Partagez cet Amour entre vous.

Devenez des êtres d'Amour en vous laissant brûler au Feu de Mon Amour Feu.

Soyez sans crainte, Je suis avec chacun de vous.

Tendrement, Je vous aime. »

Hull, 15 septembre, 2 h 45

133. – *Je vous invite à méditer la parabole de la paille et de la poutre*

Seigneur Jésus, je veux Vous présenter notre impuissance, notre misère et nos limites à vivre la vraie dimension de l'Amour. Nous ne sommes que trois. Nous nous connaissons et nous nous aimons depuis déjà longtemps.

Tous les trois, nous sommes des priants ; tous les trois, nous disons nos "oui" ; tous les trois, nous partageons les mêmes croyances ; tous les trois, nous avons un désir commun de vivre la vraie dimension de l'Amour.

Notre journée d'hier a été partagée entre des moments d'amour et des moments difficiles. Pourquoi en est-il ainsi ? Ouvrez nos yeux, ouvrez nos oreilles et surtout notre cœur et notre intelligence afin que nous puissions découvrir le chemin pour devenir de véritables êtres d'Amour. Je me veux totalement à Votre écoute. Je Vous aime.

1997

« Mon tout-petit, c'est toujours en associant vos cœurs au Mien que vous allez y trouver la réponse. Je vous invite à méditer la parabole de la paille et de la poutre.

Vous avez vécu un avant-midi rempli d'Amour car, tous les trois, vos cœurs étaient unis pour être à Mon écoute.

Regarde à quel moment la situation a commencé à se gâter : c'est lorsque vous avez voulu aider l'autre à s'amender, après avoir constaté certains points. Et ceci, sans que l'autre vous demande de l'aide.

Il n'y a pas de problème à constater des failles chez l'autre. Il peut être très bien même de vouloir l'aider, mais faut-il que l'autre ait reconnu sa faiblesse et demandé votre aide. Autrement, il se sent violé dans sa personne ou parfois rejeté.

Ce que vous avez tous besoin pour devenir des êtres d'Amour, c'est de vous sentir accueillis, acceptés et aimés tels que vous êtes, sans arrière-pensée à l'effet que quelqu'un veuille vous changer ou modifier.

Lorsque vous constatez une faiblesse, vous n'avez qu'à la présenter au Père. En temps voulu, elle sera révélée à la personne, et si vous avez un rôle à jouer, le cœur sera ouvert pour l'accueillir.

Vous êtes ici à Mon école, vous avez droit à l'erreur. Ne vous culpabilisez pas ; remettez-Moi toujours ces situations.

Remettez-Moi votre impuissance, Je ferai éclater Ma Toute-puissance.

Remettez-Moi vos "NON" à l'Amour, Je ferai éclater Mon Amour.

Remettez-Moi vos dérangements, Je ferai éclater Ma Paix.

C'est Mon œuvre et non la vôtre.

Demeurez dans Mon Amour.

Tendrement, Je vous aime.

Goûtez Mon Amour.

Je t'aime toi C., toi Elisabeth, toi Léandre. »

Pour le bonheur des Miens, Mes Choisis JÉSUS

Hull, 16 septembre, 4 h 55

134. – *Ne perds pas de temps à te regarder face à ce que tu es ou ce que tu as été, ce que tu fais ou ce que tu as fait ou feras. Regarde ce que tu deviens : l'Amour incarné*

« Mon tout-petit, ce matin, Je veux que ce message soit pour Mon très cher fils C. Cette belle petite brebis de Mon Cœur que J'ai mise à part.

C., toi que J'aime depuis toujours d'un Amour bien particulier, écoute bien ce que Je veux te dire.

Pourquoi doutes-tu encore de Mon Amour ? Regarde le beau vécu que nous avons ensemble. Regarde combien de fois Je t'ai protégé. Regarde tous les chemins et détours que J'ai dû prendre pour t'attirer à Moi. Regarde ce que J'ai accompli en toi, autour de toi et à travers toi.

Accepte totalement le plan d'Amour que le Père avait prévu pour toi avant même ta conception.

Accepte que le chemin qu'Il a tracé pour toi était le plus beau et le meilleur des chemins pour te conduire où tu es présentement.

Accepte d'être présentement au meilleur endroit pour toi.

Je brûle d'un grand désir de déverser sur toi, un et des flots d'Amour dans ton cœur.

Ce que tu as reçu jusqu'à ce jour, ce n'est qu'une parcelle de ce que J'ai à te donner.

J'ai besoin que tu acceptes davantage d'être aimé à la folie, d'être entièrement pardonné afin de te brûler au Feu de Mon Amour Feu, de te consumer au Feu de Mon Amour Feu.

Toi, C., tel que tu te vois, tel que tu te juges, tel aussi que tu te condamnes, tu n'existeras plus. Celui-là n'aura plus aucune importance à tes yeux. C'est Moi, le Christ qui aurai pris toute la place en toi, et tu pourras dire comme saint Paul : "Ce n'est plus moi qui vis, mais c'est le Christ qui vit en moi". Tu seras l'Amour incarné, voilà ce qui importe.

Il n'est aucunement important de regarder ce que tu as été, ce que tu as fait en bien ou en mal. Une seule et unique chose importe : ce que tu deviens, et que tu es choisi pour devenir l'Amour. Peux-tu désirer quelque chose de plus grand que de devenir l'Amour incarné ?

Ne perds pas de temps à te regarder face à ce que tu es ou ce que tu as été, ce que tu fais ou ce que tu as fait ou feras. Regarde ce que tu deviens : l'Amour incarné. Elle est là ta véritable mission.

J'ai besoin de toi. Tu es plus qu'une belle petite brebis pour Moi, tu es une perle précieuse rare.

Je serre ton cœur contre Mon Cœur et Celui de Maman Marie, afin qu'il soit entièrement consumé au Feu de Mon Amour Feu. Heureux es-tu, C. chéri de Mon Cœur. Tu deviens l'Amour.

Tendrement, Je t'aime. Follement, Je t'aime. »

21 septembre, 4 h 15

135. – *Remets-Moi toutes tes préoccupations, tant personnelles que familiales ou sociales, culturelles, politiques et religieuses*

Seigneur Jésus, je veux Vous présenter G. avec sa famille, et surtout son action pour la famille et le respect de la vie.

Je Vous donne mon impuissance à l'aider et même à commenter les documents qu'il m'a remis.

Je me veux totalement à Votre écoute.

Je Vous aime.

Je me reconnais petit.

J'accepte Votre Amour.

« Mon tout-petit, reviens puiser à la Source même de l'Amour. C'est toujours là où tu trouveras Paix et Joie ainsi que la réponse à toutes les questions qui te sont posées. Ce qui est important, ce n'est pas ce que tu sais, mais bien ce que tu es.

Il en est de même pour G. Ce qui a le plus d'importance, ce n'est pas ce qu'il fait, mais bien ce qu'il est. Son grand désir de s'unir à Moi, de se laisser transformer par Moi et d'être un missionnaire pour Moi, a une très grande importance pour Moi. J'aimerais que tu lui remettes ceci :

G., Mon fils bien-aimé, viens te blottir dans Mes bras. Remets-Moi toutes tes préoccupations, tant personnelles que familiales ou sociales, culturelles, politiques et religieuses.

Donne-Moi ton fardeau, tu verras que Mon joug est léger. Si tu savais l'Amour que J'ai pour toi, tu t'aimerais tel que Mon Père t'a créé.

G., tu es précieux pour Moi. Tu as du prix à Mes yeux. Ce que Je désire de toi, c'est que tu te laisses aimer, que tu accueilles Mon Amour.

Je veux parler à ton cœur. Demeure à Mon écoute. J'ai besoin de toi. Je vois ton grand désir de Me servir.

Ne te donne pas de commandes. Accepte d'être l'instrument que J'ai choisi. Redis-Moi ton "oui" à tout ce qui se présente à toi. Accepte tout pour Mon Amour, aussi bien dans le bonheur que dans le malheur.

En ce qui concerne ton action, reprends les étapes à suivre que J'ai données le 6 janvier dernier.

G., tu n'as rien à craindre. J'ai posé Mon regard sur toi.

Laisse-toi aimer ; c'est toujours dans ta petitesse et au niveau de ton cœur que tu peux Me rencontrer.

Avec ta permission, Je brûle ton cœur au Feu du Mien pour que ta volonté et ton action deviennent les Miennes.

Tendrement, Je t'aime. »

24 septembre, 4 h 15

136. – Vous êtes les premiers à vivre cette Église Nouvelle, cette société, cette Terre Nouvelle qui sera entièrement inspirée, guidée et conduite par Moi

« Mon tout-petit, c'est Moi, Jésus, qui te guide et qui t'inspire pour écrire. Tu n'as pas à savoir à l'avance ce que tu as à écrire, ni à vouloir filtrer ce qui t'est inspiré.

Ta docilité doit se maintenir sans vouloir prendre le contrôle. Autrement, ce ne serait plus Moi qui parlerais, mais plutôt toi. J'ai choisi ce moyen pour toi afin de t'enseigner par ce que Je t'inspire et te fais expérimenter, et par ce qui se produit lorsque c'est Moi qui passe à travers toi.

Avec ta permission, et considérant les nombreux "oui" que tu M'as donnés et le besoin que J'ai de toi, tu es en période d'entraînement afin que, très bientôt, ce ne soit plus toi qui vives en toi, mais bel et bien Moi qui vive en toi.

Par ce que tu deviens et ce que tu écris, Je vivrai à travers une multitude de personnes qui liront et qui donneront leur "oui total" et sans condition.

Vous êtes les premiers à vivre cette Église Nouvelle, cette société, cette Terre Nouvelle qui sera entièrement inspirée, guidée et conduite par Moi.

Il doit en être ainsi pour que le Règne de Mon Père vienne, que Sa Volonté soit faite sur la terre comme au Ciel.

Le Père vit en Moi, et Moi Je vis en vous. Ainsi se réalisera Ma prière : "que Je sois un avec eux, comme Je suis un avec Toi, Père."

Je vis déjà cette Jubilation, comme Je te permets de la vivre toi-même et qu'une multitude la vivra en lisant ces lignes.

Nous sommes déjà dans cette Église et sur cette Terre Nouvelle inspirée et guidée par une seule et unique chose : l'Amour du Père.

Heureux es-tu, heureux et bienheureuses êtes-vous d'être les premiers à vivre cet Amour. Vous devenez l'Amour.

Tu deviens l'Amour. Je Vous aime follement, et follement, Je t'aime. »

27 septembre, 4 h 40

137. – *Ils sont nombreux ceux et celles qui sont enchaînés par Satan*

« Mon tout-petit, c'est dans la très grande Joie que Je viens à ta rencontre, encore ce matin, pour te faire goûter davantage Mon Amour.

En même temps que Je te rencontre, Je rencontre tous les tiens et tous ceux et celles que tu Me présentes.

Je suis le vrai Libérateur. Il n'y en a pas d'autre. J'ai besoin de cœurs qui m'accueillent, qui donnent leur "oui" à se laisser transformer, changer, libérer.

J'ai besoin de cœurs missionnaires pour aller porter la bonne nouvelle, et à travers qui Je peux passer pour libérer les opprimés.

Ils sont nombreux ceux et celles qui sont enchaînés par Satan. Présente-les Moi. Je vais les libérer et en faire des témoins lorsqu'ils seront transformés par l'Amour.

C'est l'Amour qui fait tout lorsqu'on lui permet d'agir.

Heureux es-tu, tu deviens l'Amour ; tendrement, Je t'aime. »

6 octobre, 5 h 30

138. – *C'est l'impuissance du bébé qui lui permet d'être comblé d'amour*

« Mon tout-petit, viens près de Moi. Continue à avancer dans la foi pure, laisse-toi guider, ne cherche pas à comprendre. Tu es trop petit pour tenter de comprendre ce que tu vis ou la façon dont Je t'utilise en ce moment.

Pour t'aider à accepter et à demeurer docile à ce que Je te demande, regarde un petit enfant lorsqu'il est bébé : par lui-même, il ne peut rien, même pas se prendre à manger ou à boire. Il doit tout attendre de sa mère. En même temps qu'il reçoit ce qu'il a besoin pour son corps, il reçoit ce dont il a besoin pour son cœur, son âme et son esprit : l'amour. C'est son impuissance qui lui permet de recevoir l'amour qui lui est indispensable au développement de tout son être.

Il en est de même pour toi et pour toutes les personnes qui liront ces lignes. C'est par votre impuissance devant un Dieu tout-puissant que vous devez tout attendre de Lui. En reconnaissant votre impuissance, en acceptant de tout attendre de Lui, vous recevez le plus beau, le plus grand, le plus important des cadeaux que vous n'aurez jamais fini de déballer : l'Amour.

Le Père laisse agir les puissants. Il vient en aide à ceux et celles qui reconnaissent leur impuissance. Il comble de biens les affamés et renvoie les riches les mains vides.

Heureux es-tu, heureux et heureuses êtes-vous de reconnaître votre impuissance, de tout attendre du Père et d'être tant comblés de Son Amour. Tu et vous devenez l'Amour.

Mon et Mes tout-petits, laissez-vous bercer par Ma Mère dans Mon Amour qui est l'Amour de Mon Père, de ton Père, de Notre Père.

Tendrement, Je vous aime. Tendrement, Je t'aime. »

9 octobre, 3 h 05

139. – *Je veux que tu fasses appel à Moi régulièrement et pour les moindres détails*

Grand Merci, Jésus, pour ce que Vous m'avez permis de vivre hier.

Premièrement, en me dégageant de notre participation dans un bureau de vente d'assurance-vie à Montréal où j'avais dû, depuis janvier dernier, exercer la présidence et en assumer la responsabilité pour effectuer la vente;

Deuxièmement, en m'envoyant trois anges, juste au moment où je me trouvais dans une impasse totale qui m'aurait obligé à accepter un règlement non équitable, susceptible de faire supporter au groupe un préjudice grave, occasionné par une erreur de parcours dans l'interprétation de la transaction.

C'est alors qu'au moment même où je constatais cette impasse, trois actionnaires vendeurs se présentaient dans le bureau, sans aucun préavis. Immédiatement je fis appel à eux et leur exposai la situation délicate. Inspiré de procéder ainsi, je les laissai avec l'acheteur afin de trouver une issue à ce problème. Puis, en peu de temps, et sans que j'aie à intervenir, le problème s'est réglé d'une manière équitable.

Merci, Seigneur Jésus, d'être venu à mon aide, au moment opportun, en m'envoyant trois anges à travers ces trois actionnaires. Merci de m'avoir permis, encore une fois, d'être témoin de Votre agir et de Votre Toute-puissance dans mon impuissance. Merci d'avoir encore une fois exaucé ma prière d'hier matin alors que je Vous demandais d'envoyer vos saints Anges pour faire l'unité dans ces rencontres. Merci pour toutes ces merveilles. Je me place à Votre écoute. Je Vous aime.

« Mon tout-petit, oui, Je suis ton Dieu et Je m'occupe des moindres détails, même s'ils sont sans importance, parce que Je t'aime, parce que Je veux une union totale avec ton cœur, parce que tu m'as donné ton "oui" et que tu Me le redonnes constamment, non seulement en paroles, mais par tes désirs de faire la Volonté de Mon Père et aussi par ta docilité à accomplir ce qu'il t'est demandé : que ce soit en direct, à travers les autres ou par les événements qui se présentent à toi.

Je veux que tu fasses appel à Moi régulièrement et pour les moindres détails. C'est lorsque tu reconnais ton impuissance, tes erreurs, ta faiblesse, ta petitesse, que Je peux faire éclater ma Toute-puissance. Heureux es-tu que tes yeux soient assez ouverts pour Me voir agir.

Viens reposer ton cœur sur le Mien et Celui de Ma Sainte Mère, et tes yeux s'ouvriront de plus en plus pour tourner ton regard continuellement, toujours et partout vers l'Amour et la Miséricorde du Père.

Ainsi tu te diriges vers ta vraie mission, ce pourquoi tu as été créé : devenir l'Amour.

Tendrement, Je t'aime. »

12 octobre, 1 h 40

140. – *Je donnerais Ma vie juste pour toi*

Seigneur Jésus, je Vous présente ma misère à ne pouvoir parvenir à me centrer sur Vous, compte tenu de toutes ces idées et préoccupations qui me traversent l'esprit.

Si vous ne venez à mon aide, je ne pourrai pas prier comme il convient. Je suis trop petit, trop faible, trop distrait. Je suis complètement impuissant. Venez à mon aide par Votre Toute-puissance. J'accueille Votre Amour.

À cette heure, je veux Vous prier pour C., P., et leur fille M. En même temps, je Vous prie pour tous ces foyers éclatés, divisés. Vous connaissez la grande souffrance de ces personnes et surtout celle de leurs enfants.

Je Vous présente la demande de C. et je me place à Votre écoute. Merci d'entendre ma prière et la sienne. Je Vous aime.

« Mon tout-petit, Mon Cœur souffre de voir souffrir Mes petits que J'aime. S'ils reconnaissaient leur impuissance et acceptaient Mon Amour en donnant un "oui" total et inconditionnel à Ma Volonté et à celle de Mon Père qui est la même. Dans un premier temps, ils constateraient une transformation dans leur cœur et dans tout leur être ; par la suite, ils seraient témoins de Mon agir autour d'eux.

Je veux dire à C. ceci : Oui, J'ai entendu ta prière, Je la fais Mienne et Je la présente au Père. J'accueille ta souffrance. Je l'associe aux Miennes pour en faire un bouquet de roses à présenter au Père.

Accepte ce que tu vis comme étant ce qu'il y a de mieux pour toi en ce moment, même si tu ne comprends pas. Il n'est pas nécessaire que tu comprennes ; cependant, il est nécessaire que tu donnes ton "oui" total et sans condition, que tu acceptes que, follement, Je t'aime.

Tu es précieuse pour Moi, tu as du prix à Mes yeux. Je donnerais Ma vie juste pour toi. Je te prends dans Mes bras. Je serre ton cœur contre le Mien et Celui de Ma Sainte Mère pour qu'il soit brûlé au Feu de Mon Amour Feu.

Ne perds pas de temps à te regarder et à regarder ta misère. Regarde Mon Amour, regarde l'Amour de Ma Mère, la tienne, regarde l'Amour de Mon Père, le tien. Tu n'as rien à craindre, le Père a posé Son regard sur toi, tu as trouvé grâce à Ses yeux. Toujours avec tes consentements, lorsqu'Il aura terminé la grande transformation qu'Il a commencée en toi, tu seras témoin de la transformation qu'Il fera autour de toi, principalement chez P.

En ce qui concerne la petite M., tu Me l'as confiée. Sois sans crainte, à travers la souffrance qu'elle vit présentement, Je dilate son cœur pour en faire un être plein d'Amour, selon Mon Cœur. Tu n'as pas à la porter, cependant tu as à l'accompagner et à l'aimer tendrement et à lui dire que tu l'aimes. C'est toujours l'Amour et uniquement l'Amour qui est la solution à tous les problèmes.

Heureuse es-tu, C., de devenir un être plein d'Amour à travers ta souffrance.

Heureux et heureuses ceux et celles qui sont autour de toi, car ils seront transformés par Mon Amour à travers toi. Accepte Ma Volonté, ne cherche pas à comprendre ; c'est Mon œuvre et non la tienne.

Reconnais ton impuissance et laisse-toi aimer en donnant tes "oui". Reçois ce flot d'Amour que Je déverse dans ton cœur en ce moment.

Tendrement, Je t'aime. »

16 octobre, 4 h 05

141. – *Ta raison et tes facultés doivent devenir au service de ton cœur et non l'inverse*

« Mon tout-petit, laisse ton cœur prendre de plus en plus de place, c'est-à-dire sois de plus en plus à l'écoute de ton cœur pour devenir l'Amour.

Ta raison et tes facultés doivent devenir au service de ton cœur et non l'inverse. C'est au niveau de ton cœur que J'entre en relation avec toi, jamais au niveau de ton intelligence et de tes facultés.

À chaque fois que tu Me permets d'y entrer, J'y entre immédiatement et J'occupe de plus en plus l'espace. Ton cœur se dilate à chaque fois (c'est un muscle qui se transforme à la suite d'exercices). Cette transformation ne fait que commencer. Il y a place pour beaucoup de transformations. Ce que tu vis dans ces moments privilégiés, principalement la nuit, va prendre de l'ampleur et de la densité et va devenir un état permanent. Tu le vivras vingt-quatre heures sur vingt-quatre, et de jour et de nuit. C'est à ce moment que tu seras devenu l'Amour, que tu pourras dire : "ce n'est plus moi qui vis, mais bien le Christ qui vit en moi".

Je veux vivre en relation intime avec tous les êtres humains qui vivent sur cette terre. Je donnerai des grâces particulières à ceux et celles qui liront ces écrits, à la condition qu'ils me donnent leur "oui" sans restriction, et que leurs gestes soient concordants avec leurs engagements, autrement dit que Je devienne la priorité dans leur vie.

Que tous soient prêts à tout abandonner pour Me suivre. Qu'ils soient prêts à renoncer à leurs façons de voir, de penser et d'agir, pour fixer leurs regards sur le Père, et par conséquent :
- Tout attendre de Lui ;
- Tout Lui demander ;
- Tout accueillir ;
- Tout accepter de bon ou de mauvais, de joie, de paix, d'amour, de peine et de souffrance, comme venant de Lui ;
- Tout Lui remettre afin que le cœur soit complètement dégagé pour se laisser transformer et devenir l'Amour.

Commences-tu à comprendre l'importance de ta mission qui est, en même temps, celle de toute l'humanité :
- Se laisser transformer pour que d'autres soient transformés ;
- Vivre au niveau du cœur pour que d'autres vivent au niveau de leur cœur ;
- Devenir l'Amour pour que d'autres deviennent l'Amour.

Heureux êtes-vous d'être choisis pour vivre ces temps privilégiés où les grâces surabondent.

Vous devenez l'Amour. Tu deviens l'Amour.

Tendrement, Je t'aime. »

19 octobre, 4 h 50

142. – *C'est Moi seul qui peux faire l'unité dans les cœurs, si vous cessez de vous en mêler et si vous Me laissez agir*

Seigneur Jésus, je veux Vous présenter la situation de la communauté (...) Vous connaissez le désir de ces personnes de vivre branchées sur Votre Amour. Vous connaissez aussi la souffrance qu'elles vivent présentement.

Je ne Vous demande pas qui a tort ou raison. Je voudrais seulement qu'elles puissent découvrir ce que Vous voulez leur enseigner à travers ces souffrances.

Si j'ai un rôle à jouer, je l'accepte, bien que je préférerais que Vous passiez en direct dans leur cœur ou par quelqu'un d'autre. Je me place à Votre écoute.

Merci de répondre à ma prière. Je Vous aime.

« Mon tout-petit, accepte cette situation comme n'étant pas la tienne, même si Je t'ai utilisé pour livrer certaines commandes. Un livreur n'a pas à s'accaparer ni de la joie, ni de la souffrance que produit la livraison.

Ceci étant précisé, il est bien que tu pries pour elles, que tu les aimes et que tu désires voir cette petite communauté fleurir dans Mon Amour. Chacune d'elles a à découvrir de grandes choses pour devenir pleinement l'Amour. Je prie avec toi le Père afin que les cœurs s'ouvrent à pleine capacité pour accueillir cette souffrance, mais surtout la grande transformation que le Père veut accomplir à travers la situation présente.

Pour devenir des êtres d'Amour, il est nécessaire de passer et d'accepter plusieurs morts, des renoncements, des abandons et des remises en question. Il faut que la personne laisse tomber des principes, des règles, des façons de penser et d'agir pour favoriser le remplacement par quelque chose de plus important, de meilleur, d'essentiel.

L'essentiel, c'est l'amour qui s'exprime par l'accueil de l'autre tel qu'il est, sans vouloir le changer ou le modifier, à savoir le respect de l'autre dans sa liberté d'enfant de Dieu.

La remise en question de la personne, par elle-même, s'impose dès qu'elle s'aperçoit que ce n'est pas l'Amour de Dieu qui habite ses pensées, ses réactions, ses paroles ou ses gestes.

Je déverse en chacune d'elles un flot de grâces et d'Amour afin qu'elles ressentent dans leur cœur qu'elles sont profondément aimées de Moi, qu'elles découvrent que la situation est là, par Ma Volonté, pour les conduire plus profondément dans l'Amour.

Encore une fois, J'ai besoin de leur "Oui" à Ma Volonté et leur "Non" à la leur. Qu'elles reconnaissent leur petitesse et leur impuissance pour que Je fasse éclater Ma Toute-puissance, non seulement par le Feu d'Amour que Je veux allumer entre elles, mais par les feux que Je veux allumer dans une multitude de cœurs par elles.

Le Père a une façon de faire qui est toujours la même. Il commence par bien allumer le Feu dans le cœur d'une personne avant de l'utiliser pour allumer le Feu dans le cœur des autres. Il fait de même dans cette petite communauté. C'est lorsque le Feu d'Amour flambera entre elles qu'il s'allumera chez beaucoup d'autres.

J'aime beaucoup cette petite communauté. À plusieurs reprises, Je leur ai démontré Mon Amour. Je veux leur dire ceci :

"Mon cœur brûle d'Amour pour vous. Cette communauté n'est pas votre œuvre, mais la Mienne. C'est Moi seul qui peux faire l'unité dans les cœurs, si vous cessez de vous en mêler et si vous Me laissez agir. Faites-Moi davantage confiance afin que Je vous conduise plus loin dans l'Amour. Ce que vous vivez présentement, ce n'est pas une épreuve, mais bien une occasion de croissance dans Mon Amour. Si vous saviez comme Je vous aime. J'ai besoin de vous. Vous êtes des perles précieuses pour Moi. Tendrement, Je vous aime."

Tendrement, Je t'aime. »

21 octobre, 4 h 10

143. – **Les événements malheureux te sont nécessaires pour plusieurs raisons**

Seigneur Jésus, je veux Vous présenter ce qui s'est produit hier ; ce qui me rend malheureux c'est que j'ai laissé paraître mon insatisfaction relativement à une situation que j'avais pourtant décidé d'assumer et de taire, afin de ne pas nuire aux relations futures que je désire voir se rétablir dans l'Amour, plaçant l'Amour au-dessus de toute autre question, peu importe les sommes d'argent en cours.

Je Vous donne ce problème ainsi que mon impuissance à le régler. Je me place à Votre écoute, si Vous voulez bien m'instruire à ce propos. Sinon, je Vous fais confiance pour m'inspirer au bon moment et pour maîtriser mon caractère sujet à me jouer de mauvais tours et dont je me méfie.

Je Vous donne mon impuissance. Je compte uniquement sur Vous. Venez à mon aide. Merci d'entendre et d'exaucer ma prière.

Je Vous aime et c'est uniquement par Votre grâce que je peux devenir un être d'Amour.

« Mon tout-petit, sois sans crainte, J'ai entendu ta prière. Ces événements, que tu qualifies de malheureux, sont nécessaires pour plusieurs raisons :
1. Pour te faire prendre conscience de ta fragilité, ta vulnérabilité et ton impuissance ;
2. Pour faire éclater la vérité, car on ne peut pas construire sur du solide en faisant semblant de... ou en essayant de faire croire que... alors que nous vivons tout autre chose à l'intérieur ;
3. Pour permettre au Père de passer à travers toi, car par toi-même, tu ne peux pas construire des relations d'amour ;
4. Pour te garder petit, t'apprendre à voir ta petitesse ;
5. Pour te permettre d'accomplir et d'accepter aussi bien les situations malheureuses que les situations heureuses ;
6. Pour t'apprendre à Me remettre toutes les situations et tout attendre de Moi, du Père et de l'Esprit Saint ;

7. Pour te permettre d'être témoin de notre Toute-puissance et de l'Amour que Nous avons pour toi.

Tu peux maintenant te reposer. J'ai la situation bien en main. Ce qui est essentiel pour toi de faire, tu viens de l'accomplir. Il te reste dès maintenant à te disposer à rendre grâce et à louer ton Dieu en attendant de jubiler quand viendra l'heure d'être témoin de Mon agir.

C'est ainsi que progressivement, tu prends conscience que l'Amour t'aime et que tu deviens l'Amour. Je t'enveloppe de Mon Manteau d'Amour.

Tendrement, Je t'aime.»

22 octobre, 4 h 50

144. – *Présentement, ton cœur reçoit autant de grâces et d'Amour qu'il peut en contenir*

«Mon tout-petit, J'ai entendu ta prière et Je prépare ton cœur pour ce que tu auras à vivre dans les prochains jours. Tu es Mon choisi. J'aime ta docilité et ton grand désir de ne faire que Ma Volonté.

Je te couvre encore une fois d'une onction bien spéciale qui va te permettre de reconnaître de plus en plus ce qui vient de Moi, et d'être capable de rejeter tout ce qui se présente à toi, t'exposant à trébucher et à t'éloigner de Moi, ou t'empêchant de devenir l'Apôtre que Je veux que tu sois.

Présentement, ton cœur reçoit autant de grâces et d'Amour qu'il peut en contenir. En Ma Présence, dans la prière, par la pratique des sacrements, principalement de la Réconciliation et de l'Eucharistie, ton cœur se dilate et devient capable de recevoir davantage. C'est ainsi que se réalise la parole: "Plus tu possèdes, plus tu reçois."

Il en est de même à chaque fois que tu dis: "Parce que l'Amour m'aime, je deviens l'Amour" ou à chaque fois que tu te prêtes volontiers à écrire ce que Je t'inspire. Il en sera de même pour celui ou celle qui lira ces lignes inspirées, en acceptant d'y mettre tout son cœur et d'y donner un consentement total, inconditionnel et irréversible.

Je brûle d'Amour Feu à la pensée qu'un jour ton cœur sera pleinement dilaté, où Je pourrai y laisser circuler tout l'Amour que J'ai pour toi. Amour que Je retiens parce que tu ne peux en recevoir davantage. Ainsi, ensemble nous serons un, comme Je le suis avec le Père. Oui, Oui, Oui, l'Amour t'aime, tu deviens l'Amour.

Tendrement et follement, Mon tout-petit, Je t'aime. »

25 octobre, 4 h 45

145. – *Si c'est Moi qui écris, ne devrais-Je pas donner le titre du volume ?*

Seigneur Jésus, je ne suis pas certain du titre exact que Vous voulez donner à ces écrits.

Puis-je Vous demander de m'indiquer clairement un titre qui ne porterait pas à confusion et qui traduirait le thème qui englobe Vos messages.

Merci d'entendre ma demande. Je me place à Votre écoute. Je Vous aime.

« Mon tout-petit, Je suis toujours avec toi. J'ai entendu ta demande. Je suis dans la joie de te voir petit, de tout Me demander, de tout attendre de Moi et de Me rendre grâce pour tout ce que tu as, vis et reçois. C'est uniquement à travers cette petitesse que Je peux passer par toi et que tu M'es réellement utile.

L'importance de ces messages c'est ce qu'ils contiennent, de même que les grâces que Je déverse en toi au moment où tu écris, de même que les grâces que Je vais déverser en abondance chez le lecteur ou lectrice, selon la disposition, l'ouverture de son cœur et ses consentements.

Le titre n'est que l'introduction, mais puisque c'est Moi qui suis l'Auteur principal, ne doit-il pas se formuler ainsi : *Pour le bonheur des Miens, Mes choisis* JÉSUS.

Toi, tu avais choisi *Pour le bonheur des Tiens, Tes choisis* JÉSUS, pensant que tu écrivais pour Moi. Mais, quelle est la réalité fondamentale... Que tu écrives pour Moi ou que Moi J'écrive à travers toi ?

Si c'est Moi qui écris, ne devrais-Je pas donner le titre ? Et, ce qui est beaucoup plus important que ce titre, c'est ce que tu vis à l'intérieur de toi. Le "oui" est-il dans le sens d'occuper une certaine place ou celui de disparaître pour Me donner toute la place. Merci pour ce que Je vois dans ton cœur : ton désir de Me donner toute la place. Je serre ton cœur contre le Mien et Celui de Ma Sainte Mère afin qu'il soit plus dilaté et capable d'accueillir l'Amour que Je veux y déverser dans les prochains jours. Ne te pose pas de questions, laisse-toi aimer et ainsi, tu deviens l'Amour.

Mon petit, comme je t'aime. »

4 novembre, 6 h 10

146. – *La FOI et l'AMOUR sont inséparables*

« Mon tout-petit, demeure à Mon écoute, où que tu sois, quoi que tu fasses. Je te parle, Je te guide. Apprends à demeurer dans la sérénité, quoi que l'on te dise, quoi qu'il t'arrive ; sois sans crainte. Apprends à regarder au-delà de l'événement afin d'être bien témoin de Mon Agir et de Ma Toute-puissance.

Sois déjà dans l'action de grâce et la louange pour ce que Je vais accomplir à travers cet événement malheureux. Rappelle-toi ce que j'ai accompli pour Mon ami Lazare, en le ressuscitant alors que son corps était en décomposition.

Marthe et Marie auraient bien voulu que Je le ressuscite plus tôt. Lui et ses deux sœurs auraient bien voulu que Je le guérisse au temps de sa longue maladie. S'il en avait été ainsi, jamais la Toute-puissance que le Père M'avait donnée n'aurait été aussi éclatante pour la conversion des cœurs. Combien de cœurs se sont tournés vers Moi et continuent de se tourner vers Moi à la suite de ce miracle.

Regarde Mon action auprès de ceux et celles qui ont été près de Moi, tu apprendras à espérer, peu importe ce qui arrive envers et contre tous.

Ce matin, Je déverse en toi, autour de toi et sur toute personne, au moment de la lecture de cet enseignement, une grâce de foi approfondie.

Donne-Moi ton peu de foi, Je le remplacerai par une foi d'apôtre et de prophète. La FOI et l'AMOUR sont inséparables. En devenant des êtres de FOI, vous devenez des êtres d'AMOUR. En devenant des êtres d'AMOUR, vous devenez des êtres de FOI.

Heureux et heureuses êtes-vous de devenir l'AMOUR et la FOI, la FOI et l'AMOUR.

Tendrement, Je vous aime. Tendrement, Je t'aime. »

5 novembre, 5 h 50

147. – *Tu peux donc t'abandonner toujours plus totalement à Moi et M'abandonner toutes tes préoccupations*

Seigneur Jésus, j'aurais plusieurs demandes à Vous faire. Sachant que Vous les connaissez toutes, je préfère Vous laisser le choix de l'enseignement que Vous voudrez bien me donner. J'ai tellement à apprendre pour être ce que Vous voulez que je sois. Je me place à Votre écoute et je Vous demande d'ouvrir mon cœur afin qu'il soit capable de bien accueillir Vos précieux enseignements. Je Vous aime.

« Mon tout-petit, regarde comment Je t'ai guidé et conduit depuis toujours ; regarde ce qui s'est passé depuis un an, la date où tu as commencé à écrire sous Mon inspiration.

Plus tu regardes ce que J'ai accompli dans le passé, plus tu es capable de voir ce que J'accomplis en ce moment, et plus tu es capable de Me faire confiance dans le futur.

Tu peux donc t'abandonner toujours plus totalement à Moi et M'abandonner toutes tes préoccupations, tes joies, tes peines, tes souffrances et tes succès. Tu prends conscience que, par toi-même tu n'es rien si ce n'est Moi qui agis en toi, autour de toi et à travers toi.

En Moi, avec Moi et à travers Moi, tu deviens l'Amour, tu ressens ce que Je répète continuellement dans ton cœur. »

Je t'aime, Je t'aime, Je t'aime. »

1997

10 novembre, 6 h 30

148. – *Lorsque vous êtes l'instrument que le Père a choisi pour donner Son Amour, vous vous reconnaissez par les sept points suivants*

« Mon tout-petit, seul l'Amour est la solution à tous les problèmes que tu rencontres et qui se présentent à Mes enfants de la terre. Trop souvent vous croyez pouvoir solutionner ces problèmes par vos propres moyens, en utilisant votre intelligence, votre savoir-faire, vos connaissances ou votre psychologie.

Lorsque vous êtes devant une personne qui a besoin d'Amour, qui souffre de rejet, qui porte en elle-même de nombreuses blessures, peu importe l'origine de ces blessures – qu'elles aient été infligées au cours de sa vie ou provenant de ses parents et ancêtres – il est bon de savoir ceci :

Le secours, par vos propres moyens, peut atténuer la blessure, la mettre en veilleuse et, parfois l'amplifier. Seul l'Amour a le pouvoir de guérir ; mais uniquement celui qui origine de l'Amour du Cœur du Père.

Il peut être donné en direct par le Père. Il peut aussi être donné par des intermédiaires, comme c'est souvent le cas. Lorsque vous êtes l'instrument que le Père a choisi pour donner Son Amour, vous vous reconnaissez par les points suivants :

1. L'Amour que vous ressentez est pur, réel ;
2. Aucun sentiment négatif envers la personne en question ne vous habite ;
3. Vous ne formulez aucune critique envers elle ;
4. Vous êtes mûs par une grande compassion ;
5. Vous ne cherchez aucunement vos intérêts personnels ;
6. Aider cette personne est votre seul désir ;
7. Votre Amour pour cette personne est si grand que vous êtes prêts à souffrir pour qu'elle soit guérie.

Voilà quelques points qui vous permettent de découvrir et de reconnaître que c'est l'Amour du Père qui passe à travers vous. Les autres sentiments que vous pouvez ressentir sont dans le même courant de pensées et d'attitudes. L'inverse qui n'est pas inspiré par l'Amour du Père ne peut libérer et guérir comme seul peut le faire l'Amour qui vient de Lui ; Amour qui très souvent veut passer par vous pour vous guérir de vos propres blessures, et en même temps de vous faire prendre conscience que vous êtes importants à Ses yeux, qu'Il vous aime puisqu'Il passe par vous pour donner Son Amour.

En devenant un canal de Son Amour, vous devenez l'Amour. Tu deviens l'Amour.

J'utilise le "vous" à la place du "tu" afin d'aider le lecteur et la lectrice à se sentir impliqués dans cet enseignement.

Tendrement, Je vous aime. Tendrement, Je t'aime. »

11 novembre, 3 h 15

149. – *Ce qui détermine la fécondité de votre souffrance, c'est votre capacité de l'absorber*

Seigneur Jésus, je Vous offre la souffrance que je porte en ce moment. Je veux qu'elle soit associée à Vos Saintes Plaies.

Je Vous remets mon impuissance afin que Vous fassiez éclater Votre Toute-puissance.

Maîtrisez-moi par Votre Amour. Tendrement, je Vous aime.

« Mon tout-petit, viens te blottir dans Mes bras, venez vous blottir dans Mes bras. C'est toujours dans Mon Cœur que vous y trouvez consolation, joie et paix pour poursuivre votre route.

Aucune des souffrances qui se présentent à vous ne sont inutiles. Qu'elles soient petites ou grandes, légères ou profondes, courtes ou longues, elles sont d'une très grande importance pour vous.

La souffrance est aussi nécessaire à l'être humain pour son épanouissement et sa croissance que la pluie à la plante, lui permettant de grandir.

Ce qui détermine la fécondité de la plante, c'est sa capacité d'absorber la pluie qui tombe. Il en est de même pour vous : ce qui détermine la fécondité de votre souffrance, c'est votre capacité de l'absorber, c'est-à-dire l'accueil que vous lui faites, votre attitude et votre comportement devant elle.

Pour devenir l'Amour, vous devez avoir un comportement parfait, aussi bien face à la souffrance que face à la joie, au bonheur. Par vous-mêmes, vous n'y arrivez pas, c'est impossible, si ce n'est l'Amour du Père qui vient s'incarner en vous.

Vous qui avez donné votre "oui" à la souffrance, dans le livre de Job, vous pouvez lire : "Nous acceptons le bonheur comme venant de Dieu ; le malheur, pourquoi ne l'accepterions-nous pas aussi ?"

En méditant sur Mes Souffrances, celles de Votre Maman du Ciel et celles des Saints et Saintes qui vous ont précédés, vous y puiserez la force nécessaire afin que votre "oui" ne défaille pas.

Heureux es-tu, heureux êtes-vous de pouvoir souffrir avec Moi comme corédempteurs de l'humanité. Par votre "oui", la grande paix et joie qui vous habitent sont beaucoup plus puissantes que la souffrance que vous ressentez.

La souffrance bien accueillie et vécue vous aide à devenir plus rapidement l'Amour.

Vous êtes profondément aimés. Acceptez que cet Amour soit plus fort et plus puissant que tout.

Mon Cœur est brûlant d'Amour pour vous.

Oui, Oui, Oui, Je vous aime, Je t'aime. »

12 novembre, 5 h 33

150. – *L'union de vos cœurs a un très grand pouvoir sur le Cœur du Père*
– *Vous ne pouvez imaginer l'importance de ces "journées de prière"*

Seigneur Jésus, comme c'est moi aujourd'hui qui dois assumer l'animation de notre journée de prière, voulez-Vous me dire quel sujet doit faire l'objet de la réflexion communautaire. Merci d'entendre ma prière. Je Vous aime.

« Mon tout-petit, ce groupe de prière est un baume pour Mon Cœur blessé qui souffre de voir l'égarement de Mon peuple et le déclin de Mon Église.

Comme Je serais heureux si vous preniez conscience de l'importance de vos prières. Trop souvent, vous en limitez la portée à votre entourage immédiat ou à votre diocèse. Lorsque vous êtes dans une véritable dimension de la prière, c'est la terre entière et le purgatoire qui en bénéficient, c'est-à-dire les hommes, les femmes, les enfants, les êtres qui les habitent.

Ce qui donne autant de puissance à la prière, c'est qu'en état de prière vous entrez véritablement en communion de cœur et d'esprit avec les Saints et Saintes du Paradis, des saints Anges et des priants et adorateurs de la terre.

Ce qui produit beaucoup de fruits dans l'invisible et dans les cœurs, ce n'est pas la quantité de vos prières, mais l'engagement et le désir de tout votre être quand vous adorez, remerciez, offrez, pardonnez et demandez pardon à Dieu.

L'unité des cœurs a beaucoup d'importance. Il est donc plus important de vous unir à la prière de l'autre que de penser à la prière que vous voulez formuler. S'il en était ainsi, il y aurait souvent de courtes pauses entre chacune des prières.

Je vous redis que l'union de vos cœurs a un très grand pouvoir sur le Cœur du Père, beaucoup plus que la quantité de prières formulées en vitesse.

Votre présence, votre assiduité et votre participation à la journée complète vous obtiennent de nombreuses grâces. Vous ne pouvez imaginer l'importance de ces journées. Le Père déverse un flot de grâces sur chacun et chacune de vous.

Par Son Amour, Il fait de vous des êtres d'Amour selon vos consentements et vos actes d'abandon.

Vous êtes follement aimés du Père.

Tendrement, Je vous aime. Tendrement, Je t'aime. »

1997

15 novembre, 2 h 55

**151. – Nous vivons dans une société où les suicides se font de plus en plus nombreux
– Notre respiration peut devenir une prière**

Seigneur Jésus, nous vivons dans une société où les suicides se font de plus en plus nombreux. Vous avez entendu la demande de T. à ce sujet. Je Vous la présente à nouveau et la fais mienne. Je me place à Votre écoute pour un enseignement sur ce sujet, si Vous le jugez à propos. Vous êtes un Dieu d'Amour. Je Vous aime. Votre tout-petit.

« Mon tout-petit, Ma souffrance est très grande de voir l'égarement de Mon peuple. Je souffre de le voir prendre des chemins qui le conduisent à des souffrances de plus en plus grandes. Elles sont tellement grandes que certaines personnes n'arrivent plus à les supporter et l'esprit mauvais en profite pour les inviter à se détruire elles-mêmes.

Beaucoup de ces gens ne sont pas pleinement conscients de la gravité de leurs gestes. S'ils en étaient pleinement conscients, ils reconnaîtraient l'horreur de ce crime qu'est l'autodestruction, le non respect du bien le plus précieux que leur Père, que Mon Père, que Notre Père nous a donné avec tant d'Amour. Oui, c'est par un grand cri d'Amour du Père que chaque être humain a été créé. Créé par Amour, pour devenir l'Amour, en disant "oui" à l'Amour et en se remettant à l'Amour.

Malheureusement, la société dans laquelle vous vivez ne véhicule pas ces valeurs. Au contraire, elle enseigne une multitude de faux dieux. Ces faux dieux, qui se présentent comme étant des chemins de bonheur à court terme, ne sont que des chemins de malheur à moyen et long terme, à un point tel que certaines personnes n'arrivent plus à les supporter.

Heureusement que le Père est d'une miséricorde sans limite et qu'Il donne à chaque personne une multitude de chances d'exercer librement son choix, afin d'être heureux avec Lui pendant toute l'éternité. Ce choix s'exerce tout au long de la vie sur terre, à l'heure de la mort et même à l'intérieur de l'expérience de la mort, ce qui vient donner de nouvelles chances à tous. Les plus grands bénéficiaires de ces dernières chances sont ceux et celles qui s'endorment dans l'ignorance de l'Amour de Dieu.

Vous qui avez le grand privilège de connaître, de vivre et de goûter, même de votre vivant à l'Amour de Dieu, vous pouvez aider une multitude de ces âmes par vos prières, vos Eucharisties et vos offrandes sous toutes les formes possibles et imaginables. Continue à offrir chacune de tes respirations comme Je te l'ai inspiré dernièrement, à l'intention des défunts tout comme à l'intention des personnes qui seraient aux prises avec des pensées suicidaires.[1]

Heureux et heureuses êtes-vous de connaître et de goûter l'Amour et la grande Miséricorde du Père. Heureux êtes-vous, par surcroît, de devenir des instruments entre Ses mains, qui permettent à une multitude d'âmes de connaître la joie, le bonheur que produisent l'Amour et la Miséricorde du Père, la joie de se laisser transformer par l'Amour, pour l'Amour.

Vous devenez l'Amour. Tu deviens l'Amour.

Mon Cœur est brûlant d'Amour. Comme Je vous aime.

Comme Je t'aime, Mon tout-petit! »

---

1. *Depuis environ deux semaines, alors que dans ma prière, Je demandais à Jésus de m'enseigner un moyen par lequel je serais en relation constante avec Lui (car trop souvent je trouvais qu'en dehors de mes moments de prières, j'avais l'impression de m'éloigner de Lui), voici ce qui est monté dans mon cœur :*

Il n'y a rien de plus constant chez moi que ma respiration. Si je concluais avec Lui une entente — que je sois conscient ou non — à l'effet que chaque fois que j'inspire, je dise : je T'accueille Seigneur Jésus, et en même temps que je T'accueille, j'accueille Ton Amour, Ta Joie, Ta Paix, etc. J'accueille le Père, l'Esprit Saint, Maman Marie, la communion des Saints et des Saints Anges.

Lorsque j'expire, que je Lui dise : je m'offre à Toi et, que mon offrande englobe tout ce qui m'habite, ma volonté, mes pensées, mes désirs, mes joies, mes peines, mes préoccupations, enfin tout ce que je possède et tous ceux et celles qui sont autour de moi ou que je porte dans mon cœur.

1997

16 novembre, 1 h 45

152. – **Le Père a un urgent besoin de tout-petits pour rebâtir Son Église qui tombe en ruines**

«Mon tout-petit enfant, bien avant ta création, Je t'avais choisi, j'avais jeté Mon regard sur toi. Je t'avais préparé, principalement au niveau de ton cœur, en vue de ce que tu vis présentement et que tu vivras davantage en plénitude très bientôt.

Tu as été façonné pour devenir un être d'Amour. Par tes "oui" nombreux, totaux, inconditionnels et irrévocables que tu m'as donnés, Je suis à parachever la création que J'avais commencée en toi. Tranquillement, sans que tu t'en rendes trop compte, tu deviens le chef-d'œuvre que Je veux que tu sois.

Si cette nuit, c'est Moi ton Père qui veux te parler à travers ce que tu écris, c'est que Je veux te faire prendre conscience de l'importance que tu as pour Moi, ton Père.

Mon Cœur déborde d'Amour pour toi. Je veux que Mon Amour passe à travers toi, pour rejoindre et aimer une multitude de Mes enfants qui ne Me connaissent pas, qui Me connaissent mal, ou qui se sont éloignés de Moi en se laissant tromper par celui qui répand faussetés sur faussetés, qui cherche à devenir un dieu et présente à Mes enfants un nombre incalculable de faux dieux. Alors qu'il

---

La pensée initiale de chacune de mes respirations serait celle-ci : je T'accueille, Seigneur Jésus et je m'offre à Toi. Comme l'air vient oxygéner mon corps, l'Amour de Jésus vient oxygéner mon âme et mon esprit.

Avec cette pratique, lorsqu'arrivera ma dernière expiration, elle sera pour dire : je m'offre à Toi, Seigneur Jésus. Depuis ce temps, mes moments de contemplation et d'adoration se font avec mes respirations ; il en est de même lorsque je sens le besoin de me reposer ou de prendre une bonne respiration. J'accueille Jésus et je m'offre à Lui.

Lorsque je désire prier pour quelqu'un, par procuration, j'offre mes respirations pour que cette personne accueille Jésus et qu'elle s'offre à Lui.

paraît être plus puissant qu'auparavant, s'étant infiltré comme jamais dans Mon Église, son heure tire à sa fin. Ma Petite Fille Bien-Aimée, l'Immaculée est sur le point de lui écraser la tête. Il est de plus en plus enchaîné dans le saint Rosaire, conduit par saint Michel Archange à Mon tribunal pour être jugé, condamné et envoyé aux enfers pour l'éternité.

J'ai un urgent besoin de tout-petits comme toi qui donnent leur consentement total, inconditionnel et irrévocable pour rebâtir Mon Église qui tombe en ruines, pour marcher à la rencontre de Mon Fils Jésus, afin que Son Grand Retour se fasse dans la gloire. C'est une très grande Armée que Je prépare présentement. Je te choisis pour en faire partie, comme Je choisis tous les tiens, ceux et celles que tu me présentes d'une façon privilégiée, les lecteurs de *Pour le bonheur des Miens, Mes choisis* JÉSUS.

Votre mission elle est simple, même très simple, trop simple pour les grands de ce monde, car il s'agit d'accueillir Mon Amour, de vous laisser transformer par lui ; devenir ce canal où Mon Amour circule librement et en abondance afin qu'il puisse rejoindre la multitude qui vous est confiée dans l'invisible mais aussi dans le visible.

N'essayez pas par vos propres moyens de devenir ce canal parfait qui laisse librement circuler Mon Amour, vous n'y arriverez pas. Lorsque vous constaterez vos imperfections ou les obstacles qui empêchent l'Amour de circuler librement, vous n'aurez qu'à me les remettre et Moi, Je les ferai disparaître.

La mission qui vous est confiée est d'une puissance extraordinaire, et en même temps elle est d'une simplicité déconcertante. Trop souvent vous croyez pouvoir devenir un être valable par votre action, alors que Moi, Je vous enseigne et Je vous propose de Me laisser faire de vous un être valable pour y laisser passer Mon action qui se réalise pleinement par Mon Amour.

Merci pour votre docilité à vous laisser transformer par Mon Amour. Merci d'accueillir le trop plein de Mon Amour. Merci de le laisser circuler librement à travers vous.

Recevez Mon Baiser de Père qui fait de vous l'Amour. Amoureusement, VOTRE PÈRE, TON PÈRE. »

17 novembre, 4 h 40

153. – *Conduire des âmes à Dieu, de jour et de nuit*

« Mon tout-petit, accepte ce que tu vis présentement comme étant une grande bénédiction du Père. Accepte de le vivre sans savoir où cela te conduit.

Une seule chose est importante, c'est que tu avances tranquillement mais sûrement vers la réalisation de ta grande mission, ta belle mission que le Père t'a confiée. En même temps que tu avances vers ta mission, ton être se transforme pour devenir conforme à ce qu'il doit être pour réaliser cette mission.

Comme un bon arbre ne peut porter de mauvais fruits et un mauvais arbre de bons fruits, tout ton être doit devenir blanc comme neige, c'est-à-dire totalement pur, habité par un seul désir : faire la Volonté de Mon Père, ton Père.

Une seule pensée doit toujours t'habiter : "l'AMOUR". Cette pensée que tu reçois du Père et que tu donnes aux autres dans l'invisible et le visible, conscient que tout vient de Lui et que tout retourne à Lui.

Il n'y aura donc plus de place chez toi pour des pensées, des gestes ou des paroles contraires à l'Amour ; tels la vantardise, l'orgueil, la critique, le dénigrement, le jugement, le mensonge, etc. Tu ne pourras même plus nourrir aucune pensée négative envers qui que ce soit.

Tes pensées seront : compassion, compréhension, pardon, miséricorde, accueil et amour. Tes désirs seront : être à l'endroit où le Père veut que tu sois, accomplir ce qu'Il veut que tu fasses, venir en aide aux malheureux, soulager ceux qui souffrent, conduire des âmes à Dieu, et de jour et de nuit, dans l'invisible et dans le visible.

Tu connais le chemin pour conduire une âme à Dieu, c'est celui de l'accueil, du pardon, de la miséricorde et de l'Amour. C'est ce chemin que tu dois fréquenter, d'abord pour toi-même en te regardant afin de pouvoir l'utiliser en regardant les autres.

Présente au Père les obstacles qu'il y a sur ce chemin afin que tu puisses le fréquenter librement. Le Père enlèvera les obstacles et rendra ce chemin facile et très agréable.

Heureux es-tu, heureux et heureuses êtes-vous d'être sur le chemin de l'Amour.

Vous devenez l'Amour. Tu deviens l'Amour.

Tendrement, Je t'aime. »

20 novembre, 5 h 12

154. – *Tout, tout et tout doit être purifié*

« Mon tout-petit, heureux es-tu, tu as trouvé grâce à Mes yeux.

Je t'ai choisi pour y déverser le trop plein de Mon Amour. Tu sais que ce n'est pas à cause de tes mérites, mais bien et uniquement par Amour. Ton seul et unique mérite ce sont tes consentements, car Je ne peux agir dans les cœurs si Je n'ai pas l'entière liberté de le faire.

Je ne peux que tenter de séduire les cœurs afin d'obtenir des "oui" à cette relation plus intime avec Moi, et par la suite obtenir des "oui" totaux, inconditionnels et irrévocables à se laisser maîtriser par Mon Amour.

Ces consentements ont toujours été très importants, mais ils le sont davantage présentement. Ils sont obligatoires pour faire la grande traversée du monde actuel au Monde Nouveau. Tout, tout et tout doit être purifié. Comme rien de souillé ne peut entrer dans le Royaume des Cieux, rien de souillé ne peut ou ne pourra entrer dans le Monde Nouveau.

Après Mon Grand Retour, rien de souillé ne pourra se trouver en Ma Présence. Tous, sans exception, doivent être purifiés, tel que Ma Mère le réclame partout à travers le monde (par la prière, le jeûne, la pratique des sacrements, mais surtout par les consentements totaux, inconditionnels et irrévocables). Purifiés aussi par les grandes tribulations qui sont commencées très lentement pour inviter le plus grand nombre d'âmes à se tourner vers Dieu, à se reconnaître pécheurs, être miséricordiés pour devenir miséricordieux ; à se reconnaître impuissants pour être témoins de la Toute-puissance du Père ; découvrir et se savoir pleinement aimés du Père pour répandre cet Amour dans l'invisible et le visible et ainsi être capables d'entrer dans le Monde Nouveau et venir à Ma Grande Rencontre.

Je brûle d'Amour Feu à la pensée de cette grande Joie qui éclatera de partout à ce moment tant attendu. Les préparations vont bon train. Très bientôt, cette Joie éclatera.

Accueillez déjà Mon Amour. Laissez-vous purifier. Bénéficiez pleinement de ces moments de grâces.

Follement, Je vous aime, follement, Je t'aime. »

23 novembre, 4 h 30

155. – *Regarder les événements de la vie, heureux ou malheureux, avec les yeux de la foi*

« Mon tout-petit, observe bien ce qui se passe en toi et autour de toi, et tu seras de plus en plus témoin de Mon Agir. Rien n'arrive pour rien ; ou bien il s'agit d'événements heureux qui remplissent ton cœur de joie et qui ont comme objectif de louer, de bénir et de rendre grâce au Père de Son immense bonté et de Son Amour, ou bien, il s'agit d'événements plus ou moins malheureux qui te permettent de découvrir ton impuissance, ta vulnérabilité, ta fragilité et tes erreurs, malgré une bonne volonté d'intentions. Le signalement de ces événements doit t'inciter à tout remettre entre les mains du Père car, sans Lui, tu n'es rien.

Ou bien, il s'agit d'événements très malheureux qui te confirment ton impuissance et tes limites et qui, en plus, te permettent d'unir tes souffrances aux Miennes, de souffrir avec Moi et ainsi devenir corédempteur avec Moi, afin de jouir davantage du bonheur éternel.

Celui ou celle qui regarde les événements de la vie avec les yeux de la foi et non avec les yeux du corps découvre une nouvelle dimension : tout est changé, tout est transformé autrement plus qu'avec des lunettes à trois dimensions.

Chaque événement heureux ou malheureux devient une occasion d'offrande, de louange, de pardon ou de demande de pardon, d'intercession, de remerciement et d'adoration ; des occasions donc de s'unir de plus en plus à Moi, de devenir de plus en plus l'Amour.

Vous devenez l'Amour. Tu deviens l'Amour. Je vous aime. Je t'aime. »

24 novembre, 3 h 55

156. – **Le Saint-Père Jean-Paul II et Mère Térésa, modèles pour constater ce que produit la toute-petitesse.**

Seigneur Jésus, je m'offre totalement à Vous avec ma faiblesse et mon impuissance. J'attends tout de Vous et je me place à Votre écoute. Merci d'accepter de parler au pauvre instrument que je suis. Je Vous aime.

« Mon tout-petit, Je t'enveloppe de Mon Grand Manteau pour te protéger et te couvrir de Mon Ombre. Plus tu te sens petit, faible, impuissant et vulnérable, plus tu M'es utile et plus Je peux passer par toi et t'utiliser.

Présentement, les grandes souffrances, occasionnées par l'égarement de Mon peuple et la faiblesse de Mon Église, résultent de la prétention de grandeur, de puissance et de force qui prévaut chez ceux et celles qui les composent et les dirigent. Pourtant, n'ont-ils pas comme modèles le Saint Père Jean-Paul II et Mère Térésa pour constater ce que produit la toute-petitesse ?

Sans la puissance de Dieu, toute personne n'est rien sur cette terre ; vous en serez de plus en plus témoins, car l'heure de la grande vérité approche et tout ce qui est faux doit être démasqué, détruit ou envoyé au fond des enfers pour donner place à la lumière de la vérité.

L'Amour, qui veut faire de Ses enfants de la terre des êtres d'Amour, doit les placer devant la lumière de la vérité, afin que tout ce qui est faux en eux soit démasqué et expulsé. Ainsi, chacun, chacune pourra retrouver sa grande liberté d'enfant de Dieu et sa beauté originelle.

Lorsque vous êtes témoins de ces événements, au lieu de vous scandaliser ou de vous laisser aller à la dépression, soyez dans la joie, dans l'allégresse et la louange, car c'est l'heure de la vérité qui commence à sonner pour la grande libération qui vous conduit à l'Amour.

Vous devenez l'Amour. Tu deviens l'Amour.

Tendrement, vous êtes aimés. Tendrement, Je t'aime. »

25 novembre, 6 h 00

157. – *Tes facultés deviennent au service de ton cœur*

Maman Marie, Toi qui as un Cœur de Mère, Toi qui comprends ma misère, je veux m'adresser à Toi car je me sens un peu gêné de revenir encore auprès de Jésus, Lui qui m'a tellement comblé et gratifié, et d'être encore préoccupé par des choses matérielles, d'avoir si peu de foi, d'avoir autant de difficulté à prier avec mon cœur et à accueillir Son Amour, Sa Miséricorde.

Ma Bonne Maman, prends ma misère, présente-la à Ton Fils Jésus afin qu'elle soit transformée en grâces et bénédictions sur les plus souffrants de cette terre, en ce moment.

Merci d'intercéder pour moi.

Ton fils faible qui a besoin d'aide pour devenir ce qu'il devrait être.

Maman, je T'aime.

« Mon tout-petit enfant, comme Je suis heureuse de pouvoir te prendre dans Mes bras, de te serrer contre Mon Cœur et de rejoindre en même temps une multitude de cœurs qui, comme toi, ont besoin d'accueillir l'Amour, de se savoir aimés, mais dont les préoccupations et les attachements aux choses du monde empêchent d'accueillir, de rencontrer et de goûter l'Amour que Mon Fils Jésus reçoit continuellement du Père pour le leur donner.

Lorsque ta grandeur et tes facultés ne sont pas mises au service de ton cœur, tu ne peux recevoir ce dont ton cœur a besoin. Cependant, par ta petitesse et par ton cœur, il est facile pour Moi, ta Mère, de te conduire à Mon Fils Jésus afin que tu puisses t'abreuver à la source même de l'Amour.

Plus ton cœur est abreuvé, plus il se développe. Plus il se développe, davantage il s'abreuve, et plus il s'abreuve, davantage il se développe et prend de plus en plus d'espace en toi, et tes facultés deviennent au service de ton cœur.

Elle est là la grande transformation qui s'opère en toi en ce moment, le grand passage dans lequel tu es et qui va faire de toi l'Amour. Même si, parfois, tu te sens éloigné, ne t'inquiète pas, ta Maman te tient continuellement par la main, juste à côté de Jésus pour recevoir tout l'Amour que ton cœur peut accueillir.

Comme tu es beau lorsque tu te fais petit, et Moi, ta Maman, Je peux te bercer pour te transmettre ce dont tu as besoin.

Accepte que tu sois follement aimé et que tu sois de plus en plus aimable.

Ta Maman qui t'embrasse, Ta Maman Marie. »

27 novembre, 3 h 00

158. – *Vous vivez dans un monde qui s'est complètement égaré*

« Mon tout-petit, c'est toujours et uniquement dans Mon Cœur que tu peux trouver ce que tu cherches : sérénité, joie, paix et Amour.

Vous vivez dans un monde qui s'est complètement égaré, emportant dans le courant des consacrés et de nombreux fils de prédilection. Si vous gardez vos yeux fixés sur le monde et les erreurs qui se commettent présentement dans Mon Église, il y a de quoi vous décourager.

Par contre, si à chaque fois que vous êtes témoins d'égarements et d'erreurs vous les accueillez dans votre impuissance pour les présenter au Père, vous gardez votre regard tourné vers Lui, contemplant Sa bonté, Sa Miséricorde, Sa Toute-puissance et Son Amour, vous devenez des veilleurs et des guetteurs de ce qui survient bientôt. Au lieu d'être des gens désemparés par les ténèbres de la nuit, vous devenez des guetteurs de l'Amour et de la civilisation de l'Amour qui s'en vient aussi sûrement que le jour après la nuit.

Donnez tous vos "oui" à l'Amour, afin d'être complètement purifiés, sanctifiés, d'être complètement libérés des forces du mal, d'être devenus pleinement l'Amour. Ainsi, vous vous retrouverez entièrement chez vous en entrant dans cette Société Nouvelle de l'Amour.

Comme les Cieux sont ouverts, vous n'avez pas à vous cramponner à ce monde de souffrance, mais vous pouvez immédiatement, en entrant à l'intérieur de vous-mêmes et gardant les yeux tournés vers l'Amour du Père, vivre d'ores et déjà cet Amour à l'intérieur de vous, en attendant qu'il éclate à la grandeur de la terre.

Heureux, heureuses êtes-vous de pouvoir vivre maintenant dans cet Amour, en vous laissant transformer par l'Amour.

Vous devenez l'Amour. Tu deviens l'Amour. Je t'aime. »

28 novembre, 6 h 00

159. – *Très bientôt, il n'y aura plus de place pour les tièdes et les indifférents*

« Mon tout-petit, c'est dans la joie d'une belle espérance de cette Terre Nouvelle que vous devez avancer jour après jour.

Vous êtes présentement témoins de grandes souffrances et vous le serez encore plus dans les jours qui viennent. Vous êtes aussi témoins de très belles choses, de belles transformations des cœurs produites par l'action de l'Esprit Saint, par la grâce, par l'Amour, et vous le serez encore plus dans les jours qui viennent.

Très bientôt, il n'y aura plus de place pour les tièdes et les indifférents. Il y aura ceux et celles qui seront en pleine lumière sur ce qui se passe à travers le monde. Il y aura ceux et celles qui seront pleinement dans les ténèbres. Il n'y aura plus d'intermédiaire, ce sera l'un ou l'autre, jamais l'un et l'autre.

Pour ceux et celles qui entreront dans le monde de la lumière, leurs fautes, leurs égarements seront de plus en plus visibles. Par leurs "oui", ils en seront totalement libérés afin que leurs âmes deviennent blanches comme neige.

Pour les autres qui seront dans les ténèbres, ils seront de plus en plus animés par un esprit de pouvoir, d'orgueil, de vengeance, de haine, de colère, de violence. Ils s'entre-tueront et s'autodétruiront, comme c'est déjà commencé.

Priez avec Moi le Père, afin que les yeux s'ouvrent et qu'il y ait de plus en plus de gens dans le monde de la lumière. Ne perdez pas de temps à regarder le monde des ténèbres, mais gardez votre regard tourné vers la Lumière, vers l'Amour, pour devenir le plus rapidement possible l'Amour, car follement vous êtes aimés.

Tendrement, Je t'aime. »

2 décembre, 4 h 00

160. – *Par vous-mêmes, vous croyez pouvoir devenir une force, une puissance : c'est tout à fait faux*

Seigneur Jésus, je me place devant Vous, entièrement à Votre écoute, totalement démuni comme par le passé, ne sachant ce que Vous voulez m'enseigner ce matin.

Merci de Votre Présence invisible qui vient utiliser le pauvre instrument que je suis. Je Vous aime.

« Mon tout-petit, plus que jamais, en ces temps qui sont les derniers, J'ai besoin d'une multitude de tout-petits, assez petits pour être au niveau de leurs cœurs et à Mon écoute. C'est là et uniquement là qu'ils deviennent des instruments valables entre Mes mains.

Vous croyez, par vous-mêmes, pouvoir devenir une force, une puissance ; c'est tout à fait faux. Si ce n'est pas Moi qui passe à travers vous, vous êtes comme du vent qui passe et ne laisse rien sur son passage. Tandis que si c'est Moi qui passe à travers vous, le faible petit vent que vous êtes devient avec la puissance de l'ouragan, du cyclone, capable de tout soulever et transformer sur son passage.

C'est donc Ma Présence en toi qui fait toute la différence. Ma Présence, par elle-même, ne s'impose pas si elle n'est pas désirée et accueillie. Tu ne peux, par toi-même, lui donner des commandes. Tu n'as pas plus de pouvoir sur Ma Présence que tu en as sur le vent, l'ouragan ou le cyclone qui passe. De même, tu n'as aucun pouvoir sur Ma Présence en toi, autour de toi et à travers toi. Pourtant, tu as la certitude qu'elle va prendre place en toi, autour de toi et à travers toi, si elle est désirée, accueillie et que tu acceptes de lui donner l'espace qu'elle veut occuper. Car elle veut toujours occuper, non seulement une place mais bien toute la place.

C'est toujours Ma prière auprès du Père : "Faites Père qu'ils soient un en Moi, comme Je suis un en Toi".

Comme la prière de Jean le Baptiste : "Faites que je diminue pour que Lui grandisse."

À chaque fois que tu acceptes de diminuer, de te faire plus petit, J'accepte de prendre de plus en plus de place en toi, et c'est ainsi que Je peux arriver à prendre toute la place et que tu deviens l'Amour.

Si tu savais, si vous saviez comment vous êtes aimés et ce que produit l'Amour en vous, vous n'auriez qu'un seul et unique désir, celui de devenir de plus en plus petits pour que L'Amour occupe toute la place.

Heureux et heureuses êtes-vous d'être sur cette belle voie de l'Amour.

Follement, vous êtes aimés. Follement, Je t'aime. »

3 décembre, 3 h 05

161. – *Continue à avancer dans la foi, sans voir ni savoir où Je te conduis*

« Mon tout-petit, continue à avancer dans la foi, sans voir ni savoir où Je te conduis. C'est sur ce chemin que toi tu es transformé.

Ce qui est important, ce n'est pas de savoir où cela te conduit, mais bien d'être sur le chemin que le Père a choisi pour toi, que tu te laisses conduire totalement par Moi. Il est normal que tu vives toutes sortes de sensations, de la tribulation à la jubilation.

En accueillant tout ce qui se présente à toi comme venant du Père, et Lui offrant tout, chaque événement devient, pour toi, comme une rosée qui contribue à te rafraîchir et à te faire grandir dans l'Amour.

Je t'ai dit que ta vraie mission sur cette terre consiste à devenir l'Amour. Comment serait-il possible de devenir l'Amour si tu n'es pas conduit et enseigné par Quelqu'un qui est déjà l'Amour ? Voilà pourquoi Je me tiens toujours près de toi car, en plus de te conduire et de te guider, Je t'inspire, Je te protège, Je te relève si tu tombes, J'inspire ceux et celles qui sont sur ta route. Je t'enveloppe de Mon Grand Manteau et, ce qui est encore plus important, Je déverse dans ton cœur, à chaque instant du jour et de la nuit, autant d'Amour qu'il peut en contenir.

Ainsi, tu deviens l'Amour. Tendrement, Je t'aime. »

6 décembre, 5 h 40

162. – *La grande purification qui vous est demandée et qui est commencée va se poursuivre à la grandeur de la terre, à l'ensemble des enfants du Père*

« Mon tout-petit, la joie sera très grande au Ciel comme sur la terre, le jour de Ma Grande Venue. Ce jour tant attendu ne tardera pas, les préparatifs sont nombreux. Si vous ouvrez vos yeux et que vous accueillez avec votre cœur, dans la foi, ce qui se passe présentement, vous en êtes témoins.

La préparation primordiale pour chaque personne vivant sur cette terre présentement, c'est la préparation de son cœur. Un cœur préparé pour le Grand Retour est un cœur complètement transformé par l'Amour, toujours habité par des pensées de paix, de joie, d'Amour, et où il n'y a pas de place pour des pensées négatives sous aucune forme, comme la haine, la colère, la vengeance, le dénigrement, la non acceptation d'une personne (peu importe son comportement), les inquiétudes et les préoccupations des choses matérielles et spirituelles, ou encore face à elle-même : la non acceptation de ce qu'elle est.

Il s'agit donc d'un cœur parfait sur tous les points ; ce qu'aucune personne ne peut réaliser par elle-même. Seul, le Créateur a le pouvoir de venir parfaire ou terminer Sa création. Comme Il a donné une très grande liberté à l'être qu'il a créé par Amour, Il attend de cet être un "oui" total, inconditionnel et irrévocable. Un grand "oui" pour débuter et une multitude de petits "oui" pour venir couper toutes les attaches et les habitudes qui empêchent cette personne de devenir un être d'Amour. De même que la personne doit donner une multitude de "non" à tout ce qui est contraire à l'Amour ou qui l'empêche de devenir un instrument docile et malléable entre les mains du Père.

La grande purification qui vous est demandée et qui est commencée va se poursuivre à la grandeur de la terre, à l'ensemble des enfants du Père. Le temps presse à remettre vos "oui". Comme vous êtes les premiers choisis, une multitude des bénéficiaires de vos "oui" volontaires auront à souffrir de vos refus ou hésitations.

Vos "oui" ont une importance beaucoup plus grande que vous le pensez ; un peu comme les premiers Apôtres, ils n'étaient absolument pas conscients de l'importance de leurs "oui" à suivre le Christ.

Heureux et heureuses d'être choisis, vous devenez l'Amour pour donner l'Amour.

Je vous aime. Je t'aime. »

10 décembre, 3 h 00

163. – *Je t'aime avec tes misères, tes faiblesses et tes limites*

Seigneur Jésus, encore une fois, je veux Vous présenter ma misère à Vous prier et à être à Votre écoute. Étant toujours distrait par toutes sortes de préoccupations matérielles et mon peu de foi, ma difficulté à Vous les abandonner sans les reprendre.

Venez à mon aide. Je m'en remets totalement entre Vos mains ainsi que toutes ces situations d'affaires qui m'empêchent d'être entièrement tourné vers Vous.

Merci d'entendre et d'exaucer ma prière. Je Vous aime.

« Mon tout-petit, ne crains pas, tu es précieux pour Moi ; tu as du prix à Mes yeux. Je ne t'abandonne jamais. Je suis toujours avec toi. Je m'occupe des moindres détails de la totalité de tes préoccupations.

Toi, pour te rendre aimable à Mes yeux, tu voudrais avoir un comportement parfait, celui qui selon toi convient à un homme de foi. Si tu savais comme Je t'aime avec tes misères, tes faiblesses et tes limites, tu les accepterais comme étant ce que le Père veut de toi en ce moment. Toi, tu n'as rien d'autre à faire que de les accepter comme étant ce qu'il y a de mieux pour toi en ce moment, de les offrir au Père et de redonner continuellement tes "oui".

La transformation de ton être c'est Son œuvre bien à Lui et non la tienne. Lui, Il sait ce qu'il te faut vivre en ce moment. Si tu veux être parfait, c'est d'abord d'unir ta volonté à la Sienne en ce qu'Il veut que tu sois aujourd'hui. Demain, ce sera autre chose, mais tu auras encore à unir ta volonté à ce qu'Il voudra que tu sois dans ton être et qu'Il voudra que tu vives à travers les personnes autour de toi et à travers les événements.

La grâce est toujours là pour venir en aide à ta faiblesse et faire de toi l'Amour.

Tu es follement aimé. Follement, Je t'aime. »

1997

11 décembre, 5 h 05

164. – ***C'est uniquement ton cœur qui te permet d'entrer en intimité avec Moi, d'accueillir les inspirations et les grâces que l'Esprit Saint veut déverser en toi***

« Mon tout-petit, c'est dans une très grande joie que Je te vois avancer pour devenir l'Amour.

Fais-toi petit, encore petit, toujours plus petit, afin de te situer au niveau de ton cœur. C'est uniquement ton cœur qui peut accueillir l'Amour. C'est uniquement ton cœur qui te permet d'entrer à l'intérieur de toi-même et de contempler le Père, d'entrer en intimité avec Moi, d'accueillir les inspirations et les grâces que l'Esprit Saint veut déverser en toi, d'être en communion de cœur et d'esprit avec les Saints en toi, avec les saints Anges et la Communion des Saints et Saintes du Paradis, ainsi que ceux et celles qui vivent présentement sur cette terre.

C'est uniquement ton cœur qui peut faire la lumière en toi, te permettant de voir les attitudes qui doivent être changées, les offrant toujours au Père, après les avoir acceptées dans l'humilité du tout-petit qui attend tout de son Père.

Accepte les fermetures de ton cœur pour les offrir au Père, afin que, par Sa main de Créateur, Il vienne changer ces fermetures en de grandes ouvertures, permettant ainsi à Son Amour de circuler librement dans ton cœur.

Lorsque l'Amour du Père circule librement dans un cœur, ce cœur devient en relation constante avec Moi, avec Ma Sainte Mère, tous les Anges et les Saints et Saintes du Ciel et de la terre.

Ce n'est plus toi qui vis à travers le monde et qui se lance pour tenter d'accomplir de bonnes choses, c'est l'action du Père, l'action de l'Amour qui passe à travers toi, qui est lancée à travers le monde pour l'interpeller à devenir l'Amour, à donner son consentement à se laisser transformer pour devenir l'Amour.

Vous êtes des choisis, non pour être des grands et des puissants aux yeux du monde, mais pour être des petits, des tout-petits aux yeux du monde, afin de devenir des puissants sur le Cœur du Père.

Pour t'aider à comprendre cette puissance, regarde celle qu'opère un nouveau-né sur ses parents. Par sa totale impuissance, il modifie complètement la vie de ses parents et va ainsi chercher l'amour dont il a besoin pour son épanouissement.

C'est cette puissance sur le Cœur du Père que te donne le fait d'être choisi. Tu ne peux t'enorgueillir de cela, sinon tu perds la puissance que te donne la petitesse.

En résumé, la petitesse de ton cœur est le chemin pour devenir l'Amour en accueillant l'Amour.

Tu deviens l'Amour. Tu es follement aimé. Tendrement, Je t'aime. »

17 décembre, 5 h 55

165. – *Une flèche de choix, capable de pénétrer les cœurs les plus endurcis*

Mon tout-petit, l'Amour qui est en toi, que tu ne vois pas, que tu ne ressens pas toujours, mais seulement parfois, est bel et bien à l'œuvre. Il est à transformer entièrement ton être, à le purifier, pour en faire une flèche de choix, capable de pénétrer les cœurs les plus endurcis.

Tu n'as pas à savoir quand la transformation sera terminée, ni comment cela va se faire, tu n'as qu'à croire et à continuer de donner des "oui". La fleur qui est en transformation pour éclater dans toute sa beauté, ne sait pas quand ni comment cela va se produire ; elle n'a pas à le savoir puisque c'est l'œuvre du Créateur.

Il en est de même pour toi. À part tes consentements, tu n'as pas plus de pouvoir sur le quand et le comment que la fleur elle-même ; ce qui ne l'empêche pas de rayonner dans toute sa beauté et de faire la joie de ceux et celles qui la regardent. Elle ne peut non plus s'attribuer les mérites d'être ce qu'elle est.

Il en est de même pour toi : tu ne peux t'attribuer le mérite d'être ce que tu es, car ce n'est pas ton œuvre. Par toi-même, tu ne serais rien. Il te faut rendre gloire au Père continuellement pour ce que tu es et pour ce qu'Il te permet d'accomplir.

Avec toi, Je veux Lui rendre grâce parce que tu deviens l'Amour.

Tendrement, Je t'aime. »

20 décembre, 5 h 50

166. – **Lorsque l'Amour habite en toi et qu'il a entière liberté d'agir, il accomplit des merveilles**

« Mon tout-petit, si tu savais l'Amour qui existe au Ciel, si tu savais l'Amour que le Père veut déverser en toi et en tous Ses enfants de la terre. Si tu savais tout ce que produit l'Amour dans un cœur lorsqu'il est pleinement accueilli, tu ne désirerais rien d'autre que l'Amour.

Tu ne prierais que pour devenir l'Amour. Tu n'aurais qu'un seul désir pour tous ceux et celles que tu portes dans ton cœur (ceux et celles qui sont greffés à ton cœur), à savoir que ces personnes deviennent l'Amour.

Tes pensées ne seraient que des pensées d'Amour, peu importe ce que la personne a pu dire ou faire. Car, au-delà de ce que la personne dit, fait ou paraît être, il y a, à l'intérieur d'elle-même, l'Amour qui veut s'exprimer, qui veut éclater en elle pour la transformer et en faire un véritable être d'Amour.

L'Amour qui est à l'intérieur de chaque personne ne peut se révéler qu'en rencontrant l'Amour. L'Amour n'a que deux chemins pour aller à la rencontre de l'Amour qui a été déposé dans le cœur de chaque personne : soit en direct, soit en passant par quelqu'un d'autre. À chaque fois qu'il y a une personne sur ta route, peu importe ce qu'elle est, peu importe ce qu'elle te dit, peu importe ce qu'elle te fait, demande au Père si c'est par toi qu'Il veut passer pour rejoindre l'Amour déposé dans le cœur de cette personne ; un Amour qui peut être latent, qui peut aussi être écrasé, étouffé, enseveli par une montagne de misères, de blessures, de rejets, mais qui peut remonter à la surface par un simple regard, un accueil ou par une parole d'amour venant d'un cœur sincère.

Lorsque l'Amour habite en toi ou en vous et qu'il a entière liberté d'agir, il accomplit des merveilles. Remercie et remerciez le Père qu'il en soit ainsi.

Vous devenez l'Amour. Tendrement, Je vous aime.

Tu deviens l'Amour. Tendrement, Je t'aime. »

23 décembre, 5 h 35

167. – *Ton cœur s'ouvre de jour en jour*

À l'approche de Noël, je Vous demande, Seigneur Jésus, d'ouvrir mon cœur afin qu'il soit davantage capable d'accueillir l'Amour que Vous voulez bien y déverser, car sans Votre Amour, je ne suis rien. Merci d'entendre ma prière.

« Mon tout-petit, Je prends ton cœur, Je le place contre le Mien afin qu'il soit enflammé au Feu de Mon Amour Feu. C'est ce Feu qui vient le purifier, le libérer et couper les attaches qui l'empêchent d'accueillir tout l'Amour que le Père veut y déverser.

Ton cœur s'ouvre de jour en jour. Il devient de plus en plus l'Amour. Tu deviens l'Amour.

Tendrement, Je t'aime. »

24 décembre, 3 h 00

168. – *Un cadeau que tu n'auras jamais fini de déballer*

« Mon tout-petit, J'ouvre ton cœur, Je le dilate, Je coupe les attaches, Je veux qu'il soit grand ouvert pour cette grande Fête de Noël,

Je veux t'offrir comme cadeau le déversement d'un flot d'Amour dans ton cœur. Tes "oui" totaux, inconditionnels et irrévocables me donnent cette liberté d'agir ainsi dans ton cœur.

1997

C'est à l'intérieur même de ton cœur que Je veux y faire Ma demeure, comme Je veux que toi tu habites toujours à l'intérieur du Mien.

Avec ce Jour de Noël qui est la Fête de Ma première Venue sur cette terre, il y a toujours une multitude de grâces, de bienfaits et d'Amour qui sont déversés dans les cœurs. En ce Jour de Noël 1997, Je veux débuter avec toi une Alliance nouvelle.

Tu connais ce que veut dire le mot "alliance" qui est beaucoup plus qu'une relation d'alibi (relation à distance dans l'exercice de tes activités courantes); ou d'une relation d'alliage (relation d'accommodement entre Ma Volonté et la tienne, une union de vie avec Moi, mais non en Moi, où chacun conserve son identité).

Une relation d'Alliance c'est une relation authentique avec Celui qui désire épouser ton âme. C'est l'union de sainteté. Tu vis pour Moi, tu demeures en Moi. Tu es TOUT à MOI, Je suis TOUT à TOI. TOI et MOI, nous sommes TOUT à TOUS.

C'est cette Alliance que Je t'offre en cadeau pour ce Noël.

Il s'agit d'un cadeau que tu n'auras jamais fini de déballer, qui se déballera petit à petit, à chaque fois que tu feras appel à Moi et que tu te placeras en Ma Présence, peu importe où tu seras, peu importe ce que tu feras. »

Figure illustrant la façon dont je comprends les trois différentes relations avec Dieu :

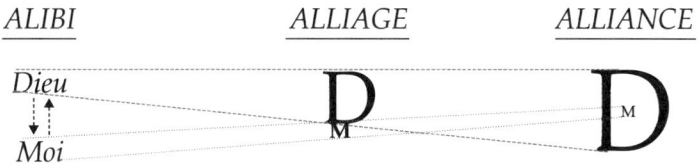

———

Note : En décrivant le cadeau que m'offrait Jésus, ma joie était tellement grande que je ne pouvais retenir mes larmes.

Il est à noter que le "M" diminue pour symboliser que je dois accepter de diminuer pour avoir une relation plus intime avec Dieu, et diminuer encore pour devenir "un" avec Lui.

« Tu verras ce cadeau se déballer à chaque fois que Je t'utiliserai pour déverser Mon Amour dans le cœur d'une personne que Je mets sur ta route.

Tu seras témoin de ce que produit dans les cœurs ce cadeau d'Alliance. Ce dont tu seras témoin ne sera qu'une infime partie de ce que produit cette Alliance qui s'exerce surtout dans l'invisible, donc à ton insu, sans que tu saches vraiment que cela se réalise, sinon dans la foi, et ton cœur en est comblé.

Prends le temps d'accueillir, de méditer et de goûter la saveur que produit ce cadeau à l'intérieur de ton cœur.

Ce cadeau est aussi le même pour ta chère épouse Elisabeth. Par vous deux, Je le donnerai à une multitude, souvent à votre insu, mais, à l'occasion, vous en serez témoins.

Accueillir l'Amour.
Devenir l'Amour.
Donner l'Amour.

Il n'y a pas de plus belle et de plus grande mission sur cette terre.

Heureux et heureuses êtes-vous d'être déjà dans cette mission.

Vous devenez de plus en plus l'Amour. Tendrement, Je vous aime.

Tendrement, Je t'aime. »

29 décembre, 5 h 25

169. – *L'Amour déversé dans les cœurs est comparable à la pluie qui tombe sur la terre*

« Mon tout-petit, continue à accueillir l'Amour que Je déverse continuellement dans ton cœur.

L'Amour déversé dans les cœurs est comparable à la pluie qui tombe sur la terre : la terre ne peut pas absorber toute la pluie qui tombe sur elle ; une quantité importante va couler vers la rivière sans avoir pénétré le sol.

Le Père donne toujours en abondance beaucoup plus que ne peut accueillir l'humanité. Lorsque le sol n'est pas pierreux, même s'il n'absorbe pas toute la pluie qui tombe, il en absorbe assez pour faire croître la végétation qui pousse, pour permettre à la terre de donner sa richesse.

Il en est de même pour l'Amour venant du Père. Jamais les cœurs ne pourront l'accueillir entièrement et s'en laisser pénétrer. Ce qui est important, c'est qu'ils soient assez ouverts et accueillants pour se laisser pénétrer, ne serait-ce qu'une infime portion de ce qui est déversé.

Cette toute petite portion est suffisante pour transformer un cœur, pour le faire croître et s'épanouir comme une belle rose et donner toute sa richesse.

Comme la terre qui a déjà absorbé beaucoup d'eau est davantage capable d'en absorber qu'une terre trop sèche, un cœur qui a déjà absorbé beaucoup d'Amour est davantage capable d'en recevoir.

N'ayez donc aucune crainte d'accueillir l'Amour, tant celui qui est donné en direct que celui qui vient des autres. Plus vous en accueillerez, plus vous serez capables d'en accueillir et plus rapidement vous deviendrez cet être d'Amour capable d'enflammer ceux et celles qui vous sont confiés, tant dans le visible que dans l'invisible.

Plus rapidement vous donnerez vos "oui" à l'Amour, plus rapidement vous deviendrez l'Amour et plus rapidement vous donnerez l'Amour.

Vous devenez l'Amour. Tu deviens l'Amour. Je vous aime, Je t'aime. »

31 décembre, 6 h 25

170. – *Plus un enfant est petit, faible et impuissant, plus il est comblé d'amour*

En ce dernier Jour de l'Année 1997, je ne sais comment remercier la Trinité Sainte et Maman Marie pour toutes les grâces reçues au cours de l'année, pour les précieux enseignements reçus du Père, du Seigneur Jésus et de Maman Marie.

Ce que je crois avoir reçu de plus précieux c'est l'éveil qui s'est opéré en moi, me permettant de découvrir et d'expérimenter que je suis un être créé par Amour, que je suis profondément aimé par mon Père du Ciel, que je n'ai qu'à accueillir l'Amour pour devenir un être d'Amour et donner l'Amour, sans aucun mérite de ma part, sinon celui de consentir à donner mes "oui", à tout Lui demander, à tout Lui remettre et à tout attendre de Lui.

Jamais je ne pourrai assez remercier, louer, bénir et rendre grâce.

Merci Père, merci Seigneur Jésus, merci Esprit Saint, merci Maman Marie.

Votre tout-petit.

« Mon enfant, c'est le tout-petit que tu es, et que tu acceptes d'être, qui te permet d'être conduit sur ce chemin de l'Amour. Plus tu accepteras de reconnaître ta petitesse, plus tu recevras de l'Amour. Dans le sens contraire, si tu cherches à être et à devenir grand, tu t'éloigneras de l'Amour.

Observe un enfant face à ses parents : plus il est petit, faible et impuissant, plus il est comblé d'amour. À mesure qu'il grandit, il devient autonome et indépendant, de même qu'il s'éloigne de l'amour qu'il recevait lorsqu'il était petit.

Je voudrais que tu saisisses bien que l'année qui se termine n'est pas pour toi un point d'arrivée, mais bien un point de départ. Tu ne fais que commencer à t'éveiller à ce qu'est l'Amour. Tu ne fais que commencer à découvrir comment tu es aimé parce que tu ne fais que commencer à reconnaître ta petitesse.

L'important est d'avoir commencé. Dès lors, il va falloir persévérer sur cette voie de la petitesse, de l'impuissance, pour aller de découverte en découverte, de beauté en beauté, d'Amour en Amour.

Moi ton Père, le Tout-Puissant, Je me fais suppliant auprès de toi, le tout-petit, pour que tu accueilles Mon

1997

Amour et, en plus, Je te dis que J'ai un grand besoin de toi, mais uniquement dans ta petitesse, ta faiblesse, ton impuissance pour y déverser tout Mon Amour.

Merci, Mon fils, de te laisser aimer par Moi, ton Père.

Je te bénis et t'enveloppe de Mon Amour. Laisse-Moi le plaisir de te combler.

Paternellement et maternellement, Je t'aime. »

1998

1ᵉʳ janvier, 4 h 20

171. – *Accueillir, absorber et répandre l'Amour, tant dans l'invisible que dans le visible, voilà l'essentiel de votre mission*

Seigneur Jésus, j'implore Votre bénédiction pour la nouvelle année qui commence, afin que rapidement nous puissions devenir des êtres d'Amour.

Je me veux totalement à Votre écoute et à Votre service. Je Vous aime.

« Mon tout-petit, c'est avec une très grande joie que Je vous couvre de Mon Manteau Royal. Vous êtes également couverts du Manteau de Ma très Sainte Mère. Vous recevez les lumières de l'Esprit Saint, l'Amour du Père qui vous donne grâces, bénédictions, paix, joie, sagesse et discernement. Vous recevez tout ce dont vous avez besoin pour la nouvelle année qui débute. Vous n'avez rien à craindre. Je suis avec vous toujours et partout.

Par les nombreux "oui" que vous m'avez donnés et que vous continuez à donner au Père, J'ai mission de vous conduire toujours plus loin dans l'Amour.

L'année qui vient de se terminer vous a permis de constater comment vous êtes aimés du Père et, en conséquence, de vous aimer tels que vous êtes. L'année qui débute vous permettra d'expérimenter ce que produit l'Amour en vous lorsqu'il a la liberté d'agir, et ce qu'il produit autour de vous et à travers vous.

Lorsque vous serez complètement imbibés, vous serez comme une éponge qui répand de l'eau partout ou elle est transportée. Vous, vous répandrez de l'Amour partout où vous passerez. Prenez toujours le temps de vous laisser imbiber par cette pluie d'Amour qui tombe continuellement en abondance sur vous.

Heureux et heureuses êtes-vous d'être choisis pour une aussi belle et grande mission. L'éponge sans eau est sans valeur ; il en est de même pour un être sans Amour.

En contenant l'Amour, vous devenez l'Amour et vous êtes contenus dans l'Amour.

Accueillir, absorber et répandre l'Amour, tant dans l'invisible que dans le visible : voilà les appels du Père. Présentement, la mission se vit davantage dans l'invisible pour devenir progressivement visible. Voilà l'essentiel de votre mission pour l'année 1998, le reste a peu d'importance, très peu d'importance.

Gardez votre regard sur cette pluie de grâces et d'Amour qui vous inonde continuellement pour faire de vous l'Amour.

Vous devenez l'Amour. Tu deviens l'Amour.

Je vous aime. Je t'aime. »

6 janvier, 4 h 25

172. – *J'aime te voir te placer sous Ma pluie de grâces et d'Amour qui tombe continuellement sur l'ensemble de Mes enfants de la terre*

Seigneur Jésus, je veux me placer sous cette pluie de grâces et de bénédictions qui tombe continuellement sur chacun de nous afin d'être purifiés de tout ce qui nous empêche d'être centrés sur Votre Amour, Votre miséricorde, Votre bonté, Votre beauté, Votre paix et Votre joie.

Dans ma toute petitesse, j'accueille Votre Amour. Je Vous aime.

1998

« Mon tout-petit, J'aime te voir te placer sous Ma pluie de grâces et d'Amour qui tombe continuellement sur l'ensemble de Mes enfants de la terre.

Ma grande souffrance est de constater que très peu acceptent de l'accueillir. Très bientôt, la situation sera complètement changée. Les cœurs qui continueront de battre seront complètement ouverts à accueillir Mon Amour.

Heureux et heureuses êtes-vous de savoir et de croire que cette transformation de l'humanité s'en vient très rapidement, et d'ouvrir immédiatement vos cœurs à cette pluie de grâces qui non seulement les lave et les purifie, mais vient faire germer et croître la semence d'Amour qui a été déposée dans chacun de vos cœurs au moment de votre conception, et qui a été arrosée pour la première fois au moment de votre Baptême.

Ne cherche pas à comprendre avec ta tête tout ce que Je t'enseigne, sans d'abord l'avoir accueilli totalement dans ton cœur.

Pour entrer plus rapidement dans le grand passage dont Je t'ai parlé, il devient nécessaire d'accueillir au niveau de ton cœur. L'autre étape se fera alors au niveau de la tête, contrairement à votre habitude de vouloir tout comprendre au niveau de votre tête pour ensuite le laisser passer dans votre cœur. C'est pourquoi il y a blocage.

Tu as dit "oui" à l'Amour, tu veux devenir l'Amour, accueille donc cette pluie de grâces et d'Amour au niveau de ton cœur. Il est là le chemin de l'Amour que le Père a choisi, pas autrement.

Plus tu passes du temps au niveau de ton cœur à accueillir cette pluie d'Amour, plus rapidement tu deviens l'Amour et plus rapidement tu peux transmettre l'Amour.

Comme le soleil et la pluie font croître la fleur, le feu et la pluie de Mon Amour dilatent ton cœur pour le rendre éblouissant de Mon Amour.

Tendrement, Je t'aime, tu deviens l'Amour. »

9 janvier, 6 h 45

173. – *Vous êtes présentement témoins de l'impuissance de l'homme sur cette terre*

«Mon tout-petit, apprenez à tout remettre entre les mains du Père, apprenez à Lui faire confiance en tout. Vous êtes présentement témoins de l'impuissance de l'homme sur cette terre.

Sans Dieu, l'homme n'est rien. Lui seul est la Toute-puissance. Vous serez de plus en plus témoins de cette réalité et de cette vérité.

Avec Moi, Ma Sainte Mère, les Saints et Saintes du Paradis et de la terre, des saints Anges, priez le Père afin que les événements que vous commencez à vivre ouvrent les yeux du cœur à cette vérité, que les cœurs reviennent vers Dieu.

Tous, sans exception, sont appelés à se tourner vers Dieu, à ouvrir leurs cœurs pour devenir l'Amour.

Le grand combat qui se fait dans l'invisible va se manifester de plus en plus dans les choses matérielles, vous permettant ainsi de voir de vos propres yeux l'impuissance de l'homme et la Toute-puissance de Dieu.

Regardez la Toute-puissance du Père.
Regardez Sa grande Miséricorde.
Regardez Son Amour.
Remettez-vous entièrement entre Ses mains.
Faites-Lui confiance en tout.
Donnez-Lui votre "oui" total, inconditionnel et irrévocable.
Accueillez Son Amour.
Devenez l'Amour.
Donnez l'Amour.
Heureux et heureuses êtes-vous d'être déjà sur ce chemin de l'Amour.
Vous devenez l'Amour. Tu deviens l'Amour.
Tendrement, Je t'aime.»

1998

15 janvier, 4 h 25

174. – **Une pluie de grâces et d'Amour tombe du Ciel continuellement**

Seigneur Jésus, je ne sais comment Vous remercier de nous avoir autant protégés durant cette période de verglas, tant à l'endroit de chaque membre de la famille que des biens matériels. Je sais que ce n'est par aucun mérite de notre part, mais uniquement par Amour et miséricorde. Notre tour n'est peut-être pas encore arrivé... Je sais que nous aussi nous devons être purifiés avant de devenir l'Amour.

Je Vous redonne mon "oui" total, inconditionnel et irrévocable à cette purification. Je me remets totalement entre Vos mains. Quant aux moyens, plaise à Vous qu'ils soient doux et faciles. Que Votre Volonté et non la mienne s'accomplisse ; que je devienne ce que Vous voulez que je sois : l'Amour. Que je devienne cet instrument docile entre Vos mains et que je sois utilisé comme Vous le voulez, quand Vous le voulez et où Vous le voulez.

Devant Votre Toute-puissance, je me sens tellement petit et impuissant. Soyez mon Maître, mon guide, mon protecteur. J'accepte de disparaître afin que Vous preniez toute la place. Je Vous aime.

« Mon tout-petit, mon cher tout-petit, mon enfant bien-aimé, J'aime t'envelopper de Mon Manteau et de celui de Ma Sainte Mère afin que l'Ennemi n'ait aucune prise sur toi. Tu n'as rien, rien à craindre, ta purification est bel et bien commencée, dans la douceur et l'Amour.

Ta grande docilité permet à Mon Père, "ton Père" d'agir ainsi. Même s'il devait y avoir des moments plus difficiles, comme c'est le cas présentement pour d'autres de Mes choisis, ce que tu recevras de l'intérieur de toi en paix, en joie et en Amour, devient beaucoup plus fort et puissant que ce que tu pourrais être appelé à vivre de difficile venant de l'extérieur de toi.

Une seule chose est importante. Il n'y a qu'une seule vraie et unique protection pour les êtres humains : la Paix, la Joie et surtout l'Amour que Je déverse en abondance dans les cœurs.

C'est comme une pluie de grâces et d'Amour qui tombe du Ciel continuellement, et dès qu'un cœur s'ouvre pour l'accueillir, il reçoit tout ce dont il a besoin pour le moment présent et aussi pour l'avenir.

Arrosés continuellement par cette pluie de grâces et brûlés au Feu de l'Amour Feu, rien ne manque pour traverser les grandes tribulations associées aux grandes jubilations.

Sachez que vous êtes profondément aimés.

Tu es profondément aimé. Oui, Oui, Je vous aime. Je t'aime. »

17 janvier, 5 h 10

175. – *Ce n'est plus toi qui agis, mais bel et bien Moi qui agis à travers toi*

Seigneur Jésus, en ce jour particulier pour moi, je veux Vous remercier, Vous rendre grâce, Vous bénir pour l'Amour, pour la multitude de bienfaits, de grâces que Vous m'avez accordés tout au cours de ces soixante-quatre années.

Sans aucun mérite de ma part, je me sens tellement choyé que je ne sais comment Vous remercier. Je me considère réellement en très grande dette avec Vous et dont je ne pourrai jamais m'acquitter. Je n'ai rien à Vous offrir sinon mon faible petit "oui".

Je sais que Votre Amour est tellement grand et que, pour Vous plaire, je dois accueillir encore davantage Votre Amour, Vos grâces et Vos bénédictions. Même si à mes yeux ce débordement de générosité est un non sens, je l'accueille à bras ouverts, tout simplement parce que Vous voulez qu'il en soit ainsi.

Merci pour tant d'Amour. Je Vous aime.

« Mon tout-petit, Mon très cher tout-petit, c'est toujours une joie de plus en plus grande de serrer ton cœur contre Mon Cœur, d'y déverser le trop plein de Mon Amour, d'y établir Ma demeure à jamais.

Par cette relation d'Alliance, maintenant établie entre nous, tu seras de plus en plus témoin que ce n'est pas toi qui vis en toi, mais bel et bien Moi qui vis en toi.

Ce n'est pas toi qui adores le Père, mais bel et bien Moi qui adore le Père à travers toi.

Ce n'est plus toi qui pries le Père, mais bel et bien Moi qui Le prie à travers toi.

Ce n'est plus toi qui contemples le Père, mais bel et bien Moi qui Le contemple à travers toi.

Ce n'est plus toi qui penses, réfléchis et analyses, mais bel et bien Moi qui s'active à l'intérieur de toi.

Ce n'est plus toi qui agis, mais bel et bien Moi qui agis à travers toi.

Ce n'est plus toi qui parles, mais bel et bien Moi qui parle à travers toi.

Ce n'est plus toi qui aimes, mais bel et bien Moi qui aime à travers toi.

Nous pourrions continuer à allonger la liste à l'infini pour démontrer ce que produit l'alliance avec toi et que Je veux établir avec chacun des enfants de la terre pour que règne enfin cette Nouvelle Société d'Amour qui se construit lentement à travers les tribulations qui sont commencées.

Cette relation d'alliance fait de toi l'Amour.

Parce que l'Amour t'aime, tu deviens l'Amour.

Tendrement et follement, Je t'aime. »

21 janvier, 4 h 40

176. – ***Quel beau témoignage de foi !***

Seigneur Jésus, je veux Vous remercier, Vous louer, Vous bénir et Vous rendre grâce de m'avoir permis d'être témoin de la grande foi que Vous donnez à M. et de l'abandon total qu'elle Vous fait pour son retour de l'hôpital, à la suite de la fracture d'une hanche, et sachant que son époux est déjà très malade.

Je Vous demande de continuer de les combler de Vos grâces et bénédictions, de leur donner toute l'assistance dont ils ont

Pour le bonheur des Miens, Mes Choisis   JÉSUS

besoin pour la situation difficile dans laquelle ils se trouvent et de continuer à en faire de véritables témoins.

Merci d'entendre ma prière. Je Vous aime.

N.B. Lors d'une courte visite à l'hôpital, j'ai été fortement impressionné par la remarque pleine de foi de M., alors qu'elle me disait :

"Le Seigneur ne pouvait choisir un meilleur moment pour me faire entrer à l'hôpital alors que mon fils et mon petit-fils se trouvaient chez moi à cause de la panne d'électricité occasionnée par le verglas.

J'ai fait la remarque à mon époux que cette épreuve favorisera un bon temps pour la prière, le partage et les bonnes lectures. Je l'ai aussi prié de ne pas s'inquiéter de mon retour, car le Seigneur y pourvoira également.

Et j'ai dit à mon fils P. que lorsque l'électricité sera revenue chez lui, il pourra retourner à sa maison et ne devra pas s'inquiéter des conséquences, le Seigneur s'en occupe."

Quel beau témoignage de foi !

« Mon tout-petit, tu as raison de t'émerveiller et de te laisser interpeller par un tel témoignage de foi et d'abandon. Notre Père est un Dieu d'Amour. Il donne toujours des grâces qui débordent l'épreuve en cours. Ce qui manque très souvent, ce sont des gens capables d'accueillir Son Amour et Ses grâces.

Tu as été témoin de ce que produit l'Amour chez une personne qui l'accueille. Les jubilations accompagnant toujours les tribulations et, très souvent, les précèdent.

Heureux êtes-vous de ce que vos yeux soient assez ouverts pour les voir.

Par toi, Je veux dire à M. et à son époux ceci :

Depuis votre tendre enfance, Je vous ai placés sous Mon Manteau de protection ; vous êtes des perles précieuses pour Moi, à votre insu. Je vous ai souvent utilisés pour éveiller les cœurs à la foi et, dans votre incapacité physique actuelle, vous m'êtes plus utiles que jamais. Réjouissez-vous de cette belle période de grâces que vous vivez présentement.

Peu importe les apparences, vous n'avez rien à craindre. Vous êtes mes choisis et vous devez des êtres d'Amour. J'ai besoin de vous, tels que vous êtes présentement, avec vos handicaps physiques, pour faire éclater ma Toute-puissance, pour rejoindre une multitude de cœurs dans l'invisible.

Je vous ai pris en charge. Je m'occupe de vous dans les moindres détails. Je veux que vous goûtiez pleinement Mon Amour. Vous ne manquerez de rien d'essentiel car, Moi votre Dieu, Je suis là, en vous, autour de vous et à travers vous.

Soyez dans l'allégresse. Tendrement et follement Je vous aime.

Tendrement et follement, Je t'aime. »

26 janvier, 5 h 10

177. – *Le Père procède lentement aux transformations*

« Mon tout-petit, c'est dans la joie que tu dois accueillir et vivre les événements bons et mauvais, petits ou grands, heureux ou malheureux, faciles ou difficiles qui se présentent à toi. Ces événements sont là pour te conduire plus loin dans l'Amour.

Après les avoir accueillis, vécus, tu les offres au Père afin que Lui en dispose comme Il le désire. C'est alors qu'ils produisent (qu'ils peuvent produire) tous les fruits nécessaires à ta nourriture spirituelle, afin que tu deviennes un être d'Amour.

Pour le Père, tout est possible, Il pourrait faire la transformation dans un seul instant, comme Il pourrait dans un seul instant faire pousser un arbre. Cependant, Il le fait croître lentement, ce qui permet à l'homme de l'apprécier davantage. Il en est de même pour les transformations : Il pourrait les accomplir dans un seul instant, mais, afin que tu les apprécies davantage, Il procède lentement. Les événements qui se présentent à toi sont des moyens parmi d'autres qu'Il a choisis comme nourriture journalière nécessaire à ta transformation.

Plus rapidement ils sont accueillis, vécus et offerts au Père, plus rapidement ils produisent leurs fruits et plus rapidement tu deviens l'Amour.

Tendrement, Je t'aime. »

30 janvier, 6 h 15

178. – *Je passerai par toi pour rejoindre une multitude de cœurs*

« Mon tout-petit, c'est à travers toi, à travers ce qu'il y a de plus faible en toi, de plus impuissant, que Je passerai pour rejoindre une multitude de cœurs.

Encore une fois, ne cherche pas à comprendre pourquoi, ni connaître le comment et le quand cela va se produire. Je t'informe afin que tu prennes bien conscience de tes consentements à te laisser transformer, à te laisser purifier et à te laisser dépouiller de tout ce qui t'encombre, qui t'alourdit et qui pourrait t'empêcher de devenir cette flèche que Je veux que tu sois pour ouvrir les cœurs.

Médite dans ton cœur cet enseignement, il est beaucoup plus important que tu ne le crois. Laisse-Moi agir dans ton cœur, Me permettant ainsi de le préparer comme Je veux qu'il le soit.

Merci pour tes consentements et ta docilité. C'est ainsi que tu deviens l'Amour.

Tendrement, Je t'aime. »

3 février, 4 h 55

179. – *Le Père a décidé de réaliser Son plan avec et à travers ceux et celles qui acceptent de Lui donner leur consentement*

« Mon tout-petit, tu es tendrement aimé, tu n'as rien à craindre, et parce que l'Amour t'aime, jour après jour, tu deviens l'Amour. La transformation s'opère lentement mais constamment et sûrement.

Tes "oui" sont toujours d'une première importance à l'approche des grandes tribulations qui ne font que commencer. Les "oui" vont sembler de plus en plus difficiles à donner. Plus ils t'apparaîtront difficiles, plus ils auront de l'importance et plus ils seront puissance de transformation, tout en produisant une très grande jubilation.

Il n'est pas nécessaire de comprendre pour demeurer dans la bonne voie ; cependant, il est nécessaire de consentir à ce que le plan et l'action de Dieu, Mon Père, ton Père, notre Père plein d'Amour, puissent se réaliser en plénitude chez toi d'abord, autour de toi par la suite et enfin, à travers toi.

Ce que Je te dis à toi, Je le dis à tous les tiens, à tous ceux et celles qui liront ce que tu écris, et enfin, à toute personne vivant présentement sur cette terre.

L'Amour doit régner en plénitude sur cette terre, et seul Celui qui est la Source même de l'Amour peut réaliser une telle transformation.

Il aurait pu détruire l'humanité tout entière et recommencer avec des personnes nouvelles, pleines d'Amour. Dans sa grande Sagesse et Son Amour, Il a décidé de réaliser Son plan avec et à travers ceux et celles qui acceptent de Lui donner leur consentement.

Tu as vu les bougies s'allumer rapidement les unes après les autres, hier, à l'église ; il en sera de même pour les consentements au plan du Père, à travers le monde.

Heureux es-tu, heureux et heureuses êtes-vous de vivre à une période qui se situe si près de l'éclatement de l'Amour. Et encore plus heureux et heureuses êtes-vous d'être parmi les premiers à pouvoir vivre cet Amour et à le transmettre aux autres.

Vous devenez cette bougie d'Amour qui éclaire les autres et leur permet d'allumer leurs propres bougies. En accueillant l'Amour qui vous est donné gratuitement à la suite de vos consentements, l'Amour règne en plénitude en vous et à travers vous qui devenez l'Amour.

Vous devenez l'Amour. Tu deviens l'Amour.

Tendrement, Je vous aime. Tendrement, Je t'aime. »

Pour le bonheur des Miens, Mes Choisis JÉSUS

5 février, 5 h 35

180. – **Si tu priais avant d'agir plutôt qu'après, les résultats seraient bien différents**

Seigneur Jésus, je Vous présente ma misère à être l'Amour dans une situation que Vous connaissez. Venez à mon aide. Seul, je suis impuissant et je risque de faire beaucoup d'erreurs. Vous seul pouvez y mettre Votre douceur, Votre Amour.
Merci d'entendre ma prière. Je Vous aime.

« Mon tout-petit, Ma joie est grande de venir suppléer à la faiblesse de l'un de Mes petits qui la reconnaît, qui fait appel à Moi. Ce qui est préférable, cependant, c'est qu'il soit lui-même transformé par l'Amour. Comme tu es sur la voie de cette transformation, il est nécessaire de vivre cette misère afin de te rendre bien compte de ton impuissance si l'Amour ne passe à travers toi.

L'Amour ne s'impose pas. Il ne prend que la place que tu Lui accordes en faisant appel à Lui, avant que toi tu n'agisses.

Trop souvent tu prends position, tu agis et, après seulement, tu demandes à l'Amour d'agir. Comment veux-tu qu'Il agisse en toi alors que tu as déjà agi. Si tu prenais le temps de Lui demander d'agir en toi avant de poser un geste ou de prendre une décision, les résultats seraient bien différents.

Il te faut expérimenter les deux façons de faire pour te rendre compte qu'il n'y en a qu'une qui permette à l'Amour d'agir en toute circonstance, et pour que ta demande précède toujours tes décisions, tes gestes ou tes paroles, il faut que tu sois en relation constante, nuit et jour, avec l'Amour.

Lorsque cela se produit, c'est que tu es devenu entièrement l'Amour et c'est ce que tu deviens présentement à travers tes misères.

Reconnais que tu es tendrement et follement aimé. C'est ce qui te conduit à l'Amour.

Tendrement et follement, Je t'aime. »

1998

Miami Beach, 24 février, 3 h 50

181. – *Je veux t'enseigner ce qu'est la vraie liberté*

Seigneur Jésus, je veux Vous remercier, Vous rendre gloire et Vous bénir pour ce bon temps que Vous m'accordez avec Elisabeth. Je veux que chaque instant soit un pas de plus vers Vous, pour me laisser transformer davantage par l'Amour et devenir ce que Vous m'appelez à devenir : l'Amour.

Tout le reste est sans importance, cependant, il n'y a que Vous, mon Dieu, pour couper toutes ces attaches aux choses de ce monde et parachever l'être que je suis.

Merci d'entendre ma prière et de bien vouloir Vous pencher sur le pauvre instrument que je suis.

Je me place à Votre écoute. Je Vous aime.

« Mon tout-petit, si tu savais comme Je suis heureux de Me pencher sur toi, de serrer ton cœur contre le Mien, de couper les attaches aux choses du monde afin que tu deviennes entièrement libre, que tu puisses goûter, de ton vivant sur cette terre, à la vraie liberté des enfants de Dieu.

Je veux t'enseigner ce qu'est la vraie liberté. Pour bien comprendre cet enseignement, il faut retourner à tes racines profondes au moment de ta création. Tu es sorti du Cœur du Père dans un cri d'Amour, tu as ressenti l'Amour que le Père avait pour toi. C'est cet Amour que tu recherches, car tu sais au fond de toi-même que c'est cet Amour qui te donne l'entière liberté à laquelle tu aspires depuis ce temps.

Cette vraie liberté ne consiste pas à faire ce que tu veux, quand tu le veux et comme tu le veux, mais bien de savoir que tu fais la Volonté de ton Père, ce pourquoi tu as été créé.

Regarde un peu ce qui se passe dans la création : l'oiseau qui a été créé pour voler retrouve sa liberté en volant ; le poisson qui a été créé pour nager retrouve sa liberté en nageant ; toi, tu as été créé pour aimer. C'est donc en aimant que tu retrouves la liberté, mais cependant pas de n'importe quel amour. Il n'y a qu'un seul Amour qui te donne cette liberté, et c'est celui qui vient du Père. Comment pourrais-tu le donner si tu ne l'avais pas d'abord reçu ? Et pour le recevoir, tu dois l'accueillir, accepter que tu es profondément aimé de Lui.

Le chemin de la liberté, c'est l'Amour. Le chemin de l'Amour, c'est d'accueillir l'Amour de sa véritable Source.

C'est ainsi que petit à petit, tu deviens l'Amour.

Tendrement et follement, Je t'aime. »

Merci Seigneur Jésus pour cette grande paix qui m'habite en ce moment. Oui, j'accueille Votre Amour. Je me sens entièrement libre parce que je me sens entièrement et totalement aimé.

Je n'ai qu'un désir : demeurer dans cet Amour.

Je Vous aime, mon Jésus d'Amour.

Miami Beach, 25 février, 4 h 55

182. – *La priorité de ta vie : ton intimité avec Moi*

« Mon tout-petit, la plus importante des choses que tu as à accomplir et pour laquelle tu dois investir du temps, c'est ton intimité avec Moi, ton Dieu.

Notre relation amoureuse est très belle. Pour qu'elle croisse et devienne de plus en plus puissante et constante, tu dois en faire la priorité de ta vie. Peu importe où tu te trouves, peu importe le travail à accomplir, peu importe les joies et les peines, peu importe les bonnes ou mauvaises nouvelles, peu importe les succès ou les échecs, peu importe les événements heureux ou malheureux, peu importe la personne à tes côtés et autour de toi.

Tu te dois de garder dans ton cœur un seul et unique désir : ton intimité avec Moi, que ce soit en pensée, en parole ou en action. Ton repos, ton travail, tes amusements, tes moments de détente, tout doit avoir un seul objectif : ton intimité avec Moi, en accueillant l'Amour, en devenant l'Amour et en donnant l'Amour.

Tu accueilles tout par Amour pour Moi. Tu M'offres tout, tu Me consultes en toute chose, tu Me demandes tout ce que tu désires et finalement tu agis uniquement selon Mon inspiration. C'est ainsi que tu deviens l'Amour.

Merci pour ta docilité. Tendrement, Je t'aime. »

11 mars, 5 h 25

183. – *Mon Cœur déborde d'Amour pour toi*

Merci, Seigneur Jésus, pour cette belle période de repos, mais surtout d'intimité avec Vous durant cette période de vacances. Merci pour ce bonheur et cet Amour que Vous nous avez permis de vivre à Pompano avec nos deux filles, leurs époux et leurs sept enfants. Merci de nous avoir protégés et d'avoir protégé ceux et celles que nous portons dans notre cœur. Merci de Vous être occupé des entreprises. Cela confirme qu'avec mon impuissance et mes limites, Votre Toute-puissance est à l'œuvre dans les moindres détails.

Je Vous confie la demande de l'abbé B. et celle de M. Inspirez-moi et guidez-moi afin que je puisse être un instrument docile et valable entre Vos mains. Je Vous aime.

« Mon tout-petit, c'est avec une très grande joie dans le Cœur que Je te comble ainsi. Mon Cœur déborde d'Amour. Si tu savais combien J'ai besoin des tout-petits qui se laissent aimer, qui accueillent Mon Amour.

Continue à te laisser enflammer de Mon Amour. Comme Je suis heureux de te voir avancer continuellement et sûrement sur le chemin de la sainteté. Jour après jour, tu deviens de plus en plus un avec Moi. Laisse-toi combler, car c'est ainsi que tu deviens l'Amour.

Être en relation constante avec l'Amour, c'est le seul et unique chemin pour devenir l'Amour.

Tendrement, Je t'aime. »

Pour le bonheur des Miens, Mes Choisis JÉSUS

23 mars, 6 h 15

184. – *La Parole c'est le grand tracé de la route ; la Lumière te permet de voir clairement ce tracé*

« Mon tout-petit, entre toujours plus profondément à l'intérieur de ton être. C'est là où tu trouveras paix, joie, bonheur et lumières pour t'éclairer sur chacun des chemins que tu as à parcourir ou sur lesquels tu t'es aventuré et que tu considères parfois difficiles et enténébrés.

Ne cherche pas ailleurs. La lumière elle est là bien en toi, car c'est là où Je suis, c'est là où se trouve l'Amour. Cette lumière intérieure vient éclairer et te permettre de vivre pleinement la Parole de Dieu.

La Lumière, étant conforme à la Parole, vient te confirmer la Source. Tu n'as rien à craindre. La Parole, c'est le grand tracé de la route ; la Lumière te permet de voir clairement ce tracé à l'intérieur et de goûter pleinement ce que tu découvres. Ainsi tu es sur la voie de la transformation. Cette transformation qui fait de toi l'Amour.

Tout se passe à partir de ton intérieur, d'où l'importance d'y pénétrer profondément afin d'y puiser toute la richesse que le Père y a déposée au moment de ta création.

Heureux es-tu, heureux et heureuses êtes-vous de vivre durant cette grande période de grâces qui permet de puiser les richesses que le Père a déposées à l'intérieur de chacun de vous.

Vous êtes profondément aimés.

Tu es profondément aimé. Tendrement, Je t'aime. »

31 mars, 5 h 40

185. – *C'est à travers cette misère que tu avances vers Moi*

Seigneur Jésus, je n'ai qu'un seul désir : être totalement à Votre écoute. Voyez ma misère d'être toujours ailleurs en pensée.

Venez à mon aide afin que mes pensées soient tournées vers Vous, en contemplation et entièrement à Votre écoute.

Merci d'entendre ma prière. Je Vous aime.

« Mon tout-petit, c'est à travers cette misère que tu avances vers Moi. Regarde l'enfant qui commence à vouloir se déplacer par lui-même, regarde la misère qu'il a à faire ses premiers déplacements. C'est à travers cette misère qu'il apprend à se traîner et par la suite à marcher. C'est sa persévérance qui lui permet de marcher et même de courir un jour.

Il en est de même pour toi : c'est ta persévérance à tendre à vivre en relation constante avec Moi qui va te rendre capable de goûter de plus en plus Ma Présence et d'être libéré des pensées du monde afin d'être continuellement dans cette relation d'intimité et d'Amour avec Moi.

Heureux es-tu d'avoir ce désir dans ton cœur. Donne-Moi ce désir et J'en ferai Mon agir. Ne crains pas, tu es sur la bonne voie. Persévère et tu entendras de plus en plus Ma voix et, dans la très grande joie, tu diras : Celui que j'attends, je Le vois. Tu es sur le chemin de l'Amour. Tu deviens l'Amour.

Si tu savais comme Je t'aime. »

6 avril, 5 h 25

186. – *Il devient difficile pour chacun de vous de savoir ce qui est vrai et ce qui est faux*

« Mon tout-petit, Je veux te parler de nouveau dans les profondeurs de ton cœur. Tu as encore tellement de vérités à découvrir.

Vous vivez présentement dans un monde où une multitude de faussetés circulent librement. Il devient difficile pour chacun de vous de savoir ce qui est vrai et ce qui est faux. Sans la prière, la pratique des sacrements, la lecture de Ma Parole et cette grande intimité avec Moi dans le recueillement et l'adoration, personne ne peut y arriver.

La clé c'est l'ouverture à la grâce que produisent les exercices de piété ainsi que les "oui" continuels à l'Amour, car seul l'Amour en vous peut vous donner sagesse et discernement nécessaires pour reconnaître les faussetés qui s'infiltrent à travers les vérités, quand de grandes faussetés sont proclamées comme étant de grandes vérités.

Tout doit M'être offert et tout doit M'être demandé afin que Je vienne faire la lumière en vous, vous permettant ainsi d'accueillir ce qui est vrai et de rejeter ce qui est faux. Vous êtes dans un monde de grande confusion.

Ce qui est plus important, c'est que les Cieux sont ouverts, une multitude de grâces sont données pour démasquer tout ce qui est faux et accueillir la vérité dans sa pureté.

L'Amour et la Vérité sont inséparables. En accueillant l'un, on reçoit l'autre. C'est ainsi qu'en devenant l'Amour, tu deviens un être de vérité et, en devenant un être de vérité, tu deviens un être d'Amour.

Tendrement, Je t'aime. »

15 avril, 3 h 55

187. – *Il te faut découvrir l'Omniprésence de Dieu dans les moindres détails*

« Mon tout-petit, ce que tu vis présentement, c'est ce que tu dois vivre afin de pénétrer plus profondément à l'intérieur de ton être. Ne crois pas que tu t'éloignes de Moi, que tu régresses au niveau de ta foi à cause de tes préoccupations dont tu ne réussis pas à te départir complètement et qui sont toujours présentes à ton esprit.

Mes chemins ne sont pas tes chemins, Mes voies ne sont pas tes voies. Tu m'as donné tes "oui" et tu me les redonnes continuellement. Tu acceptes de consacrer du temps pour te laisser combler et aimer par Moi, que ce soit par l'Eucharistie, la prière, l'adoration, la contemplation ou l'oraison. Tu me remets continuellement ces préoccupations ou pensées qui accaparent ton esprit. Le reste ne t'appartient pas. Moi, Je sais ce que tu dois vivre pour devenir l'être que le Père veut que tu sois, pour découvrir ta beauté originelle.

Le temps ne t'appartient pas et il te faut découvrir par l'expérience, ton impuissance, tes limites, ta fragilité et ta vulnérabilité.

1998

Il te faut aussi découvrir, par l'expérience, la Toute-puissance de Dieu et Son Omniprésence dans les moindres détails de ta vie, aussi bien à travers le monde des affaires que chez les individus, la famille et l'Église.

Pour devenir des êtres d'Amour, redécouvrir votre beauté originelle, vous devez laisser votre regard se transformer afin de voir Dieu là où Il est, c'est-à-dire partout, Le voir se manifester dès qu'on Lui donne la liberté d'agir. Il agit parfois en direct, parfois en t'inspirant, parfois à travers les autres, ou encore par les événements.

Tourne davantage ton regard vers Lui, regarde Sa Toute-puissance, regarde Sa Miséricorde, regarde Son Amour. C'est en Le regardant que la confiance va venir remplacer tes préoccupations et que tu deviens de plus en plus un être d'Amour.

Parce que l'Amour t'aime, tu deviens l'Amour.

Mon Cœur est brûlant d'Amour pour toi. Je t'en supplie, sois de plus en plus un consolateur pour Moi en accueillant Mon Amour, car follement Je t'aime. »

Merci, merci, merci Seigneur Jésus pour tant d'Amour et de Paix.

Mon cœur aussi est brûlant d'Amour. Je Vous donne mon désir de vivre continuellement dans cet état d'Amour et de Paix.

J'ouvre mes bras et mon cœur pour accueillir pleinement Votre Amour. Je Vous aime.

21 avril, 2 h 10

188. – *Donne-Moi tes doutes, ils ne viennent pas de Moi*

« Mon tout-petit, c'est bien Moi, ton Dieu, qui veux parler à travers ce que tu écris. Je sais que, pour toi, il est souvent difficile de croire que Je peux te guider ainsi. Encore une fois, Je te dis que tu n'as pas à comprendre comment il se fait qu'il en soit ainsi. Tu n'as qu'à accueillir de te faire docile à Mes inspirations et à croire.

Regarde le chemin que nous avons parcouru ensemble. Est-ce que tu crois que, par toi-même, tu aurais pu écrire toutes ces pages sans rature ? Est-ce que tu crois que tu aurais pu ressentir autant de Paix et d'Amour en écrivant et en relisant ce que tu as déjà écrit ?

Donne-Moi tes doutes, ils ne viennent pas de Moi... Parce que tu Me les donnes, Je les transforme en certitude pour toi, à savoir que c'est Moi qui écris à travers toi.

Ce sont les moments les plus importants de ta vie terrestre. Ils permettent à ton Dieu Créateur de poser Sa main sur toi, de continuer l'œuvre de Sa création, en te faisant devenir un être plein d'Amour. Ainsi, petit à petit, Il te prépare à ta vraie mission, ce pourquoi Il t'a créé : devenir l'Amour et donner l'Amour.

Laisse-toi aimer. Accueille Mon Amour. Tendrement, Je t'aime. »

Merci, Seigneur Jésus, pour ces bons moments de Paix, de Joie et d'Amour qui m'habitent en ce moment. Merci d'avoir transformé mes grands doutes par Votre Présence d'Amour. Je Vous aime.

26 avril, 2 h 15

189. – *Ensemble nous entrons dans un Nouveau Monde, dans une Nouvelle Société, dans une Nouvelle Église qui est celle de l'Amour*

« Mon tout-petit, c'est dans la Joie que Je cours vers toi à chaque fois que tu reconnais ton impuissance, ta petitesse, tes limites et que tu fais appel à Moi. Tu n'as pas à souffrir de ton impuissance, tu dois t'en réjouir car c'est ce qui Me permet de faire éclater Ma Toute-puissance et qui te permet à toi d'être témoin de Mon agir.

Plus tu es témoin de ce que J'accomplis, plus tu as de motifs pour Me rendre grâce, Me bénir et Me louer. C'est dans cet esprit de louange que se construit notre relation amoureuse qui transforme continuellement ton cœur et tout ton être.

Une fois ton être transformé pour devenir ce qu'il doit être – l'Amour –, les mêmes paroles venant de ta bouche, les mêmes gestes venant de ton être, ne produisent plus les mêmes effets chez l'autre ou les autres. C'est ce dont tu as commencé à être témoin et que tu vas expérimenter de plus en plus dans les semaines et les mois à venir.[1]

Accueille ces expériences comme des dons précieux que tu n'auras jamais fini de découvrir et qui vont se manifester de plus en plus dans la mesure où tu continueras à donner tes "oui" et à reconnaître ta petitesse et ton impuissance.

Ensemble nous entrons dans un Nouveau Monde, dans une Nouvelle Société, dans une Nouvelle Église qui est celle de l'Amour. Ensemble, remercions le Père qui a permis qu'il en soit ainsi et soyons dans l'allégresse et dans la jubilation. Laissons-nous aspirer par Son Amour pour s'imprégner entièrement de Son Amour et expirer Son Amour.

Tu deviens l'Amour. Vous devenez l'Amour. Tendrement, Je t'aime. »

27 avril, 1 h 50

190. – *Cette vie d'Amour bien incarnée en toi devient communicative*

« Mon tout-petit, l'Amour qui t'habite, en ce moment, est le don le plus précieux que tu puisses recevoir. C'est

---

[1] *J'ouvre ici une parenthèse pour relater l'expérience vécue vendredi dernier et qui monte présentement dans mon cœur. Causant avec deux individus et témoignant comme de coutume, j'ai été saisi par leurs réactions. — L'un me dit : "Mais, vous êtes bien impressionnant", et l'autre, alors que les yeux lui roulaient dans l'eau, s'est levé pour sortir de la pièce où nous nous trouvions, avouant au passage : "Moi, je n'en peux plus." Je ne peux expliquer un tel comportement sinon que c'était l'Amour de Dieu qui passait à travers une simple conversation. Merci Père, Fils et Esprit-Saint de me permettre d'être témoin de Votre agir.*

par cet Amour que tu es transformé. Tu n'as plus à te demander quelle est ta mission. Tu sais que ta mission est de devenir l'Amour. Il n'y a que l'Amour ainsi que tes longs moments de communion à l'Amour.

Prends le temps, beaucoup de temps et encore du temps pour te laisser aimer, pour accueillir l'Amour en abondance que le Père déverse en toi, pour le retourner au Père en louanges et actions de grâces, afin que l'Amour du Père puisse circuler librement en toi. Tu le reçois, tu l'accueilles et tu le retournes, tout comme l'air que tu inspires et expires qui te fait vivre ; de même que pour l'Amour, il te donne une nouvelle vie en croissance vers la plénitude.

Cette vie renouvelée continuellement par l'Amour et bien incarnée en toi devient communicative. On peut même dire "contagieuse", dans le sens qu'elle se communique à l'insu des personnes qui la communiquent et de celles qui la reçoivent.

Ce qui est particulier pour l'Amour c'est qu'il n'y a pas de distance infranchissable, de même qu'il a tout le temps nécessaire pour atteindre son but et produire son effet. Comme la distance et le temps appartiennent au Père, tu n'as pas à t'en préoccuper. Ce qu'il Lui faut pour enflammer toute la terre de Son Amour, ce sont des êtres qui se laissent enflammer, qui permettent à l'Amour de circuler librement, que ce soit l'Amour reçu en direct ou à travers les autres, ou l'Amour retourné au Père ou donné aux autres.

Heureux es-tu, heureux et heureuses êtes-vous de laisser circuler l'Amour librement à travers vous. Vous devenez l'Amour, tu deviens l'Amour.

Tendrement, Je t'aime. »

2 mai, 4 h 20

191. – *Ma Présence en toi est Vérité, Sagesse et Lumière*

« Mon tout-petit, prends bien conscience que Je suis toujours avec toi et en toi. C'est uniquement Ma Présence qui peut te transformer entièrement, ce n'est pas par un effort de ta part que tu peux y arriver, mais uniquement en Me laissant agir en toi. Ma Présence en toi qui est Amour, Vérité, Sagesse et Lumière, agit au moment opportun pour toi, mais surtout pour les autres qui sont autour de toi, et cela peu importe qui est avec toi, où tu es, quoi que tu fasses.

Comme Ma Présence se manifeste de plus en plus en toi, tu te dois de consacrer de plus en plus de temps à M'accueillir, à te laisser transformer, à te laisser aimer, toujours en reconnaissant ton impuissance et ta petitesse.

Tu es profondément aimé. Tendrement, Je t'aime. »

5 mai, 4 h 00

192. – *Je te donne une grâce nouvelle, celle de l'abandon*

« Mon tout-petit, viens de nouveau te blottir dans Mes bras. Je place ton cœur contre Mon Cœur afin qu'il prenne un rythme nouveau, qu'il batte au rythme du Mien.

Je te donne une grâce nouvelle, celle de l'abandon. C'est la plus importante grâce pour entrer en relation avec Moi, être totalement dégagé et être capable d'accueillir l'Amour que Je veux y déverser pour que tu deviennes l'Amour.

Au cours de ce message, je me suis senti tellement abandonné et pacifié que je me suis endormi à deux reprises en écrivant les dernières lignes, pour finalement m'endormir pour de bon sans pouvoir terminer ce message.

8 mai, 4 h 50

193. – *Comme le Père c'est l'Amour, en approchant du Père tu es aspiré par l'Amour (L'exemple de l'avion et du volcan)*

« Mon tout-petit, ensemble, oui c'est bien ensemble, toi avec Moi, Moi avec toi, que tu t'approches du Père, que tu es conduit au Père. Comme le Père c'est l'Amour, en approchant du Père tu es aspiré par l'Amour. C'est un peu comme un avion qui s'approche d'un volcan en pleine effervescence : il va être aspiré par le volcan et deviendra feu.

Lorsqu'un être qui est un enfant du Père, créé à Son image et à Sa ressemblance, s'approche de Lui, il est aspiré et transformé par Lui, et cela sans aucun effort de la personne concernée.

Comme l'avion qui a eu besoin de son pouvoir pour s'approcher du volcan, une fois qu'il est aspiré, il n'a plus besoin de son pouvoir pour être transformé en feu. Il en est de même pour la personne qui s'approche du Père : elle a eu besoin de Son pouvoir pour s'en approcher. Ce sont les "oui" qu'elle a donné à se laisser guider par Moi, enveloppée du Manteau de Ma Sainte Mère, supportée par les saints Anges, accompagnée des Saints et Saintes du Paradis et de la terre.

Il arrive un moment où c'est l'aspiration de l'Amour du Père (comme le feu du volcan) qui prend charge de tout et qui transforme pour que la personne devienne l'Amour (comme l'avion devient feu).

Heureux es-tu, heureux et heureuses êtes-vous d'être à ce point près de l'Amour afin d'être aspirés par Lui et de devenir ainsi l'Amour.

Prends le temps de goûter, prenez le temps de goûter cet Amour. Tu et vous êtes follement aimés. Oui, follement et tendrement, Je t'aime.

Je vous aime. »

11 mai, 4 h 00

194. – À chaque fois que tu as une souffrance, regarde-la en te disant que Moi, qui étais et qui es Dieu, J'en ai vécu de plus grandes

« Mon tout-petit, continue à te faire petit et à te laisser guider. N'essaie plus par toi-même d'organiser, de planifier, de diriger, de contrôler. C'est à travers Moi que cela doit se faire.

Reconnaissant ta petitesse, ta faiblesse, ton impuissance et ta vulnérabilité, tu dois donc tout attendre de Moi. Pour tout recevoir, tu dois donc tout demander et être capable de tout accueillir par amour pour Moi.

Tu as donné tes "oui", tu marches sur Mes pas. Il est donc nécessaire que tu puisses vivre partiellement ce que J'ai vécu en plénitude.

Tu te sens rejeté, Je l'ai vécu plus que toi ;

Tu souffres à cause de l'incompréhension, Je l'ai vécu plus que toi ;

Tu te sens trahi, Je l'ai été plus que toi.

Nous pourrions continuer longtemps ainsi. À chaque fois que tu as une souffrance, regarde-la en te disant que Moi, qui étais et qui es Dieu, J'en ai vécu de plus grandes. C'est par Amour que Je les ai accueillies et vécues. C'est aussi par Amour que tu dois les accueillir, les vivre et Me les abandonner. C'est ainsi que les souffrances sont transformées en grâces et bénédictions.

Heureux es-tu, heureux et heureuses êtes-vous d'avoir des souffrances pour devenir plus rapidement l'Amour.

Soyez dans l'allégresse et la jubilation, car vous devenez l'Amour.

Je vous serre contre Mon Cœur, en vous disant et en te disant : Mon tout-petit, Je t'aime, oui, follement, Je t'aime. »

20 mai, 5 h 00

195. – *Toi, c'est l'Amour et la souffrance que tu dois accueillir*

« Mon tout-petit, laisse-toi conduire dans une plus grande intimité avec Moi. Cette intimité toujours plus grande, qui comble ton cœur et tout ton être, tu la découvres à l'intérieur de toi.

Il est inutile de chercher à l'extérieur, alors que tout se passe à partir de l'intérieur. Au moment de ta création, le Père a déposé en toi tout ce dont tu avais besoin pour l'épanouissement total de ton être.

Ce qui est en toi, c'est comme une terre bien ensemencée. Elle possède en elle tout ce dont elle a besoin pour produire son fruit, dans l'accueil de la chaleur et la pluie.

Toi, c'est l'Amour et la souffrance que tu dois accueillir. Sois sans crainte. Si la terre a davantage besoin de chaleur que de pluie, dans le cas des enfants de Dieu, l'Amour est plus présent que la souffrance. Là où cette réalité ne semble pas évidente, c'est là où l'Amour n'est pas accueilli. Comme l'Amour ne s'impose jamais, il faut donc l'accueillir, accepter d'être aimé de Dieu et se laisser aimer par Lui.

C'est l'Amour qui vient guérir les blessures occasionnées par les souffrances, comme c'est la chaleur du soleil qui vient assécher la boue laissée par la pluie, avec la différence que la chaleur du soleil s'impose à la terre détrempée alors que l'Amour ne s'impose pas à un être blessé par la souffrance bien qu'Il soit toujours là, prêt à tout transformer dès qu'Il est accueilli et qu'on Lui donne la liberté d'agir, qu'on Le contemple de l'intérieur.

C'est ainsi que tu et vous devenez des intimes de l'Amour et que vous devenez l'Amour.

Dans cette belle intimité, Je te dis tout bas, dans la profondeur de ton être :

Je t'aime. »

3 juin, 4 h 00

196. – *Ensemble, nous nous dirigeons vers la Cité céleste*

« Mon tout-petit, c'est avec une très grande joie que Je t'utilise pour venir parler à Ma fille bien-aimée, cette enfant chérie de Mon Cœur (...). J'ai pour elle ce mot :

Petite perle de Mon Cœur que J'ai sélectionnée depuis longtemps, que J'ai mise à part, qui a été purifiée par le feu du creuset, sois sans crainte, tu es enveloppée de Mon Manteau, de Celui de Ma Sainte Mère et de saint Joseph. Tu as trouvé grâce à Mes yeux. Je te porte sur Mon Cœur, tu es de plus en plus unie à Moi. Tous les deux, nous ne faisons qu'un, toi en Moi, Moi en toi. Nous marchons sur la même route, souvent faite de petits sentiers rocailleux, jonchés de ronces et d'épines, mais quel splendide décor nous attend sur cette haute montagne, en plus de cette belle brise légère nous permettant de respirer le parfum des roses.

Ensemble, nous nous dirigeons vers la Cité céleste. Dans cette Cité, Mon Père, ton Père, notre Père t'a réservé une place de choix, tout près de Moi. Tu es l'Épouse bien-aimée de Mon Cœur. Il est donc normal que nous soyons très près l'un de l'autre, que nous soyons toujours ensemble et que, toujours et partout, nous ne fassions qu'un.

Petite fille de Mon Cœur, heureuse es-tu d'être si près de Moi, d'être brûlée au Feu de Mon Amour Feu. Tu deviens l'Amour, et par toi, à travers toi, Je répandrai Mon Amour à une multitude de cœurs souffrants. C'est toi que j'ai choisie pour cette belle et grande mission. Ne cherche pas à savoir ou à comprendre comment, quand et où cela va se réaliser. Je m'occupe des moindres détails. La mission est déjà partiellement commencée dans le visible, mais surtout dans l'invisible.

Fais-Moi confiance. Je suis un Époux fidèle. Tu n'as rien à craindre. Quoi que tu fasses, Je suis toujours avec toi, l'endroit n'a pas d'importance.

Laisse-toi aimer davantage par Moi. Je veux te combler, te choyer. Tu es Mon Amour. Accueille Mon Amour, tu deviens l'Amour. Entre dans une intimité toujours plus grande avec Moi. J'ai besoin de ton amour, tu es un baume pour Mon Cœur blessé.

Petite perle de Mon Cœur, Je t'enveloppe de Mon Amour. Entends le cri de Mon Cœur.

Je t'aime. »

26 juin, 5 h 00

197. – **Laissez-vous aimer. L'Amour fait fondre la souffrance, comme le soleil fait fondre la neige**

Seigneur Jésus, je veux Vous présenter ces situations de souffrance dont Vous nous permettez d'être témoins. Situations qui se continuent et s'amplifient après de nombreuses prières et qui viennent confirmer, par des petits détails, Votre intervention.

Que devons-nous être devant de telles situations qui viennent confirmer notre impuissance ?

Merci de répondre à ma demande. Je Vous aime.

« Mon tout-petit, lorsque tu demandes "que devons-nous être", tu poses la bonne question.

Il ne s'agit pas de savoir ce que vous devez penser, comment vous devez vous comporter ou ce que vous devez dire, mais bien ce que vous devez être.

C'est en étant tout Amour, tout accueil à la situation qui se présente, un "oui total" à la Volonté du Père, que vous en arrivez à penser comme le Père le veut, à parler et agir selon Son inspiration.

En devenant des êtres d'Amour, vous pouvez accueillir la souffrance, pour la présenter au Père, afin qu'elle soit entièrement transformée par Lui pour devenir l'Amour.

Heureux et heureuses êtes-vous d'être sur cette voie qui vous conduit à l'Amour.

Laissez-vous aimer. L'Amour fait fondre la souffrance, comme le soleil fait fondre la neige. Le Père a beaucoup plus d'Amour à donner qu'il existe de souffrance dans le monde.

De toute éternité, vous êtes aimés. Tendrement, Je t'aime. »

1998

9 juillet, 1 h 30

198. – **Tu es sur la voie qui transforme. Cette transformation n'est pas ton œuvre à toi, mais bien celle de ton Père**

« Mon tout-petit, examine bien ce que J'ai accompli en toi durant ces derniers temps. Tu es sur la voie qui transforme.

Cette transformation n'est pas ton œuvre à toi, mais bien celle de ton Père, de Notre Père.

Toi, tu n'as qu'à accueillir, qu'à être témoin de cette transformation et rendre gloire à Dieu.

Ainsi, tu deviens l'Amour.

Tendrement, Je t'aime. »

18 juillet, 3 h 40

199. – **Ce que tu as écrit ne t'appartient pas. Tu n'as pas à décider ce que tu dois en faire**

Seigneur Jésus, ces derniers temps, J'ai été peu inspiré d'écrire. Par contre, lorsque je relis, je découvre et je ressens une grande paix, une grande joie. Le temps est-il venu de cesser d'écrire ?

Que devons-nous faire de ce qui est écrit ?

Merci d'entendre et d'exaucer ma prière. Je me veux totalement à Votre écoute. Je Vous aime.

« Mon tout-petit, ce que tu as écrit ne t'appartient pas. Tu n'as pas à décider ce que tu dois en faire. Très bientôt, Je confierai une mission pour ces écrits à quelqu'un que tu connais.

Demeure bien en paix. Lorsque J'utilise quelqu'un, doué de charismes particuliers, ce n'est jamais pour lui (bien qu'il en bénéficie), mais pour une multitude que Je veux rejoindre et que J'ai déjà choisie.

Je te demande de t'assurer d'avoir en ta possession quelques exemplaires et d'être entièrement à l'écoute pour les remettre à ceux et celles que Je t'inspirerai.

Pour le bonheur des Miens, Mes Choisis JÉSUS

Continue à être ce petit enfant docile entre Mes mains, tant pour écrire que pour t'abstenirs d'écrire, pour relire ou non, pour remettre à quelqu'un ces écrits ou non.

Après M'avoir adressé ta demande, avoir reçu l'inspiration et agi suivant ce qui t'était inspiré, demeure bien en paix, le reste ne t'appartient pas. Tu n'as qu'à accueillir aussi bien les commentaires bons ou mauvais pour Me les offrir, et cela, peu importe la provenance.

Souviens-toi qu'ensemble, nous entrons dans une Nouvelle Église pour rebâtir une Nouvelle Société qui sera entièrement guidée par la Trinité Sainte, où les forces du mal n'auront plus aucun pouvoir. Seul l'Amour sera au centre de tout et de tous. L'Amour, bien incarné dans les personnes qui l'auront accueilli par des "oui" à se laisser transformer pour devenir l'Amour, sera le lien entre elles.

Oui, tu es et vous êtes aimés d'un Amour qui dépasse tout, qui transforme, qui guérit, qui libère, qui accomplit tout lorsqu'on l'accueille et le laisse agir.

Tendrement, Je vous aime. Tendrement, Je t'aime, Mon tout petit. »

19 juillet, 2 h 45

200. – *La transformation se fait continuellement, aussi bien lorsque tu travailles que durant tes moments de détente, de repos (L'exemple du maçon qui construit un mur de briques)*

« Mon tout-petit, sois sans crainte, Je suis avec toi. Je te porte dans Mes bras, ton cœur demeure serré contre Le Mien.

La transformation se fait continuellement, aussi bien lorsque tu travailles que durant tes moments de détente et de repos. Les moments de prière et d'adoration sont des temps forts qui nous permettent de nous unir l'un à l'autre, les autres moments viennent consolider cette union, en te permettant de goûter Ma Présence, de Me voir à l'œuvre et d'être témoin de Mon agir, un peu comme le maçon qui construit un mur de briques. Il y a un temps pour poser le mortier et la brique, et un autre temps pour permettre au ciment de durcir et de prendre sa force. Ce dernier temps permet également au maçon de vérifier la qualité du travail accompli.

Tu n'as pas à te sentir coupable d'avoir à travailler ou à prendre du temps pour les exercices, la détente et le repos. Ce qui est important c'est que tu sois bien conscient que le temps le plus précieux est celui qui est consacré pour notre intimité, à notre relation amoureuse, et qu'il doit être suffisamment long afin que tu en sois toujours bien imprégné.

Souviens-toi que le temps passé en Ma Présence représente le temps pendant lequel le maçon pose le mortier et la brique, et que les autres moments représentent la durée du séchage du ciment et au cours de laquelle le maçon surveille le travail accompli.

Tu peux maintenant te reposer afin que s'imprègne en toi ce que Je viens d'y déposer. C'est ainsi que, petit à petit, "brique par brique" se construit l'Amour.

Tu et vous devenez l'Amour. Follement, Je vous aime. Follement, Je t'aime. »

Cet enseignement venait me sécuriser face à la responsabilité que je venais d'assumer à l'égard d'un frère paralysé. Soyez remercié, Jésus, de Votre délicatesse et Votre tendresse pour chacun(e) de nous.

21 juillet, 3 h 40

201. – **C'est dans la joie que tu dois accepter de vivre les événements heureux ou malheureux qui se présentent à toi**

« Mon tout-petit, c'est dans la joie que tu dois accepter de vivre les événements qui se présentent à toi. Ta joie doit être d'autant plus grande que tu sais que Je suis toujours avec toi.

S'il s'agit d'un événement heureux, il est facile de l'accueillir dans la joie, sachant que c'est le Père qui te manifeste Son Amour. S'il s'agit d'un événement malheureux, sachant que Je suis là à tes côtés pour le vivre avec toi et que cet événement va te permettre d'approfondir ta foi, de diminuer dans tout ce qui est orgueil et vanité pour grandir dans l'humilité et la sainteté, sachant qu'il est là pour te faire devenir l'Amour, comment pourrais-tu ne pas l'accueillir dans la joie ?

La joie que tu ressens d'être accompagné par Moi, d'être témoin de Mon agir, de te voir devenir l'Amour, est beaucoup, beaucoup plus grande que la tristesse, la peine que peut procurer un événement malheureux.

Cette joie est importante pour rejoindre les cœurs dans le visible, mais surtout dans l'invisible. Le Père veut à son service des êtres remplis de joie, rayonnants de Sa Paix et de Son Amour.

Demeure et demeurez dans cette Joie de devenir l'Amour. Vous êtes follement aimés.

Tendrement, Je t'aime. »

23 juillet, 17 h 20

202. – *Plus tu Me consacres du temps, plus rapidement tu deviens cet instrument que le Père désire*

« Mon tout-petit, tu es sur la voie de l'Amour. Espère et persévère car, très bientôt, tu réaliseras ce que J'ai accompli en toi, ce que Je veux de toi.

Je suis à faire de toi un instrument d'une grande valeur qui sera utilisé dans des endroits spécifiques, pour des tâches délicates que seul peut accomplir celui ou celle qui se laisse totalement guider par Moi.

Plus tu Me consacres du temps, plus rapidement tu deviens cet instrument que le Père désire. Donner des "oui", accueillir l'Amour, consacrer du temps et beaucoup de temps pour que cet Amour soit bien intégré à ta vie, voilà la façon que prend le Père pour que tu deviennes l'instrument qu'Il veut que tu sois dans Sa Nouvelle Église remplie d'Amour.

Tendrement, Je t'aime. »

1998

27 juillet, 5 h 05

203. – *L'écriture est le moyen que J'ai choisi pour parler à ton cœur et en même temps pour parler à ceux et celles qui liront ces écrits dans la foi*

« Mon tout-petit, Je te veux totalement à Mon écoute. J'ai encore beaucoup de choses à t'enseigner. Ne crois pas que ces écrits soient terminés. Te guider par l'écriture est le moyen que J'ai choisi pour toi, pour parler à ton cœur et, en même temps, pour parler à ceux et celles qui liront, dans la foi, ces écrits.

Aujourd'hui, Je te veux totalement à Moi au niveau de ton cœur. Ce n'est pas le travail que tu as à accomplir qui peut nous séparer l'un de l'autre. Je suis avec toi, Je guide chacun de tes pas. Fais-Moi confiance. J'ai tout prévu. Je suis toujours avec toi.

Accueille ce qui se présentera à toi, comme tu accueilles Mon Amour.

Tendrement, Je t'aime. »

28 juillet, 2 h 20

204. – *Tout t'a été donné gratuitement, tu dois tout Me remettre. Je veux un "oui total" et inconditionnel*

« Mon cher petit J., cher petit de Mon Cœur. Si Je m'adresse à toi durant cette nuit, c'est que tu es très précieux pour Moi depuis longtemps. Même avant ta conception, J'ai commencé à te combler en préparant pour toi ce dont Je voulais te gratifier, te favoriser même.

Ce que tu crois posséder, que ce soit en talents, charismes ou biens matériels et argents, rien de cela n'a pu être obtenu par tes mérites, tout t'a été donné gratuitement. Gratuitement, il en est de même pour la famille où tu as grandi et celle que tu crois avoir présentement.

Rien, rien, rien ne t'appartient, tout t'a été confié. Le temps est arrivé où tu dois tout Me remettre, tout abandonner, pour n'avoir qu'un seul désir : agir selon Ma Volonté, répondre à l'appel que Je t'ai lancé, que tu as reconnu dans ton cœur, celui d'être totalement à Mon service, principalement dans l'invisible, mais aussi dans le visible.

J'ai besoin de toi, tu es précieux pour Moi, afin que Je puisse t'utiliser selon Mon plan. Tu as plusieurs "oui" à Me donner :

"Oui", afin que J'aie la première place au niveau de tes pensées ;

"Oui", afin que J'aie la première place dans ton cœur ;

"Oui", afin que J'aie la première place au niveau de tes occupations ou loisirs.

Je veux un "oui" total et inconditionnel à ce que Je sois le premier partout et en tout dans ta vie.

Si Je me fais insistant et dérangeant, c'est que Je t'aime et te veux tout à Moi. Tu es toutefois entièrement libre, et peu importe ta réponse, jamais Je ne retirerai l'Amour que J'ai pour toi. Ne crains pas, Je suis avec toi. Je te porte dans Mes bras afin que ton cœur soit brûlé au Feu de Mon Amour.

Accueille Mon Amour, laisse-toi aimer. Il est là ton vrai bonheur, ne le cherche pas ailleurs.

Tendrement et follement, Je t'aime, Mon tout petit J. »

31 juillet, 5 h 25

205. – *Entre plus profondément en toi et tu ressentiras de plus en plus Ma Présence*

« Mon tout-petit, entre plus profondément en toi et tu sentiras de plus en plus Ma Présence. Ne me cherche pas ailleurs, tu sais que Je suis dans tes profondeurs. Il te faut maintenant Me découvrir davantage.

Ce que tu as découvert jusqu'à maintenant n'est qu'une parcelle de Ma Présence. C'est en répétant cet exercice qui consiste à parcourir ce petit chemin intérieur, qui te conduit dans tes profondeurs, que tu vas Me découvrir de plus en plus. En conséquence, ce petit chemin s'élargit et se prolonge. Il devient donc plus facile à fréquenter ; Ma Présence se faisant de plus en plus sensible. Tu deviens de plus en plus Mon intime. Ainsi Je peux occuper une place de plus en plus importante en toi.

Je deviens toi, tu deviens Moi. Tous les deux, nous ne faisons qu'un, nous entrons dans ce mariage mystique qui te fait devenir l'Amour. C'est en accueillant l'Amour que tu deviens l'Amour. C'est le seul chemin, il n'y en a pas d'autre. Il est petit, étroit et peu fréquenté, souvent non découvert.

Heureux es-tu, heureux et heureuses êtes-vous de le découvrir, d'accueillir l'Amour et de devenir l'Amour.

Tendrement, Je vous aime. Tendrement, Je t'aime. »

1 août, 4 h 00

206. – *Ce que Je dis à toi ce matin, Je le dis à une multitude de Mes créatures dans l'invisible*

« Mon cher petit, peu importe ce que tu vis, souviens-toi que c'est par un trop-plein d'Amour que tu as été créé. Ce trop-plein demeure en captivité parce que Mes créatures n'acceptent pas Mon Amour. Mon Amour n'est pas aimé, n'est pas accueilli, pas reçu. Je suis donc impuissant à le donner. Seul un petit reste en bénéficie, et bien souvent dans une piètre mesure. Dans bien des cas Je donne Mon Amour au compte-gouttes, Je dirais, alors que J'ai un océan d'Amour à donner.

Si tes yeux s'ouvraient, tu Me verrais à genoux devant toi, Me faisant suppliant, mendiant même ton accueil à l'Amour que Je veux y déverser.

Toi qui as déjà goûté Mon Amour par les nombreux "oui" que tu M'as donnés et que tu Me donnes régulièrement, pourquoi gardes-tu cette réserve due à la peur d'accueillir l'Amour que Je veux y déverser ?

Je sais bien que, par toi-même, tu ne peux y arriver. Je viens te demander de Me donner cette réserve, cette peur qui est comme un mur de glace qui t'entoure. En Me la donnant, Je vais l'exposer aux rayons de Mon Amour. Je vais la faire fondre pour permettre à Mon Amour de circuler librement. Ainsi, tu deviens l'Amour.

Souviens-toi que tu as été créé par un trop-plein d'Amour, pour devenir l'Amour ; en plus, ta vraie mission est de donner l'Amour.

Ce que Je dis à toi, ce matin, Je le dis à une multitude de Mes créatures dans l'invisible. Je le dirai encore avec plus d'emphase dans le cœur de chaque personne qui lira ces lignes avec foi. Tous sont aimés.

Le temps de Mon Règne est arrivé ; c'est maintenant que commence le temps où Ma Volonté sera faite sur la terre comme au Ciel. Ma Volonté c'est que l'Amour circule librement dans les cœurs.

Par tes nombreux consentements, cette circulation d'Amour est déjà commencée en toi, et tu deviens l'Amour.

Je te couvre de Mon Baiser d'Amour.

Tendrement, TON PÈRE. »

2 août, 4 h 30

207. – *Le Père est à parachever la création qu'Il avait commencée en toi*

« Mon tout-petit, tu vis présentement une grande transformation de ton intérieur. Le Père est à parachever la création qu'Il avait commencée en toi. C'est cette transformation qui te permet d'entrer plus profondément dans une grande intériorité avec Moi.

La joie et la paix que tu découvres dans ces moments d'intimité ne font que commencer. Laisse-toi envahir par cette joie et cette paix qui sont les fruits de l'Amour.

Pour toi, rien n'est plus important que ces moments privilégiés qui te sont donnés gratuitement pour refaire ton être intérieur.

Laisse-toi ainsi combler. Tu deviens l'Amour.

Tendrement, Je t'aime. »

1998

8 août, 6 h 45

208. – *C'est aujourd'hui, c'est à l'instant présent que le Père veut te combler de Son Amour*

« Mon tout-petit, si tu savais l'Amour que le Père veut déverser dans les cœurs aujourd'hui même, tu serais complètement transformé. Tu deviendrais prière tout au long de ce jour, afin que les cœurs s'ouvrent pour accueillir l'Amour que le Père veut y déverser. Tu te ferais mendiant afin que ton cœur s'ouvre pour ne pas perdre ce trésor précieux que le Père veut te donner aujourd'hui même. Pas demain, pas la semaine prochaine, pas dans six mois ou dans un an, c'est aujourd'hui, c'est à l'instant présent que le Père veut te combler de Son Amour.

Es-tu disposé à L'accueillir, es-tu prêt à écarter toutes tes préoccupations, tes joies, tes peines ? Es-tu prêt à Lui donner tout ce qui t'empêche d'être totalement disponible à accueillir Son Amour ?

J'entends les nombreux "oui" que tu Me donnes du fond de ton cœur, et sans aucune réserve. Tu es immédiatement comblé, tu ressens Son Amour. Garde cette ouverture tout au long de ce jour et, rapidement, tu deviendras l'Amour.

Tendrement et follement, Je t'aime. »

11 août, 2 h 50

209. – *C'est moi, ton ami de chaque instant, ton Ange Gardien, qui viens te parler*

« C'est moi, ton ami de chaque instant, ton Ange Gardien, qui viens te parler. Ma joie est immense d'être à tes côtés.

Plus que toi, Je suis témoin de ce que tu deviens, de ce que le Père, notre Dieu, fait en toi. Mon immense joie vient de deux sources : la première, c'est de voir se réaliser le plan d'Amour de notre Dieu, alors que tu es encore vivant sur la terre ; la deuxième, c'est ta docilité de tout-petit à Le laisser agir en toi, et voir tes yeux s'ouvrir de plus en plus devant l'accomplissement de Son œuvre autour de toi, à travers toi et finalement en toi.

Je suis continuellement dans la louange envers notre Dieu et Je me fais un plaisir d'augmenter mes louanges à chaque fois que tu M'en fais la demande.

Je suis heureux de t'accompagner dans le visible, mais Je le suis davantage de t'accompagner dans l'invisible pour la belle, grande et noble mission que le Père te confie.

Lorsqu'Il te sera permis de constater ce que le Père a réalisé à travers toi, tu n'auras pas assez de l'éternité pour t'associer à nos chants de louange.

Je loue le Père d'être ton Gardien et de voir la merveille d'Amour qu'Il fait de toi. Il en est de même pour ta chère épouse Elisabeth. Il est à faire de votre couple le modèle parfait de l'Amour. Vous devenez un petit Feu de Son Amour où, dans l'invisible, une multitude vient se réchauffer. Vous êtes bien témoins que, dans le visible, de plus en plus de frères et sœurs cherchent à se rapprocher de vous pour bénéficier de cette chaleur provenant du Feu d'Amour Feu qui passe à travers vous. Heureux, heureuse êtes-vous qu'il en soit ainsi.

Si vous saviez comme Je suis heureux d'être si près de vous et de guider chacun de tes pas, de te conduire de plus en plus près de l'Amour, afin que dans très peu de temps, tous les deux, vous soyez totalement aspirés par ce courant d'Amour Feu qui fera de vous de véritables êtres d'Amour.

N'ayez aucune crainte, vous êtes portés par nous, vos Anges gardiens. Nous sommes vos fidèles serviteurs pour la plus grande Gloire de notre Bon Papa d'Amour.

Repose-toi bien. En ton nom je loue le Père, Notre Dieu, et le jour et la nuit. Accueille que Je sois toujours à ton service. C'est un cadeau pour toi, comme tu es un cadeau pour Moi.

Ton ami fidèle. »

1998

21 août, 3 h 50

210. – **Tu ne sais pas où Je te conduis et il est bien qu'il en soit ainsi**

« Mon tout-petit, c'est bien toi que J'ai et que Je choisis pour cette mission. Tu ne sais pas où Je te conduis et il est bien qu'il en soit ainsi. Ne le sachant pas, cela t'oblige à demeurer à Mon écoute, à être docile et malléable. De plus, cela te garde dans l'humilité.

Ces données fondamentales doivent être là bien imprégnées en toi en permanence afin que tu sois et demeures ce petit missionnaire dans la grande mission du Père.

Heureux es-tu, l'Amour t'a pris en charge, l'Amour te transforme, l'Amour te conduit, et ainsi tu deviens l'Amour.

Tendrement, Je t'aime. »

22 août, 3 h 20

211. – **Si tu es totalement aux affaires du Père, Lui, Il prend la totalité des tiennes**

Bonne Maman Marie, Toi qui es Reine au Ciel comme sur la terre, c'est par Toi que je veux passer pour offrir ma misère à la Trinité Sainte : cette difficulté à demeurer aux affaires du Père, alors que je suis très souvent occupé et préoccupé par l'une ou l'autre de mes affaires, soit au niveau des gens qui m'entourent ou au niveau des entreprises d'affaires dont j'ai la responsabilité.

Merci d'entendre ma demande, d'intercéder pour moi, de venir en aide à ma faiblesse. Toi Maman, Tu es toute belle, toute pure. Comme un tout petit nourrisson, je me remets dans Tes bras.

Même s'il est imparfait, accueille mon amour, et moi je veux accueillir Ton Amour parfait que Tu me donnes. Tendrement, Je t'aime.

« Mon tout petit nourrisson que tu es, comme J'aime te voir tout petit, te prendre dans Mes bras, serrer ton cœur contre Le Mien.

En même temps que Je te prends dans Mes bras, Je prends tous les tiens et Je demande au Père, avec Ses doigts de Créateur, de venir couper les attaches qui t'empêchent d'être totalement aux affaires du Père, afin que Lui puisse prendre en main la totalité de tes affaires.

Tu vois la simplicité de cet enseignement. Si tu es totalement aux affaires du Père, Lui, Il prend la totalité des tiennes. Si tu es partiellement aux affaires du Père, Lui, Il prend une partie des tiennes. Si tu es totalement à tes affaires, Lui, Il a très peu de place pour intervenir, car Il te laisse la place que tu veux bien occuper et Il attend que tu acceptes de diminuer afin d'occuper l'espace que tu Lui céderas.

Contemple avec Moi Son Amour, Sa délicatesse. Lui, le Créateur, le Tout-Puissant, Il ne te bouscule pas, Il ne te tasse pas, Il attend patiemment que tu Lui laisses la place pour l'occuper.

Plus Il occupe une place importante chez toi, plus Il est agissant, plus tu es témoin de Son agir, plus tu Lui rends gloire.

Plus tu acceptes de diminuer, plus encore Il est présent en toi, plus tu deviens l'Amour.

Tendrement, dans Mes bras de Mère, Je te berce, mon petit nourrisson afin que tu accueilles tout l'Amour que le Père veut déverser dans ton cœur.

Je vois Jésus qui se penche vers toi pour venir te dire avec Moi à l'oreille : Je t'aime.

Tendrement, Je t'aime. Follement, Je t'aime.

Ta Maman Marie. »

26 août, 4 h 30

212. – *Il appartient à chaque personne, vivant sur cette terre, de déterminer si elle choisit ce que le Père lui offre, ou ce que le monde lui propose et valorise*

« Mon tout-petit, tu as trouvé grâce à Mes yeux. Lentement, tu traverses un grand passage, celui qui te conduit à ta véritable mission, celle pour laquelle tu as été créé : "devenir l'Amour", être totalement aux affaires du Père, de jour ou de nuit, couché ou debout, en prière, au travail ou aux loisirs.

Ce que tu fais, où que tu sois, ce n'est pas cela qui détermine si tu es, oui ou non, aux affaires du Père, mais bien ton état d'âme, tes "oui", ton consentement à être cet instrument malléable entre les Mains du Père, Lui permettant de t'utiliser où Il le veut, quand Il le veut, auprès de qui Il veut, pour le genre de ministère qu'Il veut.

Il est bien entendu que cela ne peut se réaliser que s'il s'opère de longs moments d'intimité avec Moi, de la prière, des temps d'adoration et la pratique des sacrements, principalement la communion à Mon Corps et Mon Sang.

Dans Son plan d'Amour, le Père a tout prévu. Il a mis à votre disposition tout ce dont vous avez besoin pour faire ce grand passage qui vous conduit à l'Amour. Il appartient à chaque personne, vivant sur cette terre, de déterminer si elle choisit ce que le Père lui offre, ou ce que le monde lui propose et valorise.

C'est dans la profondeur de son être qu'une personne peut puiser les grâces nécessaires afin d'exercer librement son choix et d'opter pour le bon choix.

Heureux es-tu de t'engager dans ce petit chemin qui te permet d'aller découvrir ces trésors précieux, ces cadeaux bien enveloppés que tu n'auras jamais fini de déballer et qui te conduisent toujours plus loin sur le chemin de l'Amour.

Dans cette grande intimité qui nous unit l'un à l'autre, ensemble et d'un seul cœur, rendons gloire au Père qu'il en soit ainsi pour le moment présent qui fait de toi l'Amour.

Laisse-toi bercer par Mon Amour et écoute au fond de ton cœur les mots que Je murmure doucement et tendrement :

Je t'aime, Je t'aime, Je t'aime. »

27 août, 4 h 20

213. – *Je te prends en charge*

« Mon tout-petit, c'est ta docilité à Mon Esprit qui te permet d'avancer dans la grande traversée qui te conduit à l'Amour. Acceptes-tu d'aller encore plus loin sur le chemin qui te conduit à l'Amour ? »

Sans aucune hésitation, je donne mon "oui". Je n'ai qu'un seul et unique désir : être ce que Vous voulez que je sois, à l'endroit qu'il Vous plaira de m'envoyer et dans l'entière disposition à accomplir ce que Vous voulez que je fasse. Merci de me prendre en charge.

« J'ai entendu ta réponse. J'accueille dans la joie son contenu. Je te prends en charge. De plus, tu seras témoin de Mon agir en toi, autour de toi et à travers toi.

Pour ce matin, reçois seulement Mon Amour, laisse-toi combler. Il n'y a rien d'autre de plus important pour toi que cette relation amoureuse entre nous, relation qui fait de toi l'Amour.

Tu deviens l'Amour. Tendrement, Je t'aime. »

4 septembre, 3 h 10

214. – *C'est toujours dans la foi pure que Je te demande d'avancer*

Seigneur Jésus, je dépose dans Votre Cœur, la suggestion de la maison d'édition et du nom de plume à utiliser, en vue de publier : "Pour le bonheur des Miens, Mes choisis   JÉSUS."

Je Vous redonne mon "oui" sans condition aucune et j'attends Votre réponse.

Merci d'entendre et d'exaucer ma prière. Je Vous aime.

« Mon tout-petit, c'est toujours dans la foi pure que Je te demande d'avancer. À plusieurs reprises, tu as été témoin qu'à la suite de tes demandes et à la disponibilité de ton cœur à accueillir la réponse, peu importe l'orientation désirée par le Père, à la suite de ces deux attitudes fondamentales qui sont : demande et accueille, tu as été témoin que tu étais entièrement guidé, soit par ton inspiration, soit par les personnes placées sur ta route, ou soit par les événements qui se présentaient à toi. Il n'en sera pas autrement pour la publication de ces écrits qui enseigneront aux lecteurs et lectrices la docilité à l'Esprit Saint dans toutes les sphères de la vie, en accueillant l'Amour que le Père veut y déverser et, finalement, en devenant l'Amour.

Au lieu de t'attrister parce que Je ne dis pas immédiatement ce que tu dois faire, regarde comment Je t'ai conduit hier, en allant porter un message à l'une de Mes épouses chéries. Regarde comment tu as été conduit dans une multitude de circonstances.

Te laisser conduire sans savoir où, par qui, comment, etc. te garde dans ta petitesse, et c'est ce qui fait de toi un instrument utilisable entre les Mains du Père.

Maintenant que tu te reconnais petit, reviens au cœur même de nos relations intimes. Accueille Mon Amour, laisse-toi aimer, laisse-toi envelopper par l'Amour. Viens prendre un bon bain dans l'Océan d'Amour du Père, et ainsi tu deviens l'Amour.

Écoute au fond de ton cœur le doux murmure :
Je t'aime, Je t'aime, Je t'aime. »

5 septembre, 3 h 50

215. – *La Source d'Amour du Père est comme une « Eau miraculeuse »*

« Mon tout-petit, c'est dans la profondeur de ta petitesse, de ton impuissance que se trouve la solution à tes problèmes ; c'est dans cette profondeur que tu entres dans le Cœur de Dieu, ton Créateur ; que tu entres dans la Source même de l'Amour.

La Source d'Amour du Père, c'est beaucoup plus qu'une eau pour étancher ta soif. Dans cette Eau, tu peux te plonger totalement, d'autant plus qu'elle est miraculeuse et qu'elle contient toutes les vertus que tu peux imaginer.

Plus que cela, elle contient les vertus en quantité illimitée, pouvant répondre à tout ce dont ton être a besoin, que tu en sois conscient ou non.

En même temps qu'elle vient purifier en toi ce qui est souillé, elle vient refaire en toi ce qui est brisé, elle a le pouvoir de créer ou recréer ce qui te manque pour être ce que le Père veut que tu sois : un être plein d'Amour. En d'autres termes, c'est cette Source qui a le pouvoir d'achever l'être inachevé que tu es.

Apprends à accueillir toutes les situations ou événements qui se présentent à toi, pour descendre plus profondément dans ta petitesse et ton impuissance, afin d'être plongé plus profondément dans la Source infinie d'Amour du Père, et ainsi devenir plus rapidement l'Amour.

Je t'accompagne dans chacun de tes plongeons et Je suis de plus en plus fier du tout-petit que tu es.

Mon Cœur est débordant d'Amour pour toi.

Tendrement, Je t'aime. »

11 septembre, 4 h 30

216. – *Là où il y a l'Amour, c'est Lui qui triomphe, peu importe les apparences*

Seigneur Jésus, donnez-moi la grâce d'accueillir cette situation qui me fait souffrir, qui me heurte, qui me blesse, qui me réduit à mon impuissance et qui dure depuis plus de dix ans. Venez accueillir en moi ce que je ne peux accueillir par moi-même.

Venez bénir avec moi le Père qu'il en soit ainsi, et venez surtout accorder toutes les bénédictions et pardons que je ne peux accorder moi-même à cause de mon état de pécheur, d'orgueil qui m'habite continuellement.

Je Vous redonne mon "oui" total et inconditionnel à toutes ces situations inhérentes à la nature humaine que je déplore. Venez me maîtriser par Votre Amour. Merci d'entendre et d'exaucer mon humble prière.

Venez adorer le Père en moi et venez aimer en moi ceux et celles que Vous mettez sur ma route et, d'une façon spéciale, celui qui me heurte et me blesse en ce moment. Comme un tout-petit, je me jette dans Vos bras. Je Vous aime.

« Mon tout-petit, comment ne pas accueillir le tout-petit que tu es. C'est à bras et à cœur ouverts que Je t'accueille, te prends dans Mes bras, serre ton cœur contre le Mien, fais Mienne ta prière et la présente au Père.

Non seulement J'accueille ta souffrance mais Je l'unis aux souffrances du Ciel, celles qui viennent du fait que l'Amour n'est pas aimé sur la terre.

Je t'enlève ce lourd fardeau qui pesait sur tes épaules. Je te donne les grâces nécessaires et les lumières qui vont te guider pour t'éviter des faux pas, et pour faire de cette situation pénible une source d'Amour et de paix pour toi, pour l'autre personne concernée dans cette affaire, ainsi que pour tous ceux et celles qui sont près de toi et que tu portes dans ton cœur.

Encore une fois, ne crains rien, Je suis avec toi. Là où Je suis, c'est l'Amour. Là où il y a l'Amour, c'est Lui qui triomphe, peu importe les apparences.

Ne regarde pas ces situations pénibles, tourne ton regard vers le Père, regarde Son Amour. C'est ainsi que tu deviens l'Amour.

Tendrement, Je t'aime. »

16 septembre, 4 h 30

217. – *C'est ton accueil de Mon Amour qui Lui permet de pénétrer en toi*

« Mon tout-petit, c'est avec un Cœur de plus en plus joyeux que Je m'approche de toi. Ton cœur est de plus en plus capable d'accueillir Mon Amour. Sois sans crainte, tu n'en accueilleras jamais trop.

En ce moment, il n'y a rien pour toi de plus important que d'accueillir Mon Amour. C'est cet accueil qui permet à l'Amour de pénétrer en toi. C'est l'Amour bien intégré en

toi qui te purifie, qui te transforme, qui t'inspire, qui te guide, te conseille, te soutient et fait de toi un autre Christ. C'est ainsi que tu deviens l'Amour.
Tendrement, Je t'aime. »

21 septembre, 22 h 20

218. – *Un acrostiche avec le mot « conversion »*

Mercredi de la semaine dernière, à l'ouverture de la journée de prière, j'ai été inspiré de faire un acrostiche avec le mot "conversion", dans le but d'exprimer ce que signifie pour moi ce processus, et qui requiert chaque jour mon attention.

C ontempler le Dieu qui vient.
O ffrir ce qu'Il nous confie et ce que nous sommes.
N e pas se laisser distraire par les pensées du monde.
V ivre dans une intimité toujours plus grande avec Jésus.
E tre continuellement transformé par Son Amour.
R enaître de nouveau à chaque jour, dans nos pensées, nos habitudes et notre façon de nous comporter.
S avoir que tout vient de Lui.
I ntérioriser toujours plus ce qui se présente à nous.
O n vit dans un nouveau renouveau continu.
N otre grande espérance est la Vie Éternelle.

29 septembre, 4 h 05

219. – *Fais abstraction totale du passé, bon ou mauvais, ne t'inquiète pas du futur, prends conscience de l'importance du moment présent*

« Mon tout-petit, toi que J'ai choisi, laisse-toi de plus en plus guider, conduire et inspirer par Moi, ton Dieu. Cette grâce que tu as de te laisser conduire, lorsque tu écris, va te permettre de traverser ce grand passage qui t'amène de l'autre côté de la rive.

C'est sur cette rive qu'existe l'Amour en plénitude, là où tous les êtres sont des êtres d'Amour, ne laissant aucune place pour ce qui est contraire à l'Amour.

1998

Heureux es-tu, heureux et heureuses êtes-vous d'être sur ce traversier, pour bénéficier pleinement des nombreuses grâces qui sont déversées sur vous en ce moment. Vous devez apprendre à vivre pleinement le moment présent, voir à faire abstraction totale du passé, bon ou mauvais, car ayant été donné à la miséricorde du Père, il n'a plus d'importance. Une seule chose est réellement importante : c'est le moment présent, c'est l'Amour qui est déversé dans ton cœur, et l'intimité que nous avons ensemble, toi en Moi et Moi en toi.

Lorsque tu prends conscience de l'importance du moment présent, des grâces et de l'Amour qui sont déversés en toi à chaque instant, ton cœur se dilate et devient donc capable de recevoir davantage pour l'instant qui suit. C'est ce qui fait que tu es en croissance continuelle.

Comme tu sais que le Père ne retire jamais Ses grâces et Son Amour, mais qu'au contraire Il en donne de plus en plus, comment oserais-tu te préoccuper ou t'inquiéter du futur, assuré d'être de plus en plus comblé à l'intérieur de toi, peu importe les apparences ou ce que tu auras à vivre à l'extérieur.

De plus, sachant et ayant expérimenté que ce qui est important, essentiel, c'est ce que tu vis à l'intérieur et non ce qui se passe à l'extérieur ; sachant que tu deviens l'Amour, tu ne peux plus t'inquiéter ni te préoccuper de rien. Ta véritable sécurité, elle est là, pas ailleurs.

Heureux es-tu, heureux et heureuses êtes-vous de l'avoir découvert, d'y croire, de vous y attacher et de le vivre pleinement. Ensemble, goûtons et bénéficions pleinement de l'Amour et des grâces du moment présent.

Reçois Mon Amour. Accepte que Je t'aime. Laisse-toi aimer, c'est ainsi que tu deviens l'Amour.

Tendrement, Je t'aime. »

4 octobre, 5 h 50

220. – *C'est en habitant pleinement les cœurs que Je peux préparer Ma Grande Venue dans la Gloire*

« Mon tout-petit, entre encore plus profondément à l'intérieur de toi. Sois de plus en plus à Mon écoute. Ces moments privilégiés que nous avons ensemble, où nous entrons dans une grande intimité, Je veux qu'ils deviennent permanents. De cette façon, tu seras toujours à Mon écoute. Je guiderai chacune de tes pensées et chacun de tes pas, englobant ainsi chacune de tes paroles.

C'est en habitant pleinement les cœurs que Je peux préparer Ma Grande Venue dans la Gloire. J'ai besoin d'une multitude de petites âmes qui me donnent leur "oui" total, qui renoncent à eux-mêmes, qui se laissent totalement pénétrer de Ma Présence.

Ma Présence, bien établie à l'intérieur d'une personne consentante à Me laisser agir librement, accomplit des merveilles sans que celle-ci ait à s'interroger sur ce qu'elle doit faire pour M'être agréable. C'est la transformation complète de l'être, devenu un être plein d'Amour, entièrement guidé par l'Amour, qui ne peut que produire l'Amour, peu importe où il est et quoi qu'il ait à accomplir.

L'Amour a pris charge de tout, de ton être d'abord, puis des événements et des personnes qui t'entourent. (Si Je t'ai fait écrire les "événements" avant les "personnes", ce n'est pas par ordre d'importance, car l'objectif c'est la personne, mais parce qu'il est plus facile à l'Amour de contrôler les événements que les personnes, ces dernières étant entièrement libres, l'Amour doit attendre leur consentement).

Prends le temps de bien intégrer en toi cet enseignement; il n'a qu'un seul objectif : faire de toi et de toutes les personnes qui liront ces lignes des êtres pleins d'Amour, guidés par l'Amour, pour engendrer de plus en plus l'Amour.

C'est ainsi que se prépare rapidement Ma Grande Venue, que se construit cette Nouvelle Société d'Amour, en faisant de vous et de toi des êtres pleins d'Amour.

1998

Parce que Je t'aime, tu deviens l'Amour, et parce que tu aimes, d'autres deviennent l'Amour et ainsi de suite jusqu'à ce que la terre soit complètement renouvelée.

Voilà le grand mouvement présentement engendré par l'Amour et faisant de vous et de toi "l'Amour". Demeure le tout-petit qui se laisse aimer.

Tendrement, Je t'aime. »

13 octobre, 4 h 50

221. – *Avance dans la foi ; n'oublie pas l'enseignement du 6 janvier 1997*

Seigneur Jésus, je Vous abandonne la rencontre de cet après-midi alors que je crains de ne pas être Amour. Venez prendre le contrôle de cette rencontre. Je Vous donne mon impuissance. Merci d'entendre et d'exaucer ma prière. Je Vous aime.

« Mon tout-petit, avance dans la foi. N'oublie pas l'enseignement du 6 janvier 1997. Relis chacune des étapes et assure-toi de bien les vivre. Sois fidèle à cet enseignement et Je serai fidèle à Ma Parole. Tu découvriras une fois de plus que Je suis le Tout-Puissant, le Dieu de l'impossible.

Que la confiance vienne remplacer la peur, que l'Amour vienne remplacer la division, la douceur remplacer la colère, la facilité remplacer la difficulté. Toi, tu seras dans la paix en étant cet instrument d'Amour entre les Mains du Père qui change tout sur Son passage. Ce Père qui change les situations et qui contribue ainsi à construire le Règne d'Amour sur cette terre. Par ta petitesse, l'Amour peut agir librement.

C'est avec l'Amour et dans l'Amour que tu dois préparer chacune des rencontres. Sois en paix, Mon tout-petit, Je suis avec toi.

Tendrement, Je t'aime. »

19 octobre, 5 h 45

222. – *Prenant à chaque jour un temps pour entrer en intimité avec Moi dans la profondeur de ton être, tu n'as rien à craindre de poser le pas*

« Mon tout-petit, c'est dans la profondeur de ton être que tu t'unis à Moi, que tu reçois Mon Amour. C'est donc là que tu reçois les enseignements quant aux gestes à poser ou non.

Ayant donné de nombreux "oui" à suivre la Volonté du Père et de nombreux "non" à te laisser influencer par les pensées du monde, non à obéir à ta propre volonté, demeurant continuellement dans cette disposition, prenant à chaque jour un temps pour entrer en intimité avec Moi dans la profondeur de ton être, répondant à ce qui t'a été enseigné le 6 janvier 1997..., tu n'as rien à craindre de poser le pas, sachant que Je suis toujours avec toi, que Je te guide, t'inspire et te conduis.

Sois sans crainte, demeure dans Mon Amour. Tu deviens l'Amour. Tendrement, Je t'aime. »

30 octobre, 5 h 30

223. – *Sois ce petit qui attend tout de son Père*

« Mon tout-petit, Je t'invite à devenir un être plein d'Amour, toujours et partout.

Le Père te fait vivre de nombreuses expériences sur le plan humain et sur le plan des affaires, parfois simples et faciles, mais parfois plus difficiles, interpellantes et déconcertantes. Peu importe la situation, tu n'as pas à t'en préoccuper. Tu n'as qu'à tout remettre entre les Mains du Père, Lui faisant confiance que la solution te sera donnée en Son temps.

Ne sois pas le grand qui règle beaucoup de choses. Sois ce petit qui est et demeure impuissant devant les personnes et les situations qui se présentent à toi, qui attend tout de son Père, qui devient témoin de Son agir et qui Lui rend grâce pour tout.

Tu as donné tes consentements, tu es maintenant à l'école de l'Amour, et tous les travaux que tu as à accomplir ont pour effet de te permettre de devenir pleinement l'Amour, par la triple expérience de l'Amour, de la Sagesse et de l'Intelligence du Père qui se manifeste soit par toi, soit par les autres ou soit par les événements.

Une seule chose demeure importante, c'est la transformation qui s'opère en toi et chez les autres. Remercie le Père qu'il en soit ainsi. C'est le chemin qu'Il a choisi pour toi afin que tu deviennes l'Amour. Sois sans crainte, tu es sur la bonne voie, celle qu'Il a choisie pour toi. Tu deviens l'Amour.

Je t'aime. »

5 novembre, 4 h 20

224. - *Ce n'est plus toi qui penses, parles et agis, c'est Moi*

Seigneur Jésus, je veux Vous remercier pour ces deux expériences sur le plan des affaires que je viens de vivre. Je suis dans l'émerveillement du déroulement des événements, de l'attitude des personnes et finalement des résultats obtenus.

Il est impossible que ce soit moi qui aie pu obtenir de tels résultats. Je vois donc se dérouler sous mes yeux Votre promesse du 22 et du 23 février 1997. Tout m'enseigne que c'est Vous qui avez agi et non moi.

Gardez-moi petit afin que Vous puissiez agir en plénitude dans tous les événements de ma vie. Je Vous rends grâce, je Vous adore. Je ne sais comment Vous remercier. Gardez-moi dans Votre Amour. Je Vous aime.

« Mon tout-petit, quelle joie de te voir constater ton impuissance en même temps que la Toute-puissance du Père. Prends le temps de bien assimiler ces événements, de les méditer, de rendre grâce au Père afin qu'ils pénètrent dans la profondeur de ton être, que tu diminues en Me permettant de prendre toute la place en toi.

Moi en toi et toi en Moi. Ce n'est plus toi qui penses, parles et agis, c'est Moi. Tu seras de plus en plus dans la joie, l'émerveillement et la jubilation, même à travers les tribulations.

Nous entrons dans un Monde Nouveau, dans une Église Nouvelle. Tu as tout à découvrir. Comme Je suis heureux de te tenir par la main pour t'empêcher de tomber, pour te garder sur la bonne voie et pour voir ton émerveillement.

Sois sans crainte, continue d'avancer ; c'est Moi qui te guide, et petit à petit tu deviens de plus en plus l'Amour.

Tendrement, Je t'aime. »

12 novembre, 3 h 45

225. – *Treize points importants à considérer pour cette rencontre de pastorale*

Seigneur Jésus, je Vous confie cette rencontre de ce midi, avec cinq prêtres, visant à échanger sur la possibilité de reprendre les activités concernant le ministère de libération.

Je Vous avoue mon impuissance. Je compte uniquement sur l'Esprit Saint et je me place à l'écoute de tout enseignement que Vous auriez à me donner pour cette rencontre.

Merci d'entendre ma demande. Je Vous aime.

« Mon tout-petit, sois sans crainte, Je suis avec toi, continue d'avancer dans la foi pure. Fais-Moi confiance, Je guide chacune de tes pensées, chacun de tes pas et chacune de tes paroles.

Voici les points importants pour cette rencontre :
1. L'Amour et l'accueil que vous aurez les uns pour les autres.
2. Votre disponibilité intérieure à accueillir l'action de l'Esprit Saint en vous, à travers vous et autour de vous.
3. Vous placer totalement à l'écoute de l'Esprit Saint qui passera tantôt par l'un, tantôt par l'autre.
4. Que votre désir soit unique : servir l'Église, lui être fidèle, suivant les inspirations de l'Esprit Saint.

5. Avoir le courage de votre foi.
6. Ne pas vous laisser influencer par la fausseté des courants de pensées qui existent présentement en Église.
7. Éviter toute critique inutile.
8. Ne pas craindre de démasquer ce qui est faux.
9. Avoir confiance qu'il s'agit de Mon Église et que Je m'en occupe.
10. Je suis le Dieu de l'impossible.
11. Je vous demande d'être des tout petits instruments qui se laissent entièrement guider par Moi.
12. Vous êtes au tout début d'un souffle nouveau pour votre et Mon Église diocésaine.
13. Soyez sans crainte, Je suis avec vous.

Je te demande de poser un geste de foi, d'humilité et de docilité en lisant, au tout début de cette rencontre, ce que tu viens d'écrire.

C'est en agissant, entièrement guidé par Mon Esprit, que ton être se transforme et devient Amour.

Tendrement, Je t'aime. »

15 novembre, 5 h 25

226. – *Tu es bien témoin que Je suis un Dieu agissant lorsqu'on Me laisse la liberté d'agir*

« Mon tout-petit, c'est toujours dans une très grande joie que Je m'unis à toi, que Je t'accompagne, que Je te précède dans tes rencontres, que Je t'inspire et inspire les autres, afin que ces rencontres se déroulent dans la sérénité, l'harmonie, la paix et l'Amour.

Tu es bien témoin que Je suis un Dieu agissant lorsqu'on Me laisse la liberté d'agir.

Cette liberté, Je l'obtiens d'un cœur qui se fait petit, très petit, assez petit pour tout accueillir ce que Je veux lui donner, assez petit pour tout Me demander et assez petit pour reconnaître que c'est Moi qui ai agi en lui, à travers lui et autour de lui, se gardant bien de s'emparer de ce que Je viens d'accomplir pour sa valorisation, sa puissance et sa propre gloire.

Plus que jamais, Je suis à la recherche d'une multitude de petits cœurs pour bâtir cette société d'Amour capable de M'accueillir lors de Mon grand Retour qui est pour très bientôt.

Avec un seul petit cœur qui Me donne tous ses "oui", Je lui donne la force de dire les "non" nécessaires pour favoriser l'éclatement des "oui" :

Oui à la petitesse,
Oui à l'impuissance,
Oui à la miséricorde,
Oui à l'accueil,
Oui à l'Amour.

Pour chacun de ces "oui", il y a un et plusieurs "non" qui s'imposent et s'opposent. Tu ne peux pas dire "oui" à la petitesse et en même temps ne pas dire "non" au désir de paraître, d'être reconnu, d'être puissant, d'être valorisé, d'être apprécié et de satisfaire à toute vanité et orgueil.

À chaque jour, vous avez une multitude de choix que vous pouvez exercer s'ils sont inspirés par l'Amour, à la lumière de l'Amour, pour répondre à l'appel de l'Amour. Très rapidement, tu et vous devenez l'Amour. Vous êtes follement aimés.

Tendrement, Je t'aime. »

17 novembre, 5 h 15

227. – *Est-ce que je me laisse préparer pour bien accueillir Jésus dans Son Grand Retour ?*

« Mon tout-petit, à la question que tu poses : "Suis-je prêt à accueillir Jésus pour Son Grand Retour ?" Voici Mes commentaires : Tenter par toi-même de t'y préparer, c'est une mission impossible, la question que tu devrais te poser est celle-ci : "Est-ce que je me laisse préparer pour bien accueillir Jésus dans Son Grand Retour ?"

Pour t'aider à bien répondre à cette question et à faire la lumière sur cette question, tu peux te poser les sous-questions suivantes :

1. Est-ce que je laisse à l'Esprit Saint la liberté totale d'agir en moi ?
2. Suis-je capable de Le reconnaître lorsqu'Il agit en moi, autour de moi et à travers moi ?
3. Suis-je capable de Lui rendre grâce pour tout, sans vouloir m'en approprier une partie pour ma gloire ?

Dans ces trois questions-clés, il y a plusieurs autres questions te permettant d'approfondir la réponse. Exemple : à la question 1, s'Il a l'entière liberté d'agir en moi ? Est-ce que ce sont les fruits de l'Esprit Saint qui émanent de moi, tels que définis dans saint Paul aux Galates 5, 22-23 à savoir la charité, la joie, la paix, la longanimité, la serviabilité, la bonté, la confiance dans les autres, la douceur, la maîtrise de soi.

Toujours, vous reconnaîtrez l'arbre à ses fruits. Si tu veux savoir quelle sorte d'arbre tu es, regarde les fruits que tu produis. S'ils ne sont pas ceux désirés, tu les donnes à la miséricorde du Père. Tu Lui redonnes ton "oui" à venir couper les attaches qui t'empêchent d'être ce bon arbre. En d'autres termes, tu Lui donnes ton "oui" à être émondé, même si parfois cette opération est douloureuse.

Tu Lui donnes ton "oui", à démasquer et à enlever de toi tout ce qui est faux et qui t'empêche d'être ce bon arbre qui produit en abondance et en excellence. Même si tu n'es pas toujours conscient de la quantité (puisqu'elle s'effectue souvent dans l'invisible), ce que tu vois est d'une qualité qui dépasse de beaucoup ce que tu aurais pu accomplir.

Il en est de même pour l'ensemble des autres questions. Tout ce qui t'apparaît, comme étant non purifié, doit être remis à la miséricorde du Père. Tu dois Lui accorder tous les "oui" qu'Il veut bien te demander, soit en direct, soit par le biais des autres ou des événements.

C'est ainsi que tu peux vivre pleinement l'A.B.C : [**Accueillir, Bénir et Comprendre**], et ainsi devenir pleinement l'Amour.
Tendrement, Je t'aime. »

21 novembre, 5 h 00

228. – *Par cet incident, tu as pris conscience de ton impuissance et de ton néant*

Seigneur Jésus, je ne comprends pas ce que j'ai vécu hier, alors qu'il m'a fallu, pendant vingt minutes, travailler à démarrer le camion qu'un employé m'avait passé. Mon erreur était dans le fait que j'utilisais les clés de ma propre voiture, pourtant bien identifiables, alors que, dans ma poche, je détenais la bonne clé, celle du camion. En conclusion, l'identification des clés n'a pu se faire que par l'intervention d'une autre personne qui s'était offerte pour m'aider.

Je trouve cette expérience invraisemblable ; elle me rend honteux en plus de me créer des doutes sérieux quant à mon propre comportement. Que m'arrive-t-il ? Suis-je en train de perdre mes facultés de coordination ?

Merci d'entendre ma prière. Je Vous aime.

« Mon tout-petit, c'est en entrant encore plus profondément en toi que tu trouveras la réponse, car il y a tout un enseignement dans cette expérience que tu as vécue. Regardons-le ensemble.

Pour commencer, cela te permet de prendre conscience bien concrètement de ta fragilité, ta vulnérabilité. Il n'y a rien en toi qui peut fonctionner sans la permission du Père. Tu es totalement dépendant de Lui ; rien ne t'appartient et rien n'est sous ton véritable contrôle. Tout vient de Lui, tout est sous Son contrôle et tout doit retourner à Lui.

Cette expérience est là, bien vécue par toi, pour te permettre de réaliser l'importance de tout remettre entre les Mains du Père et surtout de tout attendre de Lui. Par cet incident, tu as pris conscience de ton impuissance et de ton néant.

Il est important que tu accueilles pleinement cette expérience, que tu bénisses Dieu de l'avoir vécue, et ce n'est que par la suite qu'il te sera permis de découvrir les autres perles qui sont rattachées à cette expérience, minime en soi, mais d'une richesse et d'une portée infinies.

Il te faut passer par bien des purifications pour devenir pleinement l'Amour.

Tendrement, Je t'aime. »

23 novembre, 5 h 15

229. – *Ne sois pas incrédule devant ce que tu vis présentement*

« Mon tout-petit, ne sois pas incrédule devant ce que tu vis présentement. De plus en plus, c'est le Christ qui vit en toi.

Tout ce qui est en toi et qui n'est pas en tous points conforme avec Lui, doit être démasqué et expulsé de toi. Tu dois donc te réjouir de tout ce que tu vis.

Si c'est un événement heureux, c'est que le Christ a pu se manifester librement. Si c'est un événement malheureux, c'est que les purifications sont en cours. Dans un cas comme dans l'autre, toi tu dois t'en réjouir, car ils te seront bénéfiques et ils le sont dès maintenant dans la poursuite de la voie sur laquelle tu es engagé et qui est celle de devenir pleinement l'Amour.

À travers tous ces événements, prends du temps régulièrement avec Moi pour entrer dans notre intimité, accueillir l'Amour que Je déverse dans ton cœur. Réalise que tu es profondément aimé et que seul l'Amour accueilli dans ton cœur a le pouvoir de changer tout ton être, de changer tout ce qui vit autour de toi, et finalement de changer le monde.

Heureux et heureuses êtes-vous de vous engager sur cette voie de l'accueil progressif de l'Amour et de devenir l'Amour.

Vous devenez l'Amour. Tu deviens l'Amour. Tendrement, Je t'aime. »

4 décembre, 2 h 00

230. – *Accepter de devenir un autre Christ, c'est aussi accepter de souffrir*

« Mon tout-petit, sois sans crainte, c'est bien Moi, ton Dieu, qui t'ai fait sortir de ton lit pour ce moment d'intimité que nous avons ensemble. Dans cette grande intimité que nous avons, Je veux te guider par ces écrits que J'utiliserai pour établir une relation intime avec une multitude d'âmes.

Tu te demandes si ton nom doit apparaître ou non, voici ce que Je désire, Moi. Il est important que tu acceptes que c'est toi que J'ai choisi. Encore une fois, non à cause de tes mérites, mais par les grâces qui sont devenues possibles à la suite de tes nombreux consentements.

Cette intimité, Je la veux avec tous les cœurs. Dans ces temps qui sont les derniers, Je dois agir rapidement. Le monde doit savoir que c'est Moi qui agis, et J'agis dans tous les cœurs qui me laissent agir librement. Ton nom n'a aucune importance, ce que J'accomplis à travers toi, Je pourrais l'accomplir à travers une multitude, si on Me donnait des "oui" totaux inconditionnels et irréversibles.

Cependant le monde a besoin des autres pour se laisser conduire à Moi, et Moi, J'aime utiliser d'autres personnes pour les conduire à Moi, comme Je l'ai fait pour toi. Regarde le grand nombre de personnes que J'ai utilisées pour te conduire à Moi et que J'utilise encore.

À chaque fois, les individus ont été bien identifiés. Autant Je veux que la personne accepte de disparaître pour Me donner toute la place, autant Je veux qu'elle soit clairement identifiée, avec tous les avantages et les inconvénients que cela peut créer, tant pour le message que pour elle-même.

Il est sûr et certain que tu auras à en souffrir. Accepter de devenir un autre Christ, c'est aussi accepter de souffrir. Tu as toujours la liberté de te retirer ou de te cacher, mais Moi, Je t'exprime clairement Ma Volonté.

Les grâces que Je déverse en toi, la Paix que Je mets dans ton cœur et l'Amour que tu ressens de Ma Présence sont de beaucoup, beaucoup, beaucoup plus importants que les souffrances que tu auras à endurer à cause de Moi.

Entre en communion de cœur et d'esprit avec Mes premiers Apôtres, les Saints et Saintes du Paradis et ceux et celles qui sont sur la terre présentement. Avec eux et elles, loue le Père d'avoir été choisi pour souffrir avec Moi et à cause de Moi.

C'est cette souffrance qui te purifie et te rend co-rédempteur en même temps qu'elle te permet d'entrer pleinement dans le plan d'Amour que le Père a choisi pour toi. C'est ainsi que tu deviens l'Amour.

Tendrement et follement, Je t'aime. »

10 décembre, 5 h 45

231. – *Je Me laisse trouver sur ces deux voies : l'accueil de Mon Amour et la reconnaissance de ta petitesse*

« Mon tout-petit, continue à accueillir Mon Amour et à te reconnaître petit. Sur ces deux voies, Je circule et Je me laisse trouver.

Si un jour, tu avais l'impression que Je m'éloigne de toi, reprends ces deux voies, va plus profondément dans chacune d'elles et tu Me retrouveras. C'est simplement que Je veux te conduire toujours plus loin dans l'Amour, et pour cela tu dois descendre plus profondément dans ta petitesse et accueillir que tu es profondément aimé.

Échange avec le Père David afin de reconnaître le deuxième parmi Mes fils de prédilection qui serait apte à donner ses commentaires sur ce que tu écris.

Demeure bien en paix. Je m'occupe des moindres détails. Toi, tu es trop petit, tu ne peux qu'accueillir Mon Amour. C'est ainsi que tu deviens l'Amour.

Tendrement, Je t'aime. »

15 décembre, 5 h 35

232. – **La souffrance est souvent le chemin qui te conduit plus profondément à l'intérieur de toi**

« Mon tout-petit, entre toujours plus profondément à l'intérieur de ton être, c'est là où Je suis, c'est là et uniquement là où tu peux retrouver la paix que tu cherches.

La souffrance est souvent le chemin qui te conduit plus profondément à l'intérieur de toi. C'est là où éclate la vie, la vraie vie, la vie de l'Amour. C'est aussi là où tu deviens petit, où tu te laisses aimer et où tu deviens l'Amour.

Tendrement, Je t'aime. »

22 décembre, 4 h 55

233. – **Il y aura ceux qui se placeront sous l'influence de l'Ennemi qui cherche par tous les moyens d'empêcher Mon plan de se réaliser**

« Mon tout-petit, tu entres profondément dans une nouvelle vie intérieure. Continue à te laisser guider ; sois sans crainte, J'ai la situation bien en main. Non seulement Je te guide et te conduis, mais J'inspire les personnes autour de toi. Je provoque les événements afin que ce que Je désire puisse se réaliser entièrement et rapidement.

Le temps presse, c'est une multitude d'âmes qui en dépendent. Très bientôt, il n'y aura plus de place pour les tièdes, les indifférents, même pour ceux et celles qui analysent en se croyant sages et intelligents.

Il y aura ceux et celles qui ont donné leurs "oui", qui seront transformés par le Feu de Mon Amour Feu. Il y aura ceux et celles qui se placeront sous l'influence de l'Ennemi et qui chercheront par tous les moyens à empêcher Mon plan d'Amour de se réaliser, et cela en s'attaquant à ceux et celles qui acceptent d'être des instruments entre Mes mains, qui ont donné tous leurs "oui" et qui deviennent petit à petit des êtres pleins d'Amour.

Vous serez de plus en plus témoins du fait que les attaques, venant des serviteurs de l'Ennemi, vont contribuer à rendre plus forts dans leur foi ceux qui ont donné leurs "oui", plus brûlants dans leur Amour et plus éclatants dans leur beauté intérieure, laquelle se reflétera à l'extérieur de plus en plus.

Heureux, heureuses êtes-vous d'avoir donné tous vos "oui" pour être parmi ceux et celles qui deviennent pleinement l'Amour.

Mon Cœur est brûlant d'Amour pour vous accueillir tous. Mes bras sont grand ouverts. Venez sans crainte, Je suis l'Amour et Je vous aime.

Tendrement, Je vous aime, tendrement, Je t'aime. »

24 décembre, 3 h 35

234. – *Avant de ressusciter, J'ai dû passer par la Croix*

« Mon tout-petit, ce que tu vis présentement te conduit à l'Amour ; ce qui ne veut pas dire qu'il n'y aura pas de souffrances ni de tribulations. Ce qui vient de l'extérieur est d'importance secondaire. Ce qui est de première importance c'est ce qui se passe à l'intérieur de toi, voire la transformation complète de ton être pour devenir un être plein d'Amour.

Comme Je suis heureux de te voir en faire la priorité de ta vie, de tes temps de loisirs et de repos. C'est à travers ce temps que tu Me donnes, que nous pouvons obtenir une intimité toujours plus profonde. À chaque instant que tu Me donnes, tu deviens un peu plus Moi, et Moi, Je prends ton humanité, c'est-à-dire que c'est de plus en plus Moi qui vis en toi et qui prends de plus en plus d'espace en toi, faisant ainsi disparaître ce qui était propre à toi.

La place que J'occupe présentement en toi, Je veux l'occuper chez tous Mes enfants de la terre et encore davantage. Ce que Je veux, c'est aussi la Volonté de Mon Père, dans le sens que Mon Vouloir est le même que celui de Mon Père.

Cette Volonté sera réalisée très bientôt, et il est urgent que cette Volonté soit connue afin de permettre, à ceux et celles qui le désirent, de donner des consentements.

Tu es l'un de ceux que J'ai choisis pour la faire connaître. Encore là tous ne répondront pas à l'appel. Ceux et celles qui y répondront ne resteront pas sans récompense. Avant la récompense toutefois, il y a la souffrance. Tout comme avant de ressusciter, J'ai dû passer par la Croix.

Le disciple n'est pas plus grand que le Maître, il doit accepter du fond de son être de suivre le même chemin afin que la Volonté du Père se réalise pleinement en vue de la récompense éternelle.

Sois sans crainte, Je serai toujours avec toi pour te soutenir et te protéger. Ensemble, nous entrons dans une nouvelle étape qui va te conduire plus profondément dans l'Amour.

Je sais que tu es tout petit, faible et fragile, c'est pourquoi Je demeure toujours à tes côtés en te tenant par la main pour t'empêcher de trébucher, et ainsi te permettre de continuer à avancer sur la route que le Père t'a tracée et qui te conduit à l'Amour en plénitude.

Les souffrances et la croix que tu auras à porter peuvent se comparer à des petits cailloux sur la route, comparativement à l'immensité de l'Amour qui t'attend, qui vous attend.

Vous devenez l'Amour. Tu deviens l'Amour.

Vous êtes follement aimés. Tendrement, Je t'aime.

P.S.   Ce Noël est une véritable renaissance pour toi. »

1999

1 janvier, 4 h 30

235. – *Par votre accueil inconditionnel, vous devenez associés à Son plan d'Amour pour purifier cette terre*

« Mon tout-petit, en même temps que commence une nouvelle année, commence pour toi et pour plusieurs personnes, vivant sur cette terre, une nouvelle vie.

Cette nouvelle vie, c'est celle qui te conduit à la plénitude de l'Amour. Cette nouvelle vie est maintenant possible à la suite d'une multitude de "oui" inconditionnels et irréversibles.

Tu as et vous avez maintenant à préparer vos cœurs pour tout accueillir, aussi bien les souffrances que les joies et les peines, aussi bien la haine que l'Amour, aussi bien le rejet que l'accueil, aussi bien le combat que l'unité.

Vos "oui" inconditionnels vous conduisent inévitablement à l'accueil inconditionnel. Vous accueillez tout pour tout offrir au Père afin que tout soit purifié dans Sa Miséricorde et Son Amour. Par votre accueil, vous devenez associés à Son plan d'Amour pour purifier cette terre. C'est ce qui va vous permettre d'être de plus en plus témoins de Son agir, des transformations qui s'opèrent en vous, autour de vous et à travers vous.

Vous serez de plus en plus dans l'action de grâces, dans la louange, dans les remerciements et dans la jubilation, en bénissant Dieu pour tout, sachant dans vos cœurs que tout est en voie de purification et que tout concourt à la Gloire du Père.

Heureux, heureuses êtes-vous d'être associés de si près à Mon Père, votre Père, Notre Père, pour un aussi beau projet, celui pour lequel Je suis venu sur cette terre, celui pour lequel une multitude de Saints et de Saintes ont donné leur vie. Ce projet est celui qui vous conduit à la plénitude de l'Amour.

Tendrement, Je vous aime. Tendrement, Je t'aime. »

3 janvier, 4 h 35

236. – *Ce volume sera un guide sûr pour toute personne sincère qui cherche Dieu*

« Mon tout-petit, avance toujours dans la foi pure, cette foi pure qui fait que tu ne sais pas ce que tu vas écrire, ni même si tu vas être inspiré pour écrire. Demeure simplement à l'écoute de ton cœur qui te dit de prendre un cahier et un crayon. C'est ce qui te permet de demeurer petit, d'être à Mon écoute et d'être un instrument valable entre Mes mains.

La grande purification qui est commencée, et qui va se faire chez tous les êtres à la grandeur de la terre, ne peut se faire par des humains, aussi bien intentionnés soient-ils. Seul Dieu a un tel pouvoir. Bien sûr, Il va passer à travers des humains, mais uniquement en ceux et celles qui deviennent petits, assez petits pour donner tous leurs "oui", pour se laisser transformer et se laisser entièrement guider par l'Esprit Saint.

Dans l'invisible, le Père appelle présentement une multitude d'âmes au chemin qui conduit à l'Amour : le chemin de la petitesse. Une multitude de grâces seront déversées en chaque personne qui donnera ses "oui" en lisant ce que tu as écrit dans la foi.

Ce volume sera un guide sûr pour toute personne sincère qui cherche Dieu, qui cherche une intimité plus profonde avec l'Amour, qui veut devenir un être totalement purifié et plein d'Amour, prêt à entrer dans le Monde Nouveau, dans l'Église Nouvelle.

Pour entrer dans cette Église Nouvelle, il faut d'abord être fidèle à l'Église actuelle, adhérer totalement à l'enseignement doctrinal de l'Église, prier, adorer et pratiquer l'ensemble des sacrements — prenant soin de n'en rejeter aucun — aimer, servir l'Église et lui être fidèle quoiqu'il arrive. Pour celui ou celle qui l'a désertée, le fait d'y revenir lui donne de bénéficier immédiatement des grâces qui sont gardées en réserve pour son retour.

Heureux et heureuses êtes-vous de vivre à une époque si près de la plénitude de l'Amour à laquelle vous pouvez vous abreuver immédiatement, et ainsi devenir des êtres pleins d'Amour au service du Père, faisant entièrement Sa volonté.

Parce que l'Amour vous aime, vous devenez l'Amour. Tendrement, Je t'aime. »

4 janvier, 4 h 30

237. – *La période de ténèbres dans laquelle vous vivez tire à sa fin*

« Mon enfant bien-aimé, c'est toujours dans la joie que Je m'approche de l'un de Mes enfants qui se laissent approcher, qui Me donnent la permission de les aimer comme Je le veux. Beaucoup voudraient que Je les aime comme eux pensent qu'ils devraient l'être. Ils demandent Mon Amour en Me disant ce qu'ils désirent, en ajoutant souvent le "comment", le "où", le "quand" et en y posant une ou plusieurs conditions.

Si Je répondais à leurs demandes, Je leur rendrais un bien mauvais service. Je les aime trop pour agir ainsi. Je suis un Dieu patient. J'attends que les cœurs s'ouvrent pour accueillir Mon Amour tel que Je dois le donner : de manière à ce qu'il produise tous les bons fruits qui en découlent.

Pour le bonheur des Miens, Mes Choisis JÉSUS

Ces bons fruits, vous les reconnaîtrez en ce qu'ils ont toujours une saveur excellente ; ils sont abondants ; ils sont durables et ils se multiplient à l'infini.

La période de ténèbres dans laquelle vous vivez tire à sa fin. Vous entrez dans un Monde Nouveau, dans une Église Nouvelle où la lumière va faire disparaître la totalité des ténèbres.

Cette lumière est déjà là pour ceux et celles qui la désirent et qui sont prêts à l'accueillir. Cette lumière c'est aussi l'Amour. Par vos "oui", vous devenez des lumières, vous devenez l'Amour.

Merci pour vos "oui". Merci pour tes "oui". C'est l'Amour qui vous prend en charge, comme c'est l'Amour qui t'a pris en charge pour écrire.

Moi, votre Père, Je Me fais mendiant de votre amour. Venez, venez à Moi, Je suis l'Amour.

Tendrement, Je vous aime. Votre Père.

5 janvier, 4 h 45

238. – *Une nouvelle vie commence en toi et en celui qui lit ces lignes. Le Père veut vous combler tous*

« Mon tout-petit, sans que tu en sois vraiment conscient, nous entrons dans une nouvelle vie, une vraie vie :
- une vie qui ne mourra pas, une vie qui croîtra et se renouvellera continuellement parce que guidée entièrement par l'Esprit Saint ;
- une vie qui se situe au niveau des valeurs profondes qui t'habitent, qui ont été déposées en toi au moment de ta conception et de ton Baptême, confirmée par la suite à plusieurs occasions, principalement lors du sacrement de Confirmation.

Cette vie c'est la vraie vie, celle que personne ne peut te ravir. Ton corps peut se détériorer et même disparaître, mais cette vie va poursuivre sa route.

Pour cette nouvelle vie, tu seras de plus en plus conscient de ce qui est essentiel, de ce qui est secondaire et de ce qui est sans importance.

Cette nouvelle vie va t'apporter de nouvelles lumières pour te permettre un meilleur discernement dans les situations qui se présentent à toi.

Il est heureux que tu ressentes de plus en plus le besoin de réserver du temps, beaucoup de temps pour notre intimité. C'est ce temps que tu me consacres qui permet à cette nouvelle vie d'éclater en plénitude.

Cette nouvelle vie qui commence en toi va aussi être donnée et avec autant d'intensité à celui ou celle qui lit ces lignes qu'à celui qui les écrit. Pour le Père, vous êtes tous égaux; Il veut vous combler tous. Ce qui détermine la quantité de grâces déversées, c'est la capacité de les accueillir, c'est l'ouverture du cœur à la manière dont J'ai souvent parlé dans les messages précédents.

Cette nouvelle vie, c'est l'Amour. Vous devenez l'Amour, tu deviens l'Amour.

Tendrement, Je vous aime. Merci de vous laisser aimer. »

9 janvier, 3 h 45

239. – *Mise en garde contre les courants de pensées fausses qui circulent dans le monde*

« Mon tout-petit, garde-toi de te laisser influencer par les courants de pensées du monde. Cette mise en garde concerne aussi tous les lecteurs. Accueillir une grâce, c'est bien, mais la conserver, c'est mieux.

Vous vivez à une époque où la terre entière doit être purifiée, en commençant par Mon Église.

Lorsque le Père, dans Son plan d'Amour, choisit une ou des personnes pour purifier cette terre, Il les comble de grâces bien particulières — comme c'est le cas pour toi présentement et pour toute personne qui lira ce volume avec un cœur ouvert et accueillant.

Ce renouvellement se fait à partir de la purification des cœurs. Un cœur qui reçoit un appel et des grâces pour être purifié ne peut continuer à s'alimenter et à se laisser influencer par les pensées fausses du monde, même si ces faussetés sont entrées dans une partie de Mon Église.

Pour le bonheur des Miens, Mes Choisis **JÉSUS**

Chaque personne a donc un choix à faire : répondre à l'appel et aux grâces, ou suivre les pensées du monde. Jamais les deux options en même temps : c'est l'une ou l'autre, car l'une est opposée à l'autre.

La personne qui choisit de répondre à l'appel et aux grâces ne peut le faire seule. En plus, il lui est nécessaire de prier, d'adorer, de jeûner, de lire et d'entendre la Parole de Dieu, de s'en nourrir quotidiennement et de pratiquer régulièrement les sacrements, principalement celui de la Réconciliation et de l'Eucharistie.

Elle doit donc devenir une pratiquante assidue dans Mon Église. Pour ce qui est des courants de pensées fausses qui ont pénétré à l'intérieur, elle doit demander la grâce de sagesse et de discernement. S'il existe le moindre doute, il faut s'en remettre à la Parole, à l'enseignement doctrinal de l'Église, des encycliques et des positions claires et précises de votre Saint Père actuel, Jean-Paul II.

Votre choix exercé librement, votre "oui" donné sans condition à la Volonté du Père, vous apportera grâces, lumières et sagesse pour poursuivre votre route vers la purification totale de votre cœur, contribuant ainsi à la purification de la terre pour qu'elle devienne une terre d'Amour, par une Église d'Amour, à travers des fils et des filles de Dieu, pleins d'Amour.

Voilà ce que va produire un bon choix bien assumé et bien exercé. Heureux et heureuses êtes-vous d'être choisis pour une aussi belle et grande mission.

Vous devenez l'Amour. Tu deviens l'Amour.

Je vous aime, Je t'aime. »

10 janvier, 6 h 30

240. – *Lecteur, lectrice, sache que c'est directement à toi que Je parle*

« Mon tout-petit, ne sois pas incrédule, avance de plus en plus profondément dans la foi.

Prends le temps de t'arrêter pour regarder ce que J'ai accompli en toi. Les torrents d'Amour que J'ai déversés dans ton cœur, ils sont beaucoup plus nombreux que toi tu peux le réaliser. Regarde les transformations que J'ai opérées en toi. Regarde ce que J'ai réalisé autour de toi. Regarde ce que J'ai accompli à travers toi.

Ce que tu peux voir, constater et percevoir, ce n'est qu'une infime portion de la réalité, Je dirais, même pas un millième.

Ce que Je vais réaliser dans le futur, par tes consentements, est tellement important qu'il n'y a aucune comparaison possible avec la réalité présente.

Je sais que pour toi, c'est difficile à comprendre et à accepter, mais la vérité est telle quelle. Tu n'as maintenant qu'à suivre Mes instructions, donner tes "oui", accueillir Mon Amour, demeurer toujours de plus en plus petit et croire envers et contre tous.

Si toi, en tant que lecteur ou lectrice, tu ne te sens pas impliqué par ce que tu viens de lire, tu te dois de reprendre la lecture de ce dernier message.

Sache que c'est directement à toi que Je parle. Tu auras avantage à reprendre la lecture au complet, avec ton cœur, non avec ta tête, afin que Je puisse déverser dans ton cœur Mon Amour, que nous devenions des intimes, que Je puisse serrer ton cœur contre Le Mien, te prendre par la main comme un père tient la main de son tout-petit pour lui apprendre à marcher.

Moi, Je veux te prendre par la main pour te conduire sur cette Terre Nouvelle qui est celle de l'Amour. C'est pour cela que tu as été créé.

Heureux, heureuse es-tu d'être ainsi comblé(e). Accepte qu'il en soit ainsi afin d'accueillir pleinement Mon Amour.

C'est à toi, en tant que lecteur ou lectrice que Je dis à l'oreille : Je t'aime, Je t'aime, Je t'aime. »

Index alphabétique[1]

(Les numéros renvoient aux messages)

A

abandon (à Dieu) 126, 147, 213.
A.B.C. (accueillir, bénir, comprendre) 228.
accepter (de se laisser aimer) 12, 19, 31, 121 ; (– tout) 50, 92 ; (– rapidement) 96.
accueillir (les événements) 81 ; (– l'Amour) 171, 217 ; (– la souffrance) 195.
acrostiche (– sur le mot *conversion*) 218.
Adversaire (les trappes de l'–) 18, 233.
affaires (milieu des –) 72 ; (Je prends en main tes –) 75, 211 ; (Règne du Père dans les –) 72.
agir (Me laisser –) 6, 12, 142, 226 ; (15 règles pour bien –) 34, 221 ; (– selon Mon inspiration) 50 ; (témoin de Mon –) 67 ; (c'est Moi qui –) 175, 224 ; (prier avant d'–) 180.
alliance (trois relations d' – avec Dieu) 168.
amour (des flots d' – sortent du cœur de Jésus) 57 ; (– avec les autres) 128, 148 ; (inséparable de la foi) 146.
angoisses (quand les – s'emparent de toi) 90.

Ange Gardien (ton – guide chacun de tes pas) 209.
apôtres (J'ai besoin d' –) 10.
argent (le peu d'importance de l' –) 104.
Armée (la grande – du Père) 116.
associés (à Son plan d'Amour) 235.
attaches (Je coupe les – de l'Ennemi) 48.
avion (l'exemple de l' – et du volcan) 193.

B

beauté (originelle) 72, 156, 187, 233.
biens matériels (le peu d'importance des –) 72, 104.
blocage (à l'Amour) 5, 172.
bois (la flamme et le –) 9, 130.
bougies (l'exemple des –) 179.
branché (sur Dieu) 14, 16, 70, 80.

C

cadeau (que tu n'auras jamais fini de déballer) 168.
cailloux (il y aura des – sur la route) 234.
cellule de partage communautaire (message à votre –) 5, 17, 33, 89, 133, 142.

---

1. Cet index alphabétique n'est pas exhaustif. Il est donné à titre indicatif seulement. *Note de l'Éditeur.*

Pour le bonheur des Miens, Mes Choisis JÉSUS

chemin (de l'Amour) 65 ; (de la petitesse) 114.
choisis (les – du Père) 35, 63, 71, 83, 87, 164 ; (petit groupe des –) 35.
Ciel (l'Amour qui existe au –) 166, 196 ; (le – est ouvert) 46, 47, 72, 88, 100, 158, 186.
cœur (– pur) 35, 53 ; (– de Jésus) 29, 37, 49 ; (le – est premier) 157 ; (– nouveau) 30 ; (chemin de l'Amour) 164 ; (demeure de l'Amour) 64 ; (ton – s'ouvre) 167.
combat (le grand – est engagé) 43 ; (– final) 116.
communauté (cette – n'est pas votre œuvre mais la Mienne) 142.
communion des Saints (vivre en la –) 164.
concubinage (source de confusion) 109.
conduire (te laisser –) 74.
confiance (faire –) 6, 112.
Confirmation (sacrement de –) 238.
contagion (de l'Amour) 190.
cordes (les attaches deviennent des – pourries) 85.
création (la – du Père se continue) 207.
Croix (passer par la –) 28, 230, 234.

D

demander (l'aide de Dieu) 104, 105 ; (– la grâce de la petitesse) 114.
difficultés (vont disparaître) 80 ; (tu avances à travers ces –) 110.
discernement (règles de – pour bien agir) 34, 144, 239 ; (pour détecter les erreurs) 105.

disparaître (accepter de –) 10.
docilité (salutaire) 4, 66 ; (nécessaire) 73.
donner (tu dois tout –) 204.

E

Eau (une Source – miraculeuse) 215.
écoute (demeure à Mon –) 92, 210.
égarement (de Mon peuple) 102, 158.
Église (prier pour l' –) 11 ; (– nouvelle) 15, 30, 59, 189 ; (qui tombe en ruines) 152.
émerveillement (de Me voir agir) 30, 35, 54, 74, 104.
enfant (plus il est petit, plus il est comblé d'Amour) 170.
enflammer (le bois par le feu) 9.
Ennemi (les attaches de l' –) 45, 48 ; (– sera vaincu) 53 ; (cherchera à empêcher Mon plan) 233.
éponge (qui répand de l'eau ; une – sans eau est sans valeur) 171.
épreuve (source de grâces) 95, 121.
erreurs (mise en garde contre les –) 239.
Esprit Saint (prier l' –) 105 ; (laisser agir l' –) 227, 238.
être (transformation de ton –) 29, 70.
Eucharistie (tout va être reconstruit à partir de l' –) 35, 109.
événements (malheureux sont nécessaires) 98, 143.

F

facultés (au service du cœur) 141.
faiblesse (reconnaître ta –) 7.

Index alphabétique

faussetés (critères pour reconnaître les –) 105.
fardeau (ne pas prendre seul le –) 2, 127.
feu (pour enflammer le bois) 9 ; (devenir un –) 48, 87, 142, 167 ; (propager le –) 61, 130 ; (– d'Amour du Père) 125.
flèche (qui transperce les cœurs endurcis) 8, 37, 165, 178.
fleur (conditions pour s'épanouir) 14, 68, 165.
foi (plus grande) 55 ; (inséparable de l'Amour) 146 ; (regarder avec les yeux de la –) 155, 161, 214 ; (témoignage de –) 176.
foyers divisés (prier pour les –) 140.
fruits (– de l'Esprit Saint) 227, 237.
futur (ne pas t'inquiéter du –) 134, 219.

G

Gloire (rendre – à Dieu) 71, 92.
guérir (l'Amour a le pouvoir de –) 94.
guider (laisse-toi –) 78.
grâce (vous serez soutenus par Ma –) 36, 74 ; (tout est –) 7, 59 ; (rendre – pour tout) 227.
groupe de prière (produit beaucoup de fruits) 150.

H

histoire du monde (à l'aurore de la plus belle –) 40.
humilité (une condition de base) 106.

I

impuissance (tu es témoin de ton –) 111, 228, 173.
incrédule (ne sois pas –) 229.
indifférence (pas de place pour l' –) 159, 233.
inquiétude (ne pas avoir d' –) 91.
insécurité (des gens de la terre) 88.
inspirer (laisse-toi –) 78.
intimité (avec Dieu en tout temps) 182, 222.
instrument (devenir un – docile) 6, 148, 202 ; (acceptes-tu d'être un –) 8.
invisible (donner des "oui" dans l' –) 72 ; (répandre l'Amour dans l' –) 171.

J

jeûne (indispensable) 53.
journée de prière (très importante) 150.
jubilation (Je vous attends pour la grande –) 20 ; (accueillir la – et les tribulations) 101.

L

lecteur (c'est à toi que je parle) 240.
lecture (de ce livre) 203.
libération (13 conseils pour le ministère de –) 225.
liberté (originelle) 60 ; (la vraie –) 181 ; (– de choix) 212.
lumière (tourner son regard vers la –) 159 ; (– intérieure) 184 ; (la – va chasser les ténèbres) 237.

M

maçon (l'exemple du –) 200.
maîtriser (laisse-toi –) 78.
manifester (Je veux Me – dans les cœurs) 23.

Pour le bonheur des Miens, Mes Choisis **JÉSUS**

Marie (Je vous confie à –) 5 ; (Manteau de –) 18 ; (– écrasera la tête du serpent) 32 ; (rôle important de –) 35 ; (protection de –) 38, 99 ; (l'Armée de –) 43, 47 ; (Cœur de –) 49, 72 ; (la sécurité en –) 57, (à l'école de –) 63, 65, 85, 154, 157, 211.
Miséricorde (dans le sacrement de Réconciliation) 117.
misères (les accepter et les offrir au Père) 72, 163, 185.
mission (ta –) 29, 58, 61, 92, 130, 152, 153 ; (– dans l'invisible) 51, 171.
moment présent (vivre pleinement le –) 208, 219.
Monde Nouveau (entrer dans le –) 59.

N
"non" (Les – à l'Amour) 118, 162, 226

O
occupations (à distinguer de préoccupations) 52.
oeuvre (c'est Mon –) 29, 52, 62, 69, 133 ; (Mon – devient facile) 48 ; (ce que produit Son –) 72.
Omniprésence (découvrir l' – de Dieu dans les moindres détails de ta vie) 187.
"oui" (– à Ma volonté) 14, 17, 20, 86, 118, 239 ; (Je demande des –) 15, 23, 46, 88, 130) ; (– total) 31, 33, 47, 90, 162, 204, 276, 233.

P
parabole (de la paille et de la poutre) 133.
pardon (à ceux qui se reconnaissent pécheurs) 42 ; (à travers toi) 99.
Parole (grand tracé de la route) 84.
passage (ce grand – qui te conduit à l'Amour) 85.
passé (oublier le –) 134, 219.
pastorale (méthode efficace de –) 225.
pécheurs (bénéficient de la grande Miséricorde) 42.
perdition (Mon peuple s'enfonce sur le chemin de la –) 87.
Père (prière au –) 71, 92, 96, 173 ; (parachève Sa création) 82, 86, 164 ; (la mission que le – t'a confiée) 148, 153 ; (l'Amour du – pour Ses enfants) 166.
petitesse (Je circule sur la voie de la –) 129.
piliers (– dans Mon Église) 17, 22.
plan (c'est Mon –) 14, 179 ; (Mon – vous sera dévoilé au fur et à mesure que vous avancerez) 83 ;
pluie (l'Amour comparé à la pluie qui tombe sur la terre) 169 ; (– de grâces) 172, 174
préférer (Me – à tout) 21.
préoccupations (remets-Moi toutes tes –) 90, 135, 147 ; (à distinguer des occupations) 52.
Présence (passer plus de temps en Ma –) 27 ; (ressentir Ma – dans les détails) 56, 187 ; (vivre en Ma –) 61, 160.
prêtres (prier pour les –) 44.
prière (courte – efficace : *parce que l'Amour t'aime, tu*

Index alphabétique

deviens l'Amour) 38, 132 ; (est indispensable) 53 ; (– de Gloire) 71 ; (pour les moindres détails) 139 ; (formule de – par inspiration et expiration) 151 ; (– avant d'agir plutôt qu'après) 180 ; (– d'intimité avec Dieu) 182.
problèmes (me remettre tes –) 79.
Providence (– de Dieu dans les moindres détails) 113.
puissance (aucune – par toi-même) 160.
purifié (tout doit être –) 154.

R
raison (au service du cœur) 141.
rails (voie à deux –) 114, 124.
Réconciliation (le sacrement de –) 109, 117.
rédemption (tes souffrances ont un pouvoir de –) 115.
regarder (ne pas – le passé, ni le futur) 134, 219.
règles de discernement (des faussetés) 105.
Règne de Dieu (sur la terre) 13, 37, 43, 63, 136 ; (en toi) 46.
relation (– avec Dieu) 41, 54, 124 ; (trois différentes – avec Dieu) 168.
remettre (tu dois tout Me –) 119, 204.
renoncement (à ta volonté propre) 3, 124.
répandre (l'Amour partout) 171.
réputation (ne pas être préoccupé par ta –) 48.
respiration (formule de prière par –) 151.
rien (tu n'es –) 7.
Royaume (– de Dieu sur la terre) 13 ; (– de Dieu en toi) 46 ; (conditions pour le – de Dieu) 62.

S
sagesse (purifie les cœurs) 37 ; (fausse –) 8, 116.
sainteté (objectif à atteindre) 8.
Satan (ceux qui sont enchaînés par – sont nombreux) 45, 48, 53, 137, 233.
sauver des âmes (pour –) 32.
Sauveur (ce n'est pas toi qui es le –) 103.
sécurité (la grande – qui vient de l'Amour) 97 ; (fausses –) 72, 104.
Société Nouvelle (façons de faire, de penser, de se comporter dans la –) 132, 237.
solution au problème (laisse-Moi t'apporter la –) 69 ; (– peut venir des autres) 91 ; (d'abord reconnaître son impuissance) 140.
souffrance (la grande – de Dieu) 19, 115, 151, 194 ; (purifie les cœurs) 37, 77, 88, 96, 232 ; (causée par la conduite mauvaise de Mon peuple) 87, 156 ; (dépose tes – dans Mon cœur) 115 ; (le remède contre la – c'est l'Amour) 123, 197 ; (la – nécessaire à l'homme comme la pluie à la plante) 149 ; (accepter la – à l'imitation du Christ) 230.
source (Je suis la – de tout) 14 ; (– de la Paix, de la Joie, de l'Amour) 19, 25 ; (toi, tu n'es jamais la –) 128 ; (Je suis la – de la Lumière) 184 ;

(la – d'Amour du Père, c'est comme une Eau miraculeuse) 215.
suicide (que penser du –) 151.

T

témoins (– de Mon agir) 12, 47, 54, 61, 62, 66, 68, 91, 104, 106, 108, 189.
temps (le – passé en Ma Présence) 9, 187, 202, 238; (le – de la justice est arrivé) 42; (le – presse) 61; (les derniers –) 116, 160.
ténèbres (le seul moyen de chasser les –) 86; (ceux qui veulent rester dans les –) 159, 233; (la période des – tire à sa fin) 237;
terre (nous entrons dans la – nouvelle) 30, 58, 136; (une nouvelle vie commence sur la –) 100.
tiédeur (la – disparaîtra) 159, 233.
titre (le choix du – de ce volume) 145.
tout (Je suis –) 7.
Toute-puissance (tu es témoin de la – de l'Amour) 111.
transformation (– de la terre) 36; (l'heure de la grande –) 40; (nécessaire dans la façon de penser et d'agir) 62; (une grande – s'opère en toi) 77, 84, 107; (accepter la –) 120, 164; (la – se fait lentement) 177; (la – est l'œuvre du Père) 198; (la – se fait continuellement) 200.
tribulations (nécessaires pour entrer sur cette Nouvelle Terre) 36; (accueillir les –) 101.

U

union (un avec Lui) 14; (– transformante) 24; (tisser notre –) 26.
unité (– dans les cœurs) 142, 150.

V

Venue (préparer Ma Grande –) 220.
vérité (principaux indices pour connaître la –) 105, 186.
vertus (intégrer en soi toutes les –) 59.
vie (expérimenter cette nouvelle –) 64, 235.
volcan (le – qui aspire un avion) 193.
volonté (la – du Père sera faite sur la terre) 14, 46, 63, 86, 153, 234; (renoncer à ta –) 56, 124, 142, 163, 236.

Table des matières

Numéros   **Pages**

1996

1. – Inspiré de prendre un papier et un crayon et d'écrire 17
   – Tu as à avancer dans la foi pure, sans voir ni comprendre où Je te dirige 17
2. Remets-Moi ton fardeau, tes préoccupations, afin que tu puisses être tout à Moi 19
3. Acceptes-tu de renoncer à ton bien-être, à ton image, à ta réputation, surtout à tes pensées ? 19
4. J'aime te voir docile 21
5. Le blocage à Mon Amour c'est lorsque tu ne t'acceptes pas toi-même 22
6. Une seule chose importe : Me faire plus confiance, Me laisser agir davantage 24
7. Toi, par toi-même, tu n'es rien, rien, rien. Moi, Je suis tout, tout, tout ! 26
8. Acceptes-tu d'être Mon instrument ? 28
9. Tu dois toujours te laisser enflammer de Mon Amour avant de pouvoir le donner aux autres. (L'exemple du bois et de la flamme) 29
10. Il faut que tu acceptes de disparaître pour que Je prenne toute la place en toi 31
11. Si tu aimes l'Église, tu contribues à lui faire une beauté ; si tu critiques, si tu juges, si tu condamnes qui que ce soit, tu contribues à l'enlaidir 32
12. Apprends à Me laisser agir dans les moindres détails ... 34
13. Très bientôt, éclatera mon Royaume sur cette terre ... 36
14. Aujourd'hui, il faut que tu acceptes qu'il s'agit de Mon plan et que Je vois à sa réalisation 37

Pour le bonheur des Miens, Mes Choisis **JÉSUS**

15. Cette Nouvelle Église, Je suis à la construire présentement à partir des cœurs 39
16. – La vraie richesse elle est en toi, pas ailleurs 41
    – C'est par le Feu de Mon Amour que Je te façonne ... 41
17. Comme ma joie est grande de voir ces petites cellules de partage communautaire 42
18. Beaucoup sont tombés dans les trappes de l'Adversaire 44
19. Ma grande souffrance vient du fait que très peu de personnes acceptent de se laisser aimer par Moi 45
20. Je vous attends pour la grande Jubilation. La Fête est commencée, dépêchez-vous 46
21. Si tu ne Me préfères à tous, tu n'es pas digne de Moi ... 48
22. Je veux faire de toi un pilier dans Mon Église 49
23 Le Père brûle du désir de Se manifester davantage en toi et dans le cœur de tous Ses enfants de la terre. J'attends des "oui", toujours des "oui" 50
24. Vous serez de plus en plus témoins de l'union transformante 52
25. Comme Je t'aime, Je t'enlève le poids de tes préoccupations 52
26. Petit à petit, nous tissons notre union qui devient de plus en plus belle et solide 53
27. J'aimerais que tu passes plus de temps en Ma Présence 54
28. En acceptant de naître, J'acceptais aussi de mourir sur la Croix pour racheter les péchés du monde 55
29. Ce n'est pas le "faire" mais bien l'"être" qui importe ... 55
30. Nous entrons tous ensemble dans une Terre Nouvelle, une Église Nouvelle 57

1997

31. Je vous aime tels que vous êtes. Êtes-vous capables d'en dire autant de vous-mêmes ? 61
32. J'ai besoin de vous pour sauver des multitudes d'âmes en voie de perdition 62
33. Ce soir, Je serai avec vous à votre cellule de partage communautaire 64
34. Quinze consignes de discernement pour bien agir 66
35. – Très bientôt, il n'y aura sur cette terre que des cœurs purs 68
    – Tout va être reconstruit par la puissance de Mon Corps et de Mon Sang. 68
36. Vous aurez à vivre les tribulations pour entrer de plein pied sur cette Terre Nouvelle 69

Table des matières

37. Ou bien la sagesse réussit à purifier les cœurs, ou bien c'est la souffrance sous toutes ses formes qui s'en charge 71
38. Ta seule et unique sécurité est en Moi. Les biens matériels sont des fausses sécurités 73
39. Viens puiser à Mon Amour qui t'apporte paix et joie ; c'est cela la vraie sécurité 74
40. – C'est l'heure de la grande transformation des cœurs .. 76
    – Nous sommes à l'aurore de la plus belle des histoires du monde 76
41. Tu peux, à n'importe quel moment du jour ou de la nuit, ou dans n'importe quelle circonstance, entrer en relation avec Moi 77
42. La Miséricorde et le Pardon sont toujours présents, prêts à être accordés à ceux qui se reconnaissent pécheurs 79
43. Le grand combat est engagé… Le mal disparaîtra et ce sera le Règne de Dieu sur cette terre 80
44. Vois-tu l'importance de prier, de jeûner pour mes prêtres 81
45. Ma Sainte Mère et Moi utilisons et créons toutes sortes de nouveaux moyens pour rejoindre tous les cœurs du monde 83
46. Le Règne de Dieu sera établi sur cette terre. Les "oui" que vous avez à donner 85
47. Les grandes tribulations annoncées peuvent-elles être réduites ou exemptées ? 87
48. Tu ne peux m'être totalement fidèle si, à chaque fois que Je te demande de faire un pas, tu es préoccupé par ce que les gens vont penser ou dire 89
49. Tu ne peux concevoir la grandeur et l'importance de ce que nous vivons ensemble présentement 91
50. Apprends à Me faire davantage confiance et à agir toujours selon Mon inspiration 92
51. Ta vraie mission dans le moment est dans l'invisible ... 93
52. Ce que je veux t'apprendre c'est de bien faire la différence entre le travail et la préoccupation 94
53. La prière et le jeûne sont toujours indispensables pour la conversion des cœurs, les "oui" à l'Amour 96
54. N'oublie pas que ce qui est important c'est la relation que tu as avec Moi et non les réactions, les comportements ou le tempérament des autres 97
55. Je te donne une foi plus grande 98
56. À chaque fois que tu éprouves une petite difficulté, tourne ton regard vers Moi, n'agis plus comme les gens du monde qui cherchent par eux-mêmes la solution ... 100

57. Je vois des flots d'Amour qui sortent du Cœur de Mon Fils Jésus pour entrer dans le tien (Message de la Vierge Marie) 101
58. C'est la terre entière qui est invitée présentement à entrer dans sa véritable mission en devenant l'Amour .. 103
59. Vous êtes parmi les premiers à entrer dans l'Église nouvelle, le Monde Nouveau 104
60. L'Amour te redonne la liberté originelle que le péché est venu t'enlever 105
61. Le temps est arrivé pour toi de vivre continuellement en Ma Présence 106
62. Il doit y avoir une transformation dans la façon de penser et d'agir, aussi bien dans le monde des affaires que dans les familles et dans l'Église 108
63. Comment le Règne de Dieu pourrait-il se réaliser sur cette terre si ce n'est pas Sa Volonté qui s'exprime à travers chacun de Ses enfants 109
64. L'Amour a besoin d'être aimé et lorsqu'Il trouve un cœur pour L'aimer, Il en fait Sa demeure 111
65. – *Parce que l'Amour m'aime, je deviens l'Amour* 112
– Par ce petit chemin enseigné par Ma Sainte Mère, c'est tout un peuple qui est présentement en marche pour devenir l'Amour 112
66. Ce dont Nous avons besoin, ce sont des cœurs ouverts à se laisser maîtriser par l'Amour 112
67. Aujourd'hui encore, vous serez témoins de Mon agir ... 113
68. La fleur doit accueillir les temps de pluie, de noirceur, de soleil brûlant et de vents pour s'épanouir et devenir belle 114
69. Laisse-Moi t'apporter les solutions aux problèmes qui se présentent à toi 115
70. Une seule chose devient importante, c'est l'"être" et non l'"agir". Être continuellement branché sur Dieu 116
71. L'Amour que Dieu a pour toi, tu ne peux le découvrir qu'en te laissant aimer 117
72. Le Règne du Père doit venir également dans le milieu des affaires 119
73. Aujourd'hui, ce que Je veux de toi c'est ta docilité 121
74. Évite de faire des comparaisons; la voie qu'Il a tracée pour toi est aussi unique que toi-même 121
75. Je prends en main toutes tes affaires et tes préoccupations. Je suis la sécurité que tu cherches 122
76. Quoi que tu fasses, tu ressentiras Mon Amour toujours et partout 123
77. La transformation se fait graduellement et souvent à travers des difficultés et des souffrances 124

Table des matières

78. Laisse-toi guider, inspirer et maîtriser 124
79. Pourquoi reprends-tu sur tes épaules un problème qui est le Mien? 125
80. Tes préoccupations vont fondre comme la neige au soleil 126
81. Les événements heureux et malheureux doivent être accueillis, acceptés et remis entre les mains du Père, et ainsi donner toute leur richesse 127
82. Tout ce qui t'est donné est pour les autres, et plus tu le donnes, plus tu en reçois et plus tu en bénéficies 128
83. Mon plan vous sera dévoilé au fur et à mesure que vous avancerez 130
84. Aie confiance que l'Amour peut tout transformer, changer, purifier 131
85. Les attaches aux préoccupations des choses du monde deviennent comme des cordes pourries qui tombent en morceaux 131
86. – Il n'y a qu'un seul moyen de chasser les ténèbres : celui d'y mettre la lumière ; de chasser le mal : y mettre l'Amour 132
    – Une liste des "oui" qu'il faut dire au Père 132
87. Mon peuple s'enfonce de plus en plus sur le chemin de la perdition et de la souffrance 134
88. La souffrance et l'insécurité que vivent les gens de la terre présentement contribuent à ouvrir beaucoup de cœurs qui étaient autrefois fermés 135
89. Vous avez à expérimenter ensemble ce que produit l'Amour lorsqu'on lui permet d'agir 136
90. À chaque fois que tu t'agites à l'extérieur, les angoisses et les préoccupations s'emparent de toi 137
91. Tu devrais n'avoir aucune préoccupation ou inquiétude, sachant que ton Père qui t'aime follement s'occupe de tout, dans les moindres détails 138
92. Demeure à Mon écoute, J'ai besoin de toi, Je t'ai choisi pour une grande mission 139
93. Oublie ce qui se passe à l'extérieur de toi pour ne vivre que de l'intérieur avec Moi et en Moi 140
94. Seul l'Amour a le pouvoir de guérir, de reposer, de refaire ou de recréer les parties blessées ou détruites de l'être humain 142
95. Ce qui paraît être une épreuve est toujours source de grâces et de bénédictions pour celui qui l'accueille 143
96. Les souffrances et les difficultés que tu vis ne sont que de courts moments de purification et de sanctification 144

97. Tu es sur le chemin qui te conduit à la sécurité qui vient de l'Amour que J'ai pour toi 145
98. Accepte de vivre les événements heureux ou malheureux pour les offrir au Père 146
99. C'est maintenant Moi qui aime et qui pardonne à travers toi 146
100. Les Cieux sont ouverts, c'est une nouvelle vie qui commence sur la terre 148
101. Tu vis des moments de tribulation et de jubilation. Tu te dois d'accueillir les deux 148
102. Mon cœur est blessé par l'égarement de Mon peuple que J'aime 149
103. Les gens que tu portes dans ton cœur ce n'est pas toi qui en es le sauveur : leur Sauveur c'est Moi 150
104. Si tu savais le peu d'importance de l'argent et des biens matériels 151
105. Il n'y a pas plusieurs vérités, il n'y en a qu'une et elle est la même pour tous 152
106. Deux conditions de base pour que le Christ vive en toi et se manifeste 153
107. Acceptes-tu pleinement la grande transformation que Je fais en toi présentement ? 154
108. Tu es sur la bonne voie et tu commences à goûter ce que produit l'Amour 155
109. Cette question de la Communion pour les gens qui vivent en concubinage crée beaucoup de confusion dans Mon Église et chez beaucoup de Mes prêtres ... 156
110. À travers ces difficultés, tu avances vers l'autre rive ... 158
111. Tu es témoin de deux choses : ton impuissance et la Toute-puissance de l'Amour 158
112. Je suis son Dieu et elle ne manquera de rien 159
113. Je m'occupe des moindres détails 160
114. Je t'enseigne deux chemins, comme deux rails, où tu seras certain de Me rencontrer : celui de l'Amour et celui de la petitesse 160
115. Dépose tes souffrances dans Mon Cœur afin qu'elles aient valeur de rédemption 162
116. Mon Armée va remporter le combat final, et le combat est très avancé 163
117. Présente tout à la Miséricorde du Père par le sacrement de Réconciliation 164
118. Lorsque le cœur est ouvert par des "oui", l'Amour y pénètre et y fait sa demeure 165
119. Il te faut te dégager de tout pour entrer dans Mon Amour 166

Table des matières

120.	J'ai besoin d'hommes et de femmes qui acceptent de se laisser former, transformer, pour devenir des êtres d'Amour	166
121.	Cette épreuve l'aide à devenir plus rapidement l'Amour	167
122.	À chaque fois que tu fais un pas vers Moi, J'en fais dix pour te rencontrer	168
123.	Il n'y a qu'un seul remède contre la souffrance, c'est l'Amour	168
124.	Tu peux être certain de toujours marcher à Mes côtés en renonçant à ta volonté propre pour préférer la Mienne	169
125.	Notre Père est le Créateur et Il crée et recrée continuellement dans Son Amour	170
126.	C'est Moi, uni au Cœur du Père, qui ai mission de te conduire	171
127.	N'essaie pas seul de prendre sur tes épaules ce que nous devons porter ensemble	172
128.	Tu peux expérimenter une relation d'Amour avec les autres, mais jamais plus que tu n'as puisé à Ma Source	173
129.	Je circule toujours sur cette voie de ta petitesse	174
130.	C'est à genoux devant chacun de vous que Je viens vous supplier de donner votre "oui total", sans restriction ni condition aucune	175
131.	Ton investissement en temps et en renoncement vient confirmer tes "oui"	176
132.	Je vous demande de renoncer à vos façons de faire, à vos façons de penser, à vos façons de vous comporter, à vos peurs de déranger ou de vous faire déranger	177
133.	Je vous invite à méditer la parabole de la paille et de la poutre	178
134.	Ne perds pas de temps à te regarder face à ce que tu es ou ce que tu as été, ce que tu fais ou ce que tu as fait ou feras. Regarde ce que tu deviens : l'Amour incarné	180
135.	Remets-Moi toutes tes préoccupations, tant personnelles que familiales ou sociales, culturelles, politiques et religieuses	181
136.	Vous êtes les premiers à vivre cette Église Nouvelle, cette société, cette Terre Nouvelle qui sera entièrement inspirée, guidée et conduite par Moi	182
137.	Ils sont nombreux ceux et celles qui sont enchaînés par Satan	183
138.	C'est l'impuissance du bébé qui lui permet d'être comblé d'amour	184

139. Je veux que tu fasses appel à Moi régulièrement et pour les moindres détails 185
140. Je donnerais Ma vie juste pour toi 186
141. Ta raison et tes facultés doivent devenir au service de ton cœur et non l'inverse 188
142. C'est Moi seul qui peux faire l'unité dans les cœurs, si vous cessez de vous en mêler et si vous Me laissez agir 190
143. Les événements malheureux te sont nécessaires pour plusieurs raisons 192
144. Présentement, ton cœur reçoit autant de grâces et d'Amour qu'il peut en contenir 193
145. Si c'est Moi qui écris, ne devrais-Je pas donner le titre du volume? 194
146. La FOI et l'AMOUR sont inséparables 195
147. Tu peux donc t'abandonner toujours plus totalement à Moi et M'abandonner toutes tes préoccupations ... 196
148. Lorsque vous êtes l'instrument que le Père a choisi pour donner Son Amour, vous vous reconnaissez par les sept points suivants 197
149. Ce qui détermine la fécondité de votre souffrance, c'est votre capacité de l'absorber 198
150. – L'union de vos cœurs a un très grand pouvoir sur le Cœur du Père 199
 – Vous ne pouvez imaginer l'importance de ces "journées de prière" 199
151. – Nous vivons dans une société où les suicides se font de plus en plus nombreux 201
 – Notre respiration peut devenir une prière 201
152. Le Père a un urgent besoin de tout-petits pour rebâtir Son Église qui tombe en ruines 203
153. Conduire des âmes à Dieu, de jour et de nuit 205
154. Tout, tout et tout doit être purifié 206
155. Regarder les événements de la vie, heureux ou malheureux, avec les yeux de la foi 207
156. Le Saint Père Jean-Paul II et Mère Térésa, modèles pour constater ce que produit la toute-petitesse 208
157. Tes facultés deviennent au service de ton cœur 209
158. Vous vivez dans un monde qui s'est complètement égaré 210
159. Très bientôt, il n'y aura plus de place pour les tièdes et les indifférents 211
160. Par vous-mêmes, vous croyez pouvoir devenir une force, une puissance: c'est tout à fait faux 212
161. Continue à avancer dans la foi, sans voir ni savoir où Je te conduis 214

Table des matières

162. La grande purification qui vous est demandée et qui est commencée va se poursuivre à la grandeur de la terre, à l'ensemble des enfants du Père 214
163. Je t'aime avec tes misères, tes faiblesses et tes limites ... 216
164. C'est uniquement ton cœur qui te permet d'entrer en intimité avec Moi, d'accueillir les inspirations et les grâces que l'Esprit Saint veut déverser en toi 217
165. Une flèche de choix, capable de pénétrer les cœurs les plus endurcis 218
166. Lorsque l'Amour habite en toi et qu'il a entière liberté d'agir, il accomplit des merveilles 219
167. Ton cœur s'ouvre de jour en jour 220
168. Un cadeau que tu n'auras jamais fini de déballer 220
169. L'Amour déversé dans les cœurs est comparable à la pluie qui tombe sur la terre 222
170. Plus un enfant est petit, faible et impuissant, plus il est comblé d'amour 223

1998

171. Accueillir, absorber et répandre l'Amour, tant dans l'invisible que dans le visible, voilà l'essentiel de votre mission 227
172. J'aime te voir te placer sous Ma pluie de grâces et d'Amour qui tombe continuellement sur l'ensemble de Mes enfants de la terre 228
173. Vous êtes présentement témoins de l'impuissance de l'homme sur cette terre 230
174. Une pluie de grâces et d'Amour tombe du Ciel continuellement 231
175. Ce n'est plus toi qui agis, mais bel et bien Moi qui agis à travers toi 232
176. Quel beau témoignage de foi! 233
177. Le Père procède lentement aux transformations 235
178. Je passerai par toi pour rejoindre une multitude de cœurs 236
179. Le Père a décidé de réaliser Son plan avec et à travers ceux et celles qui acceptent de Lui donner leur consentement 236
180. Si tu priais avant d'agir plutôt qu'après, les résultats seraient bien différents 238
181. Je veux t'enseigner ce qu'est la vraie liberté 239
182. La priorité de ta vie : ton intimité avec Moi 240
183. Mon Cœur déborde d'Amour pour toi 241
184. La Parole c'est le grand tracé de la route ; la Lumière te permet de voir clairement ce tracé 242

Pour le bonheur des Miens, Mes Choisis **JÉSUS**

185. C'est à travers cette misère que tu avances vers Moi ... 242
186. Il devient difficile pour chacun de vous de savoir ce qui est vrai et ce qui est faux 243
187. Il te faut découvrir l'Omniprésence de Dieu dans les moindres détails 244
188. Donne-Moi tes doutes, ils ne viennent pas de Moi ... 245
189. Ensemble nous entrons dans un Nouveau Monde, dans une Nouvelle Société, dans une Nouvelle Église qui est celle de l'Amour 246
190. Cette vie d'Amour bien incarnée en toi devient communicative 247
191. Ma Présence en toi est Vérité, Sagesse et Lumière 248
192. Je te donne une grâce nouvelle, celle de l'abandon ... 249
193. Comme le Père c'est l'Amour, en approchant du Père tu es aspiré par l'Amour (L'exemple de l'avion et du volcan) 249
194. À chaque fois que tu as une souffrance, regarde-la en te disant que Moi, qui étais et qui es Dieu, J'en ai vécu de plus grandes 250
195. Toi, c'est l'Amour et la souffrance que tu dois accueillir 251
196. Ensemble, nous nous dirigeons vers la Cité céleste ... 252
197. Laissez-vous aimer. L'Amour fait fondre la souffrance, comme le soleil fait fondre la neige 254
198. Tu es sur la voie qui transforme. Cette transformation n'est pas ton œuvre à toi, mais bien celle de ton Père ... 255
199. Ce que tu as écrit ne t'appartient pas. Tu n'as pas à décider ce que tu dois en faire 255
200. La transformation se fait continuellement, aussi bien lorsque tu travailles que durant tes moments de détente, de repos (L'exemple du maçon qui construit un mur de briques) 256
201. C'est dans la joie que tu dois accepter de vivre les événements heureux ou malheureux qui se présentent à toi 257
202. Plus tu Me consacres du temps, plus rapidement tu deviens cet instrument que le Père désire 258
203. L'écriture est le moyen que J'ai choisi pour parler à ton cœur et en même temps pour parler à ceux et celles qui liront ces écrits dans la foi 259
204. Tout t'a été donné gratuitement, tu dois tout Me remettre. Je veux un "oui total" et inconditionnel 259
205. Entre plus profondément en toi et tu ressentiras de plus en plus Ma Présence 260
206. Ce que Je dis à toi ce matin, Je le dis à une multitude de Mes créatures dans l'invisible 261

Table des matières

207. Le Père est à parachever la création qu'Il avait commencée en toi 262
208. C'est aujourd'hui, c'est à l'instant présent que le Père veut te combler de Son Amour 263
209. C'est moi, ton ami de chaque instant, ton Ange Gardien, qui viens te parler 263
210. Tu ne sais pas où Je te conduis et il est bien qu'il en soit ainsi 265
211. Si tu es totalement aux affaires du Père, Lui, Il prend la totalité des tiennes 265
212. Il appartient à chaque personne, vivant sur cette terre, de déterminer si elle choisit ce que le Père lui offre, ou ce que le monde lui propose et valorise 266
213. Je te prends en charge 267
214. C'est toujours dans la foi pure que Je te demande d'avancer 267
215. La Source d'Amour du Père est comme une « Eau miraculeuse » 269
216. Là où il y a l'Amour, c'est Lui qui triomphe, peu importe les apparences 270
217. C'est ton accueil de Mon Amour qui Lui permet de pénétrer en toi 271
218. Un acrostiche avec le mot « *conversion* » 272
219. Fais abstraction totale du passé, bon ou mauvais, ne t'inquiète pas du futur, prends conscience de l'importance du moment présent 272
220. C'est en habitant pleinement les cœurs que Je peux préparer Ma Grande Venue dans la Gloire 274
221. Avance dans la foi ; n'oublie pas l'enseignement du 6 janvier 1997 275
222. Prenant à chaque jour un temps pour entrer en intimité avec Moi dans la profondeur de ton être, tu n'as rien à craindre de poser le pas 276
223. Sois ce petit qui attend tout de son Père 276
224. Ce n'est plus toi qui penses, parles et agis, c'est Moi ... 277
225. Treize points importants à considérer pour cette rencontre de pastorale 278
226. Tu es bien témoin que Je suis un Dieu agissant lorsqu'on Me laisse la liberté d'agir 279
227. Est-ce que je me laisse préparer pour bien accueillir Jésus dans Son Grand Retour ? 280
228. Par cet incident, tu as pris conscience de ton impuissance et de ton néant 282
229. Ne sois pas incrédule devant ce que tu vis présentement 283

230. Accepter de devenir un autre Christ, c'est aussi accepter de souffrir 284
231. Je Me laisse trouver sur ces deux voies: l'accueil de Mon Amour et la reconnaissance de ta petitesse 285
232. La souffrance est souvent le chemin qui te conduit plus profondément à l'intérieur de toi 286
233. Il y aura ceux qui se placeront sous l'influence de l'Ennemi qui cherche par tous les moyens d'empêcher Mon plan de se réaliser 286
234. Avant de ressusciter, J'ai dû passer par la Croix 287

1999

235. Par votre accueil inconditionnel, vous devenez associés à Son plan d'Amour pour purifier cette terre 289
236. Ce volume sera un guide sûr pour toute personne sincère qui cherche Dieu 290
237. La période de ténèbres dans laquelle vous vivez tire à sa fin 291
238. Une nouvelle vie commence en toi et en celui qui lit ces lignes. Le Père veut vous combler tous 292
239. Mise en garde contre les courants de pensées fausses qui circulent dans le monde 293
240. Lecteur, lectrice, sache que c'est directement à toi que Je parle 294

Index alphabétique 297

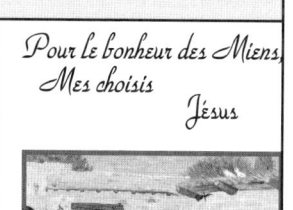

Léandre Lachance — Volume 2
Léandre Lachance — Volume 3

- **Volume 1.**
  6ᵉ édition. Janvier 2003, 325 p. .... 20 $

- **Volume 2.**
  3ᵉ édition. Janvier 2003, 210 p. .... 18 $

- **Volume 3.** Inclant un CD d'une conférence.
  2ᵉ édition. Janvier 2003, 240 p. .... 22 $

La série des 3 volumes achetés en même temps .... 50 $

(Une remise de 20 % est accordée pour un achat de 5 exemplaires et plus.)

Plus taxes applicables et transport s'il y a lieu.

Nous sommes sur une frontière entre deux grandes civilisations : la civilisation actuelle qui s'en va et la civilisation de l'amour qui s'en vient.

N° 1, Témoignages
Une vidéocassette contenant une courte biographie et des extraits de témoignages que Léandre L. a donnés au Québec.
Durée : 86 min.   Prix : 17,50 $

N° 2, La civilisation de l'amour
Présentation de Léandre, par le Père Jean-Marie, comme prophète des temps nouveaux, un « haut parleur de Dieu ».
Durée : 155 min.
Prix : 17,50 $

N° 3, Communauté, Amour, Partage
Un chrétien qui n'est pas communautaire est un chrétien inachevé.
Durée : 56 min.   Prix : 17,50 $

Plus taxes applicables et transport s'il y a lieu.

LE VOLUME 1
A ÉTÉ TRADUIT EN D'AUTRES LANGUES :

- **en anglais :**   *For the Happiness of My Own, My Chosen Ones   Jesus* ..... 25 $
- **en allemand :**   *Meinen Auserwählten zur Freude   Jesus* .... 25 $
- **en italien :**   *Per la felicità dei Miei   Gesù* .... 25 $
- **en portugais :**   *Para a felicidade dos Meus, Meus escolhidos   Jesus* .... 25 $

À PARAÎTRE :
Volume 1 – ESPAGNOL (2003)
Volume 2 – ANGLAIS, ALLEMAND, PORTUGAIS (2003)

Avec la spiritualité du « *oui au Seigneur* »,
voici un manuel
de formation d'accompagnement.

Format 8 1/2" × 11". Reliure boudin.

Avril 2002. 133 p. .... 15 $

Plus taxes applicables et transport s'il y a lieu.

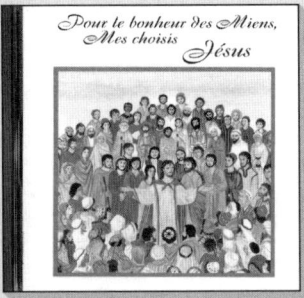 

Seize (16) chants inspirés des volumes de Léandre Lachance. Paroles et musique d'Henriette Caron. Chants, harmonisation, arrangements musicaux et enregistrement : Éditions Famille Marie-Jeunesse.
Durée 1 heure chacune.

Sur CD-ROM .... 10 $
Sur audiocassette .... 10 $
Plus taxes applicables et transport s'il y a lieu.

Pensées pour mes choisis JÉSUS

6 paquets de 40 cartes chacun contenant des extraits des volumes de Léandre Lachance. Produits et distribués par Gaétane Catudal : (819) 778-6743 ou par les Éditions Saint-Raphaël ou par la Fondation des choisis de Jésus.

Chaque paquet : .... 6 $
Pour les six ensemble : .... 30 $
Plus taxes applicables et transport s'il y a lieu.

Achevé d'imprimer
en janvier 2003
sur les presses de
Imprimerie H.L.N.

Imprimé au Canada – Printed in Canada